Berg

FUNDAÇÃO EDITORA DA UNESP

Presidente do Conselho Curador
Herman Voorwald

Diretor-Presidente
José Castilho Marques Neto

Editor-Executivo
Jézio Hernani Bomfim Gutierre

Assessor Editorial
Antonio Celso Ferreira

Conselho Editorial Acadêmico
Alberto Tsuyoshi Ikeda
Célia Aparecida Ferreira Tolentino
Eda Maria Góes
Elisabeth Criscuolo Urbinati
Ildeberto Muniz de Almeida
Luiz Gonzaga Marchezan
Nilson Ghirardello
Paulo César Corrêa Borges
Sérgio Vicente Motta
Vicente Pleitez

Editores-Assistentes
Anderson Nobara
Arlete Zebber
Ligia Cosmo Cantarelli

THEODOR W. ADORNO

Berg
O mestre da transição mínima

Tradução
Mario Videira

© Suhrkamp Verlag Frankfurt am Main 1971
© 2009 da tradução brasileira
Título original: Berg: Der Meister des kleinsten Übergangs

Direitos de publicação reservados à:
Fundação Editora da UNESP (FEU)
Praça da Sé, 108
01001-900 – São Paulo – SP
Tel.: (0xx11) 3242-7171
Fax: (0xx11) 3242-7172
www.editoraunesp.com.br
www.livrariaunesp.com.br
feu@editora.unesp.br

A tradução deste trabalho foi apoiada por uma subvenção do Goethe-Institut, que é mantido pelo Ministério de Relações Exteriores.

CIP – Brasil. Catalogação na fonte
Coordenadoria Geral de Bibliotecas da UNESP

A186b
   Adorno, Theodor W., 1903-1969
   Berg: o mestre da transição mínima/Theodor W. Adorno; tradução Mario Videira. – São Paulo: Editora UNESP, 2010.
   286p. – (Série Adorno)

   Tradução de: Berg: Der Meister des kleinsten Übergangs
   Inclui bibliografia
   ISBN 978-85-7139-997-6

   1. Berg, Alban, 1885-1935. 2. Compositores – Áustria – Biografia. I. Título. II. Série.
10-0255.   CDD: 927.8
                                                         CDU: 929:78

Editora afiliada:

Sumário

Introdução à coleção . 7

Apresentação à edição brasileira . *11*

Prefácio . *29*

Som . *33*

Recordação . *47*

Sobre as obras . *95*

Catálogo das obras . *269*

Sobre o texto . *273*

Anexo . *275*

Índice onomástico . *283*

Introdução à coleção

Figura maior no panorama filosófico do século XX, Theodor W. Adorno foi responsável por uma experiência intelectual gerada pela confrontação incessante da filosofia com o "campo da empíria", em especial a Teoria Social, a Crítica Literária, a Estética Musical e a Psicologia. Nessa desconsideração soberana pelas fronteiras intelectuais, estava em jogo a constituição de um conceito renovado de reflexão filosófica que visava a livrá-la da condição de discurso que se restringe à tematização insular de seus próprios textos. Sempre fiel a um programa que traçou para si mesmo já em 1931, quando assumira a cadeira de professor de Filosofia da Universidade de Frankfurt, Adorno construirá uma obra capaz de realizar a constatação de que: "plenitude material e concreção dos problemas é algo que a Filosofia só pode alcançar a partir do estado contemporâneo das ciências particulares. Por sua vez, a Filosofia não poderia elevar-se acima das ciências particulares para tomar delas os resultados como algo pronto e meditar sobre eles a uma distância mais segura. Os problemas filosóficos encontram-se contínua e, em certo sentido, indissoluvelmente presentes nas questões mais determinadas das ciências particulares".[1] Essa caracterís-tica interdisciplinar do pensamento adorniano permitiu que seus leitores desenvolvessem pesquisas em campos distintos de saberes, colaborando com isso para a transformação da Teoria Crítica em base maior para a reflexão sobre a contemporanei-dade e seus desafios. Uma transformação que influenciou de maneira decisiva a constituição de tradições de pesquisa no Brasil, a partir sobretudo da década de 1960.

No entanto, o conjunto limitado de traduções das obras de Adorno, assim como a inexistência de uma padronização capaz de fornecer aparatos críticos indispensáveis para textos dessa complexidade, fez que várias facetas e momentos do pensamen-to adorniano ficassem distantes do público leitor brasileiro. Foi o desejo de suprir tal lacuna que nos levou a organizar esta Coleção.

A Coleção editará os trabalhos mais importantes de Theodor Adorno ainda não publicados em português, assim como algu-mas novas traduções que se mostraram necessárias tendo em vista padrões atuais de edição de textos acadêmicos. Todos os seus volumes serão submetidos aos mesmos critérios editoriais. Registrarão sempre a página original da edição canônica das *Ge-sammelte Schriften* e dos *Nachlaß*, indicada por duas barras verticais inclinadas (//) no texto. Serão sempre acompanhados por uma Introdução, escrita por especialistas brasileiros ou estrangeiros. Tal Introdução tem por função contextualizar a importância da obra em questão no interior da experiência intelectual adornia-na, atualizar os debates dos quais esta fazia parte, assim como

---

1 T. W. Adorno. "Die Aktualität der Philosophie". In: *Gesammelte Schriften I*. Frankfurt a. M.: Suhrkamp, 1973, p.333-4.

Berg

expor os desdobramentos e as influências da referida obra no cenário intelectual do século XX. Ao final, o leitor encontrará sempre um índice onomástico. Em todos os volumes serão inseridas apenas notas de contextualização, evitando-se ao máximo a introdução de notas de comentário e explicação. Trata-se de uma convenção que se impõe devido à recusa em interferir no texto adorniano e em projetar chaves de interpretação.

Há quatro coletâneas exclusivas desta Coleção. Duas seguem a orientação temática das *Gesammelte Schriften*: *Escritos sobre música* e *Escritos sobre sociologia*. Nesses dois casos, os critérios de escolha dos textos foram: importância no interior da obra adorniana ou ineditismo de abordagem (assuntos relevantes, porém pouco abordados em outros textos).

As duas outras coletâneas, *Indústria cultural* e *Escritos de psicologia social e psicanálise* justificam-se em virtude de algumas especificidades da recepção brasileira da obra de Theodor Adorno. Sabemos que um dos públicos mais importantes de leitores universitários de Adorno encontra-se em faculdades de Comunicação e pós-graduações de Estudos de Mídia. Por isso, a edição de uma coletânea com alguns textos fundamentais sobre indústria cultural e cultura de massa visa, sobretudo, a alimentar o debate que ali se desenvolve. Isso também vale para outro importante público-leitor de Adorno no Brasil: os pesquisadores de Psicologia Social e Psicanálise.

Se a dialética pode ser pensada como a capacidade de insuflar vida no pensamento coagulado, então uma abordagem dialética do legado de Adorno não pode abrir mão dessa perspectiva crítica, como já sugeria o Prefácio de 1969 à segunda edição da *Dialética do esclarecimento*, obra escrita em parceria com Max Horkheimer: "não nos agarramos a tudo o que está dito no livro. Isso seria incompatível com uma teoria que atribui à verdade um núcleo temporal, em vez de opô-la ao movimento histórico como algo de imutável". Pensar o atual teor de verdade do pensamento de Adorno significa, portanto, a dupla tarefa de repensá-lo em face dos dilemas do mundo contemporâneo e refletir sobre o quanto esses dilemas podem ser iluminados sob o prisma de suas obras.

Comissão Editorial

Jorge de Almeida
Ricardo Barbosa
Rodrigo Duarte
Vladimir Safatle

Apresentação à edição brasileira[*]

Prof. Jean-Paul Olive

Afinidade eletiva

Esta coletânea de textos sobre Alban Berg, "o mestre da transição mínima", foi o último livro de Adorno a ser publicado em vida, enquanto estava trabalhando na última versão de sua *Teoria estética*. Como revela o autor, trata-se de um livro feito sob encomenda, assim como foi também a última obra de Berg, o *Concerto para violino*, finalizada enquanto o compositor se esforçava para terminar a partitura de *Lulu* – sua segunda ópera e, sem dúvida, sua maior obra-prima. Em um breve prefácio, Adorno explica que a estruturação do livro levou em conta o fato de que ele já havia escrito bastante sobre a obra que descobriu em sua juventude e da qual era íntimo há quarenta anos. Com efeito, Adorno excluiu desse volume dois textos essenciais sobre o compositor: um publicado em *Quasi una fantasia* e o outro em *Figuras sonoras*. Neste livro, reuniu vários artigos, conferências e análises de peças específicas. Um primeiro conjunto de textos (alguns deles

---

[*] Tradução de Eduardo Socha.

modificados) refere-se aos anos 1930 e, em particular, ao volume publicado por Willi Reich em 1937,[1] monografia para a qual o filósofo havia contribuído significativamente. Adorno confessa que nada de essencial foi acrescentado a esses textos, exceto na parte dedicada à ária do concerto *Le vin*, composto com base nos poemas de Baudelaire, sobre a qual o filósofo indica que acrescentou as observações feitas por Walter Benjamin na época. O capítulo "Som" e o trecho "Para uma caracterização do *Wozzeck*" foram extraídos de textos redigidos nos anos 1950, posteriormente modificados ou reescritos. Finalmente, a análise das *Altenberg Lieder*, a segunda parte do texto sobre *Lulu* e a importante introdução às obras, sutilmente intitulada "A análise musical e Berg", foram redigidas nos anos 1960.

Temos aqui então uma obra encomendada, que certamente não apresenta a estrutura magistral da monografia sobre Mahler, nem o caráter demonstrativo da *Filosofia da nova música* ou mesmo do ensaio sobre Wagner. Por sua vez – e isso já foi observado – trata-se do livro mais cativante de Adorno, no qual se revelam, como em nenhum outro livro, tanto a admiração e a afeição que ele mantinha pelo compositor vienense quanto um verdadeiro ideal do que é a música. Esse ideal não recebe nenhuma definição abstrata de Adorno, mas se desenvolve progressivamente no contato com as obras, apresentado ao longo das páginas. Essa é a primeira razão pela qual, em vez de remeter este livro a um segundo plano na produção adorniana, torna-se mais do que necessário considerá-lo um livro de primeira

---

1 Willi Reich. *Alban Berg: Mit Berg eigenem Schriften und Beiträgen von Theodor Wiesengrund-Adorno und Ernst Krenek*. Viena, 1937.

Berg

grandeza e importância, assim como foi a música de Berg para o próprio Adorno.

Em 1924, o jovem estudante de filosofia Theodor Wiesengrund encontrou Alban Berg e decidiu então ter aulas de composição com ele; a correspondência ininterrupta, que se iniciou em 1925 e durou até a morte do compositor no final de 1935, testemunha a afeição que o jovem estudante tinha pela música de seu mestre, que aos poucos se tornava amigo. Ao acompanhar esta correspondência, percebemos muitas coisas interessantes. Ficamos sabendo, por exemplo, que, por trás da defesa oficial e militante de Schönberg, sincera e tecnicamente argumentada, Adorno não deixava dúvidas sobre sua preferência pela escrita de seu professor. Em 1927, ao analisar *Terceiro quarteto* de Schönberg, sobre o qual reconhece a "tranquilidade técnica" e a "grandeza de sua objetividade distanciada", o jovem estudante emprega termos bastante reveladores na comparação com a *Suite lírica* de Berg: "Ele se tornou humanamente silencioso. Já o seu quarteto, construído sem ser 'romântico' – e Deus sabe com que grandeza isso foi feito –, conserva um laço com a pessoa que tem uma falsa segurança."[2] Ao ler a correspondência entre os dois, percebemos também que o jovem estudante de filosofia, que então se dedicava à redação de seu projeto de conclusão de curso, parecia constantemente atormentado pelo desejo de compor, a ponto de confessar, em mais de uma

---

2 Adorno–Berg. *Correspondance 1925-1935*. Paris: NRF Gallimard, 2004, p.161. É preciso enfatizar a importância de expressões como "humanamente silencioso" ou "laço com a pessoa que tem uma falsa segurança", pois prefiguram, já nos anos 1920, a posição de Adorno em relação à defesa do particular e do lugar da subjetividade no processo artístico.

carta, que esta era afinal sua primeira paixão. Adorno não fez carreira como compositor, no entanto música e filosofia nunca formaram para ele dois mundos realmente separados (e seus escritos dedicados à música comprovam isso). Essa extensa correspondência ainda nos permite identificar outro elemento importante, sobre o qual Adorno insiste voluntariamente no capítulo "Recordação" do presente volume: a música de Berg é inseparável do próprio homem, das qualidades singulares de sua profunda estrutura psíquica. Se, de fato, devemos ler o capítulo "Recordação" com maior atenção, é porque boa parte das categorias que surgem da pessoa lembrada encontrará (ou encontrou em outros textos) uma nova formulação no interior da música — por aí entendamos não uma mensagem qualquer trazida por ela, mas sua própria textura. Em certo sentido, esse aspecto já havia sido trabalhado na obra sobre Mahler (cujo subtítulo, aliás, "Uma fisionomia musical", é bastante eloquente) mesmo que não se tenha alinhado à dimensão autobiográfica, como ocorre neste caso. Tal aspecto, admiravelmente desenvolvido pela escrita virtuosística e dialética de Adorno, nos indica pelo menos duas características essenciais, confirmando ser este, ao contrário do que se imagina, um grande livro teórico. A primeira delas é a de que a arte autêntica corresponde a um comportamento que ultrapassa as fronteiras reificadas do indivíduo, ao abrigar todas as dimensões do ser; a segunda é a de que a pesquisa e a reflexão, longe de se resguardarem na frieza, na neutralidade e, no fundo, na indiferença em relação ao objeto, podem — ou mesmo devem — ser movidas pela paixão e pela empatia da qual a experiência estética serve de modelo. Ao colocar em questão o próprio saber, isso já é muito, mas ainda não é tudo.

Berg

Singularidade da obra

Adorno, em seu prefácio, justifica o livro dizendo que procura dissipar o mal-entendido do qual sofre a produção do compositor. Com efeito, a obra de Berg foi frequentemente rejeitada pela vanguarda do pós-guerra em razão de seus laços com o pós-romantismo; pelas mesmas razões, parece que ela foi apreciada por um público insensível às exigências dessa música bem mais radical do que aparentava, por um público que queria apenas ouvir os sons de um século XIX já superado. Consciente desse mal-entendido, o próprio Berg às vezes se sentia incomodado em relação a Schönberg, principalmente depois do sucesso triunfal, que ele julgava suspeito, da estreia de *Wozzeck*. Querendo lutar contra essa falsa imagem, era primordial e urgente para Adorno, portanto, resgatar a obra de Berg por meio da transmissão de sua experiência de mais de 30 anos de convivência com sua música. Em outras palavras, era preciso ir além da camada superficial da música, era preciso destruir os efeitos estilísticos que ocultam sua originalidade e esclarecer a textura real e o conteúdo autêntico da composição. A fim de bem compreender o interesse das análises presentes nesta coletânea, é preciso fazer referência a dois artigos importantes sobre Berg que já haviam sido publicados por Adorno.[3] O primeiro, relativamente técnico, foi escrito em 1961 para a rádio, depois publicado na revista *Forum* e finalmente integrado a *Quasi una*

---

3 Na verdade, existe um terceiro artigo importante sobre Berg que não está neste volume. Adorno faz referência a ele no final do livro; trata-se da análise do *Concerto para violino* inserido em *Der Getreue Korrepetitor*, publicado em 1963.

15

fantasia. O outro, de caráter mais geral, é de 1956 e foi publicado na revista *Merkur* antes de integrar o livro *Klangfiguren*.

O texto de *Quasi una fantasia* intitula-se, de maneira sintomática, "Originalidade da técnica composicional de Alban Berg", enfatizando assim a singularidade da escrita apresentada. Desde o início do artigo, Adorno não teme em nadar contra a corrente da vanguarda pós-weberniana ao sublinhar claramente os aportes que essa música traz para a composição contemporânea: "Berg continua atual para a atual situação da composição porque desenvolveu, ao largo da técnica de doze sons, os procedimentos de uma escrita que está mais próxima da intenção primordial da atonalidade, aquela de uma música informal, se comparada àquela que a própria atonalidade depois racionalizou".[4] Em seguida, na sutil observação crítica orientada a certos jovens compositores de vanguarda, a atualidade e a utilidade de um retorno à escrita de Berg são novamente apontadas: "Sua música poderia nos ensinar agora não aquilo com o que é preciso compor – estilo ou princípio –, mas a maneira pela qual é preciso compor, o material emancipado que hoje pressupõe toda a música, a maneira pela qual é preciso construir obras musicais de grande envergadura, evitando todo o endurecimento e toda a renúncia à espontaneidade da composição".[5] Dentre as principais características enunciadas no artigo, pelo menos três delas fazem da técnica composicional de Berg um modelo possível, e provavelmente frutífero, para os jovens compositores. A primeira – que está sem dúvida na origem das demais – é o emprego

---

4 Theodor Adorno. Originalité de la technique de composition d'Alban Berg. In: *Quasi una fantasia*. Paris: NRF Gallimard, 1982, p.200.
5 Idem.

Berg

de unidades de base infinitesimais, extremamente variáveis e móveis, fortemente cromáticas, que permitem um desenvolvimento contínuo e sutil da música, ao produzir, sem interrupção, novos elementos e novas diferenciais; trata-se do recurso importantíssimo da transição mínima. A segunda, consequência da anterior, é a capacidade de Berg de gerar formas amplas e estruturadas que correspondem a um modo de engendramento orgânico informal e a uma arquitetura finamente articulada; a terceira característica da técnica de Berg, que rompe com todo dogmatismo composicional, pode ser entendida sob a forma de uma generosidade e uma invenção livres que permitem a Berg recolher e reinterpretar materiais herdados e, ao mesmo tempo, criar novos processos que dinamizam sua ação. Graças a essa abertura, que integra tanto procedimentos rítmicos antigos quanto materiais harmônicos e esquemas formais gastos, Berg poderá se apropriar do método dodecafônico de Schönberg sem nenhum fetichismo, pois não renuncia a outras possibilidades.

O segundo artigo – que pertence a *Klangfiguren* – desenvolve um ponto de vista diferente, mas igualmente interessante: pelo retorno e pela superação de argumentos frequentemente repetidos sobre Berg, Adorno mostra, em um raciocínio verdadeiramente dialético, como essas dimensões contribuem para a própria riqueza da escrita de Berg. Por exemplo, o tão criticado caráter *Jugendstil* aparece para Adorno somente como a camada mais externa de uma dimensão sensorial, esta sim radical. Do mesmo modo, a tendência irrepreensível à expressão – que tanto incomodava os puristas da vanguarda – torna-se, para Adorno, o germe da profunda humanidade de uma escrita que, tanto pelas escolhas literárias quanto pelo tom, se faz perceber claramente nas óperas *Wozzeck* e *Lulu*. Por fim, os ditos elementos nostálgicos de Berg, frequentemente condenados por uma crítica superficial e dogmática, revelam-se, sem dúvida, como signos do passado; mas, segundo a detida interpretação musical e filosófica de Adorno, de um passado no sentido da herança dinamizada pela invenção: "O percurso de Berg, em sua vida como músico, não consistiu em negar a herança; ao contrário, Berg consumiu essa herança, assim como os investidores do século XIX podiam consumir seu capital. Mas isso significa também que a herança não se crispava sobre ele como uma possessão. Ao longo de seu percurso, Berg também a rejeitou. O que torna Berg incomparável é essa própria dualidade".[6]

O fim do artigo destaca dois traços fundamentais que a um só tempo esclarecem e acentuam as características precedentes, por si só bastante valiosas para a composição contemporânea. Adorno observa que a escrita de Berg, por sua coesa articulação, constitui uma intensa reflexão sobre a linguagem, uma reflexão prática no plano da matéria sonora, que não é diferente da maneira pela qual Adorno entrevê a escrita filosófica; o segundo ponto, que será desenvolvido no capítulo "Som", é provavelmente a pedra de toque da reflexão adorniana sobre a música de Berg. De algum modo, é deste ponto que todo o resto se manifesta assim como um centro magnético invisível, mas ativo em todo lugar. Trata-se da familiaridade particular que a música de Berg possui com a morte. Adorno interpreta essa familiaridade como a origem do tecido musical de Berg, uma textura fluida e instável, que evita o apoio seguro em um estilo duro e que parece sempre estar próxima do desaparecimento, mesmo quando ela se prolifera em arquiteturas impressionantes; uma textura

---

6 Theodor Adorno. *Figures sonores*. Genève: Contrechamps, 2006, p.74.

Berg

que não teme as fissuras provocadas pela inserção do passado em seu núcleo. É partindo dessa característica que poderemos compreender aquilo que Adorno escreve sobre Berg, quando afirma que "ele mesmo se ofereceu ao passado, por assim dizer, como um sacrifício consentido para o futuro".[7]

Se quisermos entender, na concretude da matéria musical, a originalidade e a importância do livro sobre Alban Berg, é preciso ler com cuidado as análises de obras que constituem a segunda e mais volumosa parte da coletânea; o duplo feixe de categorias destacadas anteriormente — a especificidade da composição e a singularidade das características estéticas — se entrelaça continuamente segundo as configurações transitórias e renovadas em cada obra. É verdade que os textos mais antigos se apresentam sob um viés mais analítico, no sentido da musicologia tradicional. Na medida em que as exposições dedicam maior importância aos detalhes técnicos, estes permanecem fundamentais para entender o que está realmente em jogo. Já os textos mais tardios testemunham o talento extraordinário do escritor Adorno e se caracterizam pela acuidade aos elementos mais eloquentes das obras, pela maneira cativante de expor os impasses da escrita, ao lançá-los no terreno em que se desvelam seus conteúdos radicais e críticos. O que esta coletânea nos mostra, portanto, não se limita apenas ao conhecimento vasto que Adorno se empenha em transmitir a respeito da música de Berg. Ela mostra também o método dialético de Adorno, que às vezes parece hermético, mas que, neste caso, se apresenta de maneira bastante clara para quem souber ficar atento a ele.

---

7 Idem, p.77.

Theodor W. Adorno

Objeto, processo e método

Que método seria esse? Ao oferecer uma introdução com o título "A análise e Berg" antes da apresentação cronológica das obras, Adorno explicitamente ressalta a centralidade da análise em seu percurso musicológico. Em algumas páginas cujo acesso não é tão difícil mas cujo conteúdo expõe uma verdadeira lição de teoria crítica, ele mostra ao leitor a incidência nítida, no domínio musicológico, de duas ideias fundamentais para sua reflexão filosófica: o primado do objeto, promovido e defendido contra todas as teorias que subjugam as obras; e a importância concedida ao particular e sua relação com o conceito. Contra as abordagens relativistas que invadem o espaço da crítica, contra as posturas jornalísticas que confundem a produção do artista com sua biografia anedótica, Adorno procura se limitar à obra: "Em arte, tudo depende do produto do qual o artista é instrumento".[8] Isso deveria bastar para justificar o papel central da análise no método; mas isso também nos convida a entender, de outra maneira, a articulação de um capítulo como "Recordação" com o resto do livro, pois aqui não se trata da abordagem simplesmente biográfica. Trata-se antes de uma maneira de designar o comportamento particular que se encontra na própria base da escrita, a própria "fisionomia" que se transparece na textura musical. De algum modo, ao fazer referência, já no início da obra, à "fisionomia" de Alban Berg, parece que o filósofo procurou uma alternativa a duas tendências insuficientes e nefastas para ele: de um lado, a neutralização da música por meio de sua redução a conteúdos reificados, a falsas mensagens deduzidas de banalidades conven-

---

8 Theodor Adorno, no presente volume, p.97.

cionais da biografia; de outro, a tendência tecnicista que esvazia a música de toda humanidade, confinando-a a ser não mais do que uma construção abstrata, uma forma coerente porém encerrada em torno de si mesma, sem relação com coisa alguma.

Diante dessas duas posturas, a análise aqui é considerada um momento do conhecimento; ela se apresenta como uma verdadeira imersão sensível na fatura das obras, uma maneira de adentrar sua microestrutura para atingir aquilo que Adorno chama de teor de verdade. Como a tarefa é grande, o filósofo toma cuidado em destacar duas qualidades da análise, para ele essenciais: a primeira é a de que a análise, decomposição de elementos, comporta uma virtude desmistificante; seu poder destrói a ilusão da obra que se diz natural e confirma que, por trás de sua aparência lisa e polida, as obras de arte são de fato fragmentárias, são agregações, que são artefatos afinal. O segundo ponto — e aqui Adorno alerta o musicólogo contra um falso saber racional — é o de que a análise, tal com ele a concebe, não deve se limitar às características convencionais das obras, a seus esquemas acadêmicos gerais, mas deve antes se vincular à textura singular de cada uma delas: "A análise visa os momentos concretos a partir dos quais uma obra musical se constitui. Ela não tem por critério a redução dessa obra a determinações mais ou menos abstratas e — no interior de idiomas dados — relativa mente idênticas; pois senão ela se torna tautológica, conforme bem observou Metzger. A análise se esforça para atingir a carne, e não o esqueleto".[9] Na própria música tonal, cuja linguagem é extremamente codificada, os elementos deveriam ser relacionados, pela análise, com aquilo que é específico no interior da

---

9 Idem.

nova configuração que eles formam, com o que emerge de uma invenção singular. Na Nova Música, essa dimensão adquire importância ainda maior pelo fato de que aqui a música se libertou dos esquemas formais da tradição. E podemos considerar que sob a perspectiva de Adorno, isso é tanto mais verdadeiro em Berg, pois não hesita em escrever que, em função de sua escrita, a música de Berg deveria levar o próprio conceito de análise a se transformar, ou seja, no momento em que sua força passa a interagir com o método e a exigir sua transformação, a singularidade do objeto faz muito mais do que somente exigir um método adaptado. Em alguma medida, é o trabalho de uma dialética sutil no interior da musicologia.

Em função da própria força do objeto, no entanto, a análise não deveria se prender ao conhecimento das obras; esse é apenas um momento, certamente essencial, mas que provavelmente não corresponde ao todo. Do contrário, a análise simplesmente reduziria as obras a coisas inertes. Ora, diz Adorno, a crítica interpretativa busca exatamente o oposto: "conhecer a arte significa tornar novamente fluido, por meio da reflexão, o espírito objetivado".[10] É assim que, no final da primeira introdução da *Teoria estética*, Adorno se dedica a mostrar que, contrariamente à ideologia do prazer imediato na arte, a experiência estética é constituída por vários estratos. Se ela nasce, com efeito, da recepção espontânea, ela só se torna experiência real se for integrada a um certo distanciamento. A análise imanente, como a chama Adorno, é um desses estratos que permitem a mediação do objeto, mas ao qual é preciso sobrepor, ou mais precisamente incorporar, uma "reflexão secundária" de caráter filosófico.

---

10 Theodor Adorno. *Théorie esthétique*. Paris: Klincksieck, 1996, p.495.

Berg

Na *Teoria estética* Adorno define de maneira clara a função desta última, que decorre diretamente da definição que sempre deu à arte, realidade ao mesmo tempo autônoma e social: "A estética filosófica, estreitamente ligada à ideia da análise imanente das obras, tem seu lugar lá onde esta última não chega. Sua reflexão secundária deve ir além dos fatos diante dos quais esta análise esbarra e deve atingir o conteúdo de verdade por meio de uma crítica enfática. A análise imanente das obras cria, sem dúvida, seus próprios limites porque ela visa romper o caminho da reflexão social sobre a arte. O fato de que a arte, por sua autonomia, se opõe à sociedade e, por outro lado, é ela própria social, corresponde a uma das leis de sua experiência".[11] Mesmo que Adorno declare não ter um método *a priori*, o leitor percebe aqui um método adotado ao longo de toda esta coletânea, um método aplicado com clareza e virtuosismo impressionantes: este método – indiscutivelmente uma herança crítica de Hegel – é o trabalho da mediação que entrelaça, como as cordas independentes porém inseparáveis de um cipó, a precisa e sutil abordagem técnica da música considerada como linguagem e a abordagem interpretativa que rompe os limites da obra, ao apontar para o gesto dinâmico que a vincula ao mundo, aquilo que talvez nós poderíamos chamar de sua expressão.

Categorias e dialética

Como vimos, pelo menos três razões fazem que este livro ocupe um lugar peculiar na produção adorniana. A primeira tem a ver com a constatação de que Adorno possuía uma consciência

---

11 Idem, p.483.

singularmente aguda de que filosofia e música, pelo menos a música que lhe interessava, desenvolvem fortes relações entre si; essas relações nunca são realmente explicitadas e Adorno as evoca apenas de passagem, como neste trecho de um dos *Três estudos sobre Hegel*: "Pois o conceito hegeliano de especulação, uma vez livre de seu revestimento terminológico, significa apenas a vida voltada novamente para dentro de si; é neste sentido que a filosofia especulativa – incluindo aquela de Schopenhauer – e a música permanecem intimamente ligadas".[12] Essa primeira convicção prolonga-se em uma segunda, adquirida já nos anos 1920, quando ainda era um jovem estudante: para ele, existe o paralelo evidente entre uma filosofia crítica que, sem concessões, interroga a sociedade, e a música atonal da Segunda Escola de Viena, que coloca em questão os fundamentos tradicionais da linguagem musical.

A segunda razão é a afinidade eletiva que aproxima Adorno ao compositor Alban Berg, uma afinidade que decorre, sem dúvida, da convicção precedente mas que, por uma interessante dialética, se desvia dela; com efeito, Adorno não avalia da mesma maneira Berg, Schönberg e Webern. Ao lermos com atenção as análises interpretativas das obras apresentadas neste livro, compreendemos o modo pelo qual os problemas tematizados são mais complexos do que a mera posição de princípios à qual às vezes queremos reduzir, erroneamente, os textos de Adorno sobre a música.

A terceira razão é o método, que de longe ultrapassa aqueles da musicologia tradicional, aliando, em um só movimento, o rigor técnico da análise musical e a busca do conteúdo históri-

---

12 Theodor Adorno. *Trois études sur Hegel*. Paris: Payot, 2003, p.90.

Berg

co de verdade por meio de uma reflexão secundária. A presença de todos esses elementos conjugados confirma a importância da obra, pois aqui assistimos a uma constelação reflexiva rica e complexa em suas nuances, crítica e dinâmica em suas aberturas, comparável à monografia sobre Mahler, uma das realizações mais bem-sucedidas do pensamento de Adorno.

O interesse e a originalidade das categorias musicais desenvolvidas pelo filósofo testemunham a riqueza dessa constelação. Sem pretender apresentá-las todas, podemos indicar algumas das mais importantes. E uma das mais interessantes, já que provoca discretamente uma série de consequências, é a categoria de "tom", à qual Adorno já havia dedicado – e isto não nos surpreende – um capítulo no livro sobre Mahler. Indo além das fronteiras habituais que definem zonas separadas da linguagem, o tom, particular no compositor, designa tanto o uso singular dos materiais comuns quanto a "sintaxe" pessoal. Ele define a expressão, o comportamento do criador, o "como" da escrita. Sua descrição necessita tanto da técnica quanto da interpretação filosófica. Adorno mostra que, em Berg, o som é indissociável da propensão de sua música a desaparecer, o que ele chama de "negação de sua própria existência", característica esta que está intimamente ligada à presença da morte na personalidade de Berg e em sua escrita. Segundo Adorno, essa familiaridade com a morte, nos antípodas da afirmação de si, dá à música sua textura única; para o filósofo, isso é extremamente importante, pois representa a crítica – que emana da própria experiência sensível – da glorificação repetitiva daquilo que é. Adorno compreende essa negatividade, desenvolvida na textura musical, como a antítese estética contra a terrível potência da conservação de si, bastante criticada na *Dialética negativa*.

Servindo de subtítulo à coletânea, a transição mínima constitui outra categoria também interessante; pois ela define, para retomar a expressão de Schönberg, o trabalho subcutâneo da textura musical de Berg, uma textura que herda de Wagner o fato de progredir de maneira eminentemente cromática, mas que em seus menores detalhes evolui e se transforma. A transição mínima, desenvolvida por Berg, supera o simples movimento cromático e se torna o próprio órgão da mediação musical, permitindo todos os efeitos de sentido que o compositor imprime à textura sonora; isso fica particularmente claro nas óperas já que, graças aos efeitos sutis dessa arte da transição, as semelhanças e as conotações, as variações e os entrelaçamentos dos motivos e dos materiais formam uma rede movente e intensa de sentido. Em função dessa arte sutil da transformação e da mediação, o compositor pode incorporar o texto e o drama que se tornam então literalmente música.

Nesse sentido, as duas óperas *Wozzeck* e *Lulu*, por mais impressionantes que pareçam, são a simples emanação lógica da escrita de Berg, construídas com as mesmas qualidades e com base nos mesmos procedimentos utilizados em outras peças. No entanto, elas são também sua quintessência, na medida em que a textura interna da composição reencontra a superfície do drama humano e da sociedade que determina o homem, com uma intensidade que até então poucas obras tinham conseguido encarnar. Pelo choque desse reencontro com os textos que Berg havia cuidadosamente escolhido e remodelado para a ópera, as qualidades inerentes dessa música, guardadas como um segredo no interior de seu próprio meio, atravessam com violência a porta de um mundo até então oculto: *Wozzeck* e a infelicidade da opressão, *Lulu* e o drama da beleza, lapidam na aparência musical os hieróglifos de sua verdade. Não por acaso, na *Dialética negativa*, uma das obras filosóficas mais teóricas do filósofo, há uma passagem dedicada a Alban Berg. No último capítulo, "Meditações sobre a metafísica", logo na passagem em que a própria experiência da metafísica se vê confrontada pela questão da felicidade, Adorno faz referência às duas óperas: "Inegavelmente, a experiência metafísica pura torna-se mais pálida e mais fadada à desilusão no decurso do processo de secularização, e isso funde a substancialidade da experiência mais antiga. Ela se comporta negativamente naquele 'isso é tudo?', que se atualiza antes de qualquer outra coisa na espera vã. A arte mostrou isso; Alban Berg elevou maximamente em seu *Wozzeck* os compassos que, como só a música consegue, expressam uma espera vã, e citou sua harmonia nas cisões decisivas e no fim de *Lulu*".[13] Esses compassos, em *Wozzeck*, sobrevêm no momento em que Marie, sozinha, deixa sua alma vagar; um julgamento positivista poderia reduzi-las a um acorde banal de quatro notas. Mas a experiência da passagem das quatro notas simples para aquilo em que elas se transformam na cena de *Wozzeck*, no momento da espera vã de Marie, a experiência do que se transforma este acorde retomado no final de *Lulu*, no negro desespero de sua ressonância, é somente aquilo que distingue os fatos, os simples fatos, do problema da verdade. Podemos pensar que aí se enredam, sob a perspectiva de Adorno, a profunda intimidade entre música e filosofia.

---

13 Theodor Adorno. *Dialética negativa*. São Paulo: Zahar, 2009, p.310-1.

// Prefácio

A *captatio benevolentiae* do autor, que fala da própria hesitação em aceitar a proposta de publicar um livro, está gasta devido ao seu persistente abuso. Na maioria das vezes, ela pretende apenas isentar o autor de sua responsabilidade. No caso deste livro sobre Berg, contudo, ela não apenas exprime corretamente as circunstâncias, mas é imprescindível para sua explicação.

O amável convite de Elisabeth Lafite para redigir uma monografia sobre Berg para a série "Österreichische Komponisten des XX. Jahrhunderts" [Compositores austríacos do século XX], com a utilização de materiais mais antigos, suscitou no autor uma dupla hesitação. Desde que veio para Viena como aluno de Berg, há mais de quarenta anos, o autor publicou muito a seu respeito, e temeu repetir a si mesmo. Ele procurou evitar isso, tanto quanto possível, mas não pôde eliminar todas as coincidências, por exemplo, entre o capítulo "Recordação" e o ensaio publicado em "Klangfiguren". Neste volume foram acolhidos somente textos que não aparecem em outros livros do autor.

Nesse meio-tempo publicaram-se obras compendiosas sobre o compositor. Era preciso refletir se, com isso, a monografia não teria se tornado supérflua.

Contudo, foi justamente a consideração das objeções que o autor fez a si mesmo que o levou à decisão de aceitar o convite. A maior parte de seus trabalhos sobre Berg consistiu em análises e considerações com as quais contribuiu para o livro publicado por Willi Reich em 1937, que fora concebido como um estudo totalmente provisório. Esse livro está esgotado há muito tempo. Aquelas contribuições, que o autor sente como provenientes de uma fase de afirmação [Durchbruch], parecem-lhe dignas de serem disponibilizadas novamente ao público. Ele agradece a Willi Reich por sua expressa autorização. Todavia, o autor considera que o mais importante no livro são os trechos redigidos especialmente para ele em 1968.

324 //Algumas das mais recentes publicações poderiam legitimar o livro. Os musicólogos que a seu tempo procuraram neutralizar historicamente Schönberg como o "grande solitário" e interná-lo numa espécie de cela intelectual isolada, e que nos anos de trevas políticas favoreceram a si mesmos a partir de sua ligação com a música folclórica [Volksmusik], agora estendem as mãos na direção de Berg. Para o autor, isso é nada menos do que a tentativa de expandir *a posteriori* o monopólio de sua disciplina acadêmica para ali, onde algumas décadas atrás eles temiam se comprometer. O autor nada tem em comum com tal modo de pensar. Muito pelo contrário, ele espera que o livro possa dizer algo àqueles musicólogos mais jovens, que são diferentes. Se justamente os capítulos publicados em 1937 fossem comparados com a obra de H. F. Redlich,[1] seria extremamente

---

1 Hans Ferdinand Redlich, *Alban Berg*: Versuch einer Würdigung. Wien: Universal, 1957; *Alban Berg, the Man and His Music*. London: John Calder, 1957. [N. T.]

gratificante para o autor. Ele não pretendeu louvar [würdigen], mas antes, como músico da Segunda Escola de Viena — da qual nunca se afastou —, o autor quis compartilhar experiências relativas à pessoa e à obra de Berg. Ao fazer isso, emergiu-lhe um novo conceito de análise. Porém, o autor não reivindica de modo algum que, o que ele apresenta hoje, baste a esse conceito. Da mesma forma, as diferenças entre os trechos antigos e os novos não foram nem um pouco suavizadas. O fato de que o livro documenta em si mesmo um desenvolvimento não é incompatível com o seu objeto [Gegenstand].

Por ocasião de uma despedida, numa separação por um tempo mais longo, Alban Berg escreveu ao autor um cartão-postal no qual citava a passagem de Hagen no *Götterdämmerung*: "Sei treu" [Seja fiel]. O autor não desejaria para si nada melhor do que não ter ficado aquém disso, sem que, contudo, uma intensa gratidão atrapalhasse a autonomia que seu professor e amigo desenvolveu musicalmente nele.

Frankfurt, setembro de 1968

// Som

Familiar desde a infância é o último movimento da *Abschiedssymphonie* [Sinfonia do adeus] de Haydn, a peça em fá sustenido menor, na qual um instrumento após o outro para de tocar e sai, até que, por fim, restem apenas dois violinos e apaguem-se as luzes. Para além do pretexto inofensivo da peça e daquela esfera que a detestável familiaridade considera o humor do "papai" Haydn está a intenção de organizar como uma composição o adeus, de dar forma ao desaparecimento da música e de realizar uma possibilidade que, inerente à própria transitoriedade do material musical, esteve sempre à espera daquele que penetraria em seu segredo. Olhando retrospectivamente para a produção de Alban Berg — o qual, se estivesse vivo, estaria com mais de oitenta anos —, parece que a totalidade de sua obra desejaria recuperar aquela intenção relampejante de Haydn, de transformar a própria música em imagem do desaparecer e, com ela, despedir-se da vida. Cumplicidade com a morte, urbana gentileza para com o seu próprio extinguir-se são características de sua obra. Somente quem a apreende a partir desses pontos de vista, e não a partir de premissas histórico-estilísticas, irá realmente

Theodor W. Adorno

experienciar a música de Alban Berg. Uma de suas composições mais maduras e perfeitas, a *Suíte lírica* para quarteto de cordas, termina sem terminar, aberta, sem barra de compasso final, com um motivo de terças na viola que, segundo indicação do compositor, pode ser repetido mais algumas vezes *ad libitum*, até que se torne totalmente inaudível. Esse escorrer da música, mortalmente triste, ao qual nenhum ponto confirmador é concedido, soa como se aquilo que em Haydn ainda se afigurava como um jogo seguro tivesse se tornado a seriedade desconsolada e aberta da infinitude. Mas nisso vive ainda um vestígio de esperança que a música, em suas alturas bachianas, infundiu outrora naqueles corais que conduzem os mortais através de um portal para uma escuridão tão densa, que a luz derradeira teria que se acender ali. Seria tolo procurar um propósito meramente poético ou até mesmo uma concessão ao esquema conciliador na inserção do coral "Es ist genug", da Cantata "O Ewigkeit, du Donnerwort"

326 // no *Concerto para violino*. Se Berg tivesse se contentado com isso, teria sido mais fácil; ele não teria precisado inserir um corpo estranho em seu *Finale* e deixá-lo ali de maneira tão chamativa, que choca mais do que qualquer dissonância. Muito pelo contrário, com essa citação – cuja impropriedade estilística teria sido a última coisa a escapar à consciência refinada de Berg – ele procede como se tivesse se cansado de todas as formas acabadas e da imanência estética nas quais ele desperdiçou sua vida; como se diretamente, impacientemente, ele quisesse ainda no último minuto chamar pelo nome – como um protesto contra a arte mesma – aquela coisa sem nome, em torno da qual sua arte estava organizada. O desvanecedor, o que desmente a própria existência [Dasein] não é, em Berg, um material expressivo, não é um objeto alegórico da música, mas, sim, a lei à qual a música se submete. Compositores sinfônicos como Berg, compositores das grandes formas, são frequentemente louvados, pois saberiam construir seus edifícios a partir dos menores elementos construtivos, a partir do nada. Seguramente, uma proporção liga a completude e a obrigatoriedade da grande forma, de modo que, nesta, nenhum elemento isolado se emancipe por si mesmo, de maneira demasiado independente do todo. Em Berg, a atomização do material e a integração que lhe é concedida são, de maneira indiscutível, reciprocamente correspondentes. Mas em Berg tal atomização possui uma motivação subjacente. Aqueles motivos mínimos que, durante sua vida, os Beckmesser tachavam de microscópicos, na verdade ignoram a ambição de compor-se e fundir-se em um todo de poder e grandeza. Quando se mergulha na música de Berg é como se, por vezes, sua voz nos falasse na mais frágil sonoridade que mesclasse ternura, niilismo e confiança: no fundo, tudo é absolutamente nada. Sob um olhar analítico, essa música se desfaz completamente, como se ela não contivesse nenhum elemento sólido. Ela desaparece mesmo em seu estado agregado aparentemente fixo, objetivado. Se alguém tivesse chamado a atenção de Berg para isso ele teria — a seu modo envergonhado — ficado contente, como alguém surpreendido numa benevolência. A riqueza ramificada, organicamente luxuriante de muitas de suas criações, bem como a força disciplinadora // que sabe ligar o difuso e divergente — uma força que lembra os desenhos executados com cuidado infantil —, tudo isso se revela, no fundo, somente como meio de dar ênfase à ideia de que tudo é nada, por meio do emprego contrastante de uma vigorosa existência musical que provém do nada e no nada se perde. Se essa obra leva ao extremo o processo da *Sinfonia do adeus*, não obstante, ela segue fielmente uma tradição austríaca, a do tom de resignação, que foi descoberto por Schubert, mas também o cruzamento popular, tolo-sábio, de ceticismo e catolicismo, no dialeto de Raimund[1] no *Bauer als Millionär* e no Valentin do *Der Verschwender*. A música de Berg fala em dialeto, apesar de toda a rigorosa sutileza do processo composicional. A indicação de interpretação "wienerisch" [vienense] dada a um tema do *Concerto para violino* – que é tudo, menos um ingrediente folclórico vindo de fora – o confessa. Mas justamente a partir desse tema vienense, que se delineia indolentemente, é que se configura o mortal, que se insinua no *Ländler*.

O insignificante tem o seu equivalente musical no semitom, que conduz justamente para além do mero som, contudo, sem assumir diante dele um perfil melódico bem definido; ainda aquém da plasticidade dos intervalos e, assim, sempre pronto a se dissolver no amorfo. Berg foi provavelmente o único dentre os mestres da nova música completamente cromático; a maior parte de seus temas se reduz, em seu núcleo, a intervalos de semitom, e por isso esses temas jamais são apropriados ao caráter da composição que lhes corresponderiam na música sinfônica tradicional. Obviamente a música de Berg, com seu instinto eminente de estrutura e articulação, não se esgota na monotonia do cromatismo, como ocorre talvez com Reger. Pelo contrário, o nível composicional de Berg – tão elevado, que mesmo hoje mal é percebido – se mantém na estrutura sintática extremamente consciente, que alcança desde o movimento como um todo até o valor de cada nota singular, sem

---

1 Ferdinand Raimund (1790-1836), dramaturgo austríaco, autor de *Das Mädchen aus der Feenwelt oder Der Bauer als Millionär* e de *Der Verschwender*. [N. T.]

nada omitir. Essa música é bela no sentido do conceito latino *formosus*, de algo rico em formas [Formenreichen]. Sua riqueza formal a caracteriza para a eloquência, para a integral similaridade com a linguagem. Mas Berg possui uma técnica particular, que // conduz as figuras temáticas de volta ao nada, por meio de seu próprio desenvolvimento. Wagner, que foi o primeiro a compor de maneira essencialmente cromática, caracterizou a composição como a arte da transição [Kunst des Übergangs]. Já em Wagner, o cromatismo, meio para a passagem imperceptível de um elemento ao outro, servia — ao menos no *Tristão* — para que a música como um todo se transformasse em transição, em passagem, que transcendesse a si mesma sem cisões. Disto surgiu, em Berg, uma maneira preservada de modo quase idiossincrático. Ele fundiu a arte do trabalho temático, da estrita economia motívica — tal como aprendera na Escola de Schönberg — com o princípio da transição contínua. Sua música cultiva um procedimento predileto, provavelmente originário da época de aprendizado. De cada tema ela conserva um resto [Rest], que vai se tornando cada vez menor até que, por fim, se conserva um vestígio muitíssimo pequeno, pelo qual não apenas o tema se declara como nada, mas, ao mesmo tempo, as relações formais entre as partes sucessivas são tecidas de maneira infinitamente estreita. A música de Berg, em toda a riqueza luxuriante da sua variedade, não pode suportar o contraste nu, a súbita colisão dos opostos entre si — como se a afirmação musical dos opostos já conferisse aos elementos isolados uma essência que é incompatível com a modéstia metafísica, com o frágil contorno de toda a figura musical de Berg. Pode-se ilustrar essa maneira berguiana — maneira entendida numa acepção mais ampla, como no maneirismo — com aquele jogo infantil que decompõe e recompõe a palavra "Kapuziner" [capuchinho]: Kapuziner-Apuziner-Puziner-Uziner-Ziner-Iner-Ner-Er-R; R-Er-Ner-Iner-Ziner-Uziner-Puziner-Apuziner-Kapuziner. Desta forma ele compôs, assim toda a sua música joga em uma derrisória cripta dos capuchinhos, e o seu desenvolvimento foi essencialmente voltado à espiritualização daquela maneira. Mesmo nas suas obras tardias – nas quais, não sem influência da técnica dodecafônica, enérgicos contornos temáticos são, por vezes, perseguidos, e nos quais a inclinação caracterizante do dramaturgo apodera-se também do caráter absoluto-musical – os temas conservam algo de flutuante, não vinculante [Unverbindlich], sempre trazendo de volta o intervalo de segunda, por meio de variações mínimas e modificações rítmicas. A melancólica graça do tema do *Ländler* dos // dois clarinetes, com o qual se inicia o *allegretto* do *Concerto para violino*, parece dizer, ao mesmo tempo, que na verdade ele não é propriamente um tema, que ele não pretende perseverar, que não quer possuir a si mesmo.

Com isso tudo, com a técnica não menos do que com o som que ela produz, a afinidade entre Berg e Wagner é circunscrita. Diferentemente de sua geração, Berg não teve nenhum tipo de participação – seja quanto às convicções estéticas, seja quanto ao modo de proceder – na oposição contra Wagner. Desse modo ele provocou resistências. Mas a Berg certamente se aplica o pensamento de Schönberg, de que a ideia de uma música conta mais que seu estilo. Enquanto isso, a impotência da mera convicção em arte tornou-se amplamente evidente. A questão da qualidade tornou-se muito mais urgente do que aquela relativa aos meios, que muito frequentemente são adquiridos já prontos e, em si, não testemunham mais nem coragem, nem força. Uma música

Berg

que seja preenchida e organizada até a última semicolcheia tem mais significado e se revela mais moderna do que uma música que não vacila, pois já não sente mais as tensões de seu próprio material. Berg não desprezou os efeitos da sensível e de tríades ocasionais, mas desdenhou uma pureza de estilo que paga a sua coerência com o estrépito e o empobrecimento da linguagem. Seu modo de proceder absorveu muitos outros elementos, e não só a herança wagneriana. Sobretudo o *durchbrochene Arbeit*[2] da primeira Escola de Viena, Debussy e muito do expressionismo alemão. Em primeiro lugar, porém, a própria componente wagneriana mudou de função em Berg, mediante a especialização exagerada e extremamente desagradável. Ele não ilustrou nenhuma metafísica da morte; Schopenhauer não desempenhou nenhum papel no balanço espiritual de sua maturidade. Em vez disso, o impulso para o desaparecer captura a própria música, que não mais anuncia a pretensão de um mundo das Ideias que teria existência em si [ansichseienden Ideenwelt]. Nisso, valendo-se de procedimentos completamente diversos, Berg tinha afinidade com a tendência de seu amigo Webern, cujas miniaturas igualmente apontam para o emudecimento, assim como as grandes formas berguianas apontam para a negação de si mesmas.

A diferença com relação a Wagner poderá ser observada da maneira mais exata justamente no som berguiano, desde que ainda se tenham ouvidos para tais categorias — a propósito,

---

2 Utilizado por Guido Adler, o termo indica o procedimento, típico do estilo clássico, de subdividir uma única frase melódica entre diversos instrumentos. A esse respeito, ver: H. H. Eggebrecht (Hg). *Terminologie der Musikalischen Komposition*. Stuttgart: Franz Steiner, 1996, p.314. [N. T.]

"som" era o conceito preferido de Berg, ao qual ele sempre subordinava os seus juízos musicais. // Esse som nada tem a ver com aquilo que caracterizava o som wagneriano: a autoglorificação. Pode-se sempre detectar em Berg rudimentos do *Tristão*, mas não dos *Mestres cantores*. Assim como sua música, no fundo, jamais põe temas, ela jamais põe a si mesma. Toda insistência é alheia a ela. Em Berg, energia e atividade penetraram no processo de dar forma; o que resulta é um escorregar passivo e sem oposição. Ele jamais frui a si mesmo no espelho, mas antes, possui o gesto de *largesse*, que também era próprio à pessoa de Berg, e que raramente alcançou o êxtase wagneriano que celebra o instante da autoextinção [Selbstauslöschung] como aquele de autorrealização [Selbsterfüllung]. Para Wagner, o inconsciente sempre permanece o prazer supremo, enquanto a música de Berg sacrifica a si mesma e ao sujeito que nela fala, em nome de sua vaidade, talvez também na esperança calada de que apenas aquilo que não se conserva a si mesmo é que não se perde. Se se quisesse ligar Berg ao passado, dever-se-ia compará-lo antes com Schumann do que com Wagner. Assim como a *Fantasia em dó maior*, no final, desemboca na vastidão, sem com isto transfigurar a si mesma como redimida, sem nem mesmo aludir a si mesma: isso antecipa o mais íntimo do som berguiano. Em virtude de tais afinidades eletivas, contudo, ele se põe na mais extrema oposição àquilo que na tradição musical é denominado saudável, à vontade de vida, ao afirmativo, à repetida exaltação daquilo que é. Esse conceito de saúde – que é inerente, de maneira inerradicável, aos critérios musicais vigentes, assim como ao filisteísmo [Banausie] – alia-se ao conformismo: a saúde está do lado daquele que, na existência, se mostra como o mais forte, do lado dos vencedores. Berg denunciou tal acordo, assim

Berg

como, antes dele, o haviam feito o Schubert tardio, Schumann, e talvez Mahler, cuja música combate do lado dos desertores. Pode ser verdade que a sua música – pacientemente polida com mãos amorosas – possua menos arestas pontiagudas para o ouvinte do que a de Schönberg: ela é radical e chocante em sua inclinação pelo mais fraco, pelo que sucumbe – figura da humanidade de Berg. Nenhuma música de nosso tempo foi tão humana como a sua: isso a distancia dos homens.

A identificação com aquele que sucumbe, com aquele que deve carregar o peso da sociedade, determina a escolha dos textos // das principais obras de Berg, de suas duas grandes óperas. Foi no mesmo espírito que Karl Kraus, citando a palavra passada da humanidade, dirigiu-a contra a desumanidade dominante, à qual a linguagem tombou como vítima, que Berg tomou o drama de Büchner sobre o atormentado e paranoide soldado Wozzeck, que, pela injustiça que lhe é feita, dá livre curso à natureza indomada e mata a amada; e tomou a tragédia circense de Wedekind sobre a irresistivelmente bela filha de ninguém Lulu, contra cuja impotente onipotência a sociedade masculina conjura vingar-se. Com razão admira-se no *Wozzeck* o efeito cênico, que força a construção extremamente concisa, sem deixar nem um segundo dramaturgicamente solto. Mas esse efeito seria impensável se a capacidade de construção musical e dramática não se unisse à expressão do humano como sofrimento, que é normalmente eliminada muito facilmente pela construção. Esse elemento no *Wozzeck* possui a mais extrema atualidade, já que nos dias de hoje o direito de existência da música depende da questão: se ela consegue se concretizar em novos caracteres [Charakteren]. Uma marcha penetra no quarto de Maria, um jogo sonoro com um Trio quase mahleriano; mas a marcha

Theodor W. Adorno

estridente se transforma, submersa na mescla de cores de uma interioridade alienada como um sonho, como se fosse percebida através dos vidros obscurecidos do quarto pobre. Assim, a música de cena caótica e estrondosa torna-se um arquétipo da violência, tal como a que a música militar possui sobre aqueles que ela arrasta para o coletivo. Ou, como na peça sinfônica central do segundo ato, há um *scherzo* muito amplo, uma música de taverna com *Ländler* e valsas, mas de uma tateante e profunda tristeza. Em *Wozzeck* o poder de empatia é tão ilimitado como talvez jamais o tenha sido na ópera: como se, no lugar usurpado em Wagner pela glorificação dos personagens dramáticos por meio da música, houvesse agora apenas a compaixão por eles. Não há maneira melhor de demonstrar aquilo que é próprio a Berg, senão pela comparação dessa cena na taverna com Stravinsky, em quem essa cena faz pensar pelo ofuscamento e distorção de modelos [Typen] antiquados da música popular. Em Berg não há nada do desdenhoso chiste da frieza, nada de malicioso; justamente o fato de que a felicidade de tais danças seja falsa – e que justamente por isso enganam aqueles que a têm – cria a // seriedade mortal e uma multiplicidade de camadas, que transforma todo o exterior em alegoria do interior, sem esquecer o quanto o mundo interior misteriosamente distorcido daqueles que são reciprocamente alienados é, ele mesmo, apenas uma cópia [Abdruck] da existência exterior enfeitiçada. Segue-se a isto um coro de soldados adormecidos. Roncos e gemidos são integrados na composição para mostrar que, para os não livres, até mesmo o sono é desfigurado; de maneira muda se materializa aquilo que a coletivização forçada inflige àqueles que estão trancados nas casernas. E como – depois que a cortina se levanta silenciosamente para o terceiro Ato – a trêmula vela,

Berg

desesperada e consoladora de Maria, e o sono leve e infeliz de seu filho tornam-se música. *Wozzeck* não é a aplicação virtuosística das novas conquistas ao gênero — há muito tempo suspeito — da grande ópera, mas, sim, o primeiro modelo de uma música do real humanismo.

Em *Lulu*, o Eu — a partir de cujo ponto de vista se apresentam os eventos, e de cuja perspectiva a música é ouvida — entra visivelmente em cena; Berg deu isso a entender com uma daquelas citações que ele adorava introduzir furtivamente, assim como os mestres medievais introduziam seu autorretrato como figura secundária nas pinturas religiosas. Realmente um cortejador sensível e suprassensível: nos temas do rondó de Alwa unem-se a exuberância do jovem schumanniano e a fascinação baudelairiana pela beleza mortal. Aquilo que ficou conhecido como o primeiro movimento da *Lulusymphonie*, a exaltação entusiasta da amada, resplandece em um êxtase que as palavras não alcançam; como se a música quisesse se transformar num daqueles vestidos de contos de fada, que Wedekind sonhava para Lulu. Como um brilhante e multicolorido ornamento do corpo amado, essa música desejaria restituir seu direito humano ao impulso [Drang] banido, herético. Cada compasso da música quer significar a salvação da proscrita, da figura do sexo, de uma alma que, no além, esfrega o sono para fora dos olhos, como se diz nos compassos mais irresistíveis da ópera. Com a citação dessas palavras e a música composta sobre elas, Berg fez um cumprimento ao sexagenário Kraus, autor de *Sittlichkeit und Kriminalität* [Eticidade e criminalidade]. A música de *Lulu* agradece a ele em nome da utopia, que ocultamente motiva a crítica de Kraus ao aviltamento do amor pelos tabus burgueses.

333 // A música de Berg encontra o ponto nevrálgico sobre o qual a humanidade organizada não tolera gracejos, e é justamente esse ponto que se torna, para ele, o refúgio do humano.

Na hínica ópera circense tudo é mais claro, mais flexível, mais móvel que nas obras anteriores: o *clair obscure* da orquestra de Berg aclara-se numa delgada transparência que recorda a do impressionismo, para superá-lo em magia mediante a objetividade e transportá-lo para o espiritual. Raramente – para usar uma frase de Wagner – a orquestra, a cor, tornaram-se ação tanto como em *Lulu*; a obra se perde alegremente na presença sensível [sinnliche Gegenwart] que ela celebra; ainda uma vez a cena se reconcilia com o espírito. A instrumentação permaneceu incompleta. A mais feliz criação sucumbiu, com a morte de Berg, à mais extrema desventura. Quem conhece algo sobre teatro sabe certamente que *Lulu*, como fragmento, só seria encenada ocasionalmente, não seria incorporada ao repertório que, por sua vez, não pode abrir mão desta obra, isto se a ópera ainda pretende demonstrar seu direito de existir como instituição. É de se esperar urgentemente que as partes incompletas do terceiro ato sejam finalmente orquestradas,[3] também para impedir que a ambição e a operosidade de retardatários guardiães do Graal tomem para si uma tarefa para a qual nada os qualifica.

A um olhar ordenador – justamente por causa da eufonia da *Lulu* e da simplicidade do *Concerto para violino* – Berg poderia parecer como um moderado entre os modernos, sobretudo na Escola de Schönberg, à qual ele mantém fidelidade incondicional. Ele nunca rompeu totalmente o contato com os meios tradicionais da tonalidade; sua última peça, justamente o *Con-*

---

3 A instrumentação foi completada pelo compositor Friedrich Cerha, e teve sua estreia dirigida por Pierre Boulez em 1979. [N. T.]

certo para violino, termina num evidente si bemol maior com *sixte ajoutée*. Há certamente criações de Berg que são de extraordinária complexidade e difíceis de se penetrar. No conjunto, porém, o choque é suavizado pela sua arte da transição, mediação em um duplo sentido. Para seu mal-estar, inicialmente o público se lhe mostrou também muito mais benévolo do que com Schönberg ou Webern. Com isso, os especialistas, desde o princípio, se compraziam em relegá-lo ao século XIX, poupando o frescor e a alegria de seus contemporâneos da melancolia berguiana – que, no entanto, é profundamente confirmada pela realidade. Bem longe de renegar o elemento anacrônico de sua própria obra // Berg o trouxe à luz mediante a instrumentação e publicação dos românticos *Sieben frühen Lieder*. Mas a tensão entre o idioma familiar e o estranho, não familiar, era extraordinariamente fecunda: ela produziu o som audazmente reflexivo característico de Berg. Dentre os expoentes da nova música, Berg foi aquele que menos reprimiu a infância estética, o livro de ouro da música. Ele zombava da objetividade barata, que se baseia nesse recalque. Ele deve sua concreção e sua grandeza humana à tolerância pelo que foi, que ele deixa passar, mas não literalmente, mas para que retorne em sonho e em uma rememoração involuntária. Até o fim, ele viveu da herança e, com isso, carregou o peso sob o qual se inclinava a sua alta figura. Essa herança deixou traços fisionômicos inconfundíveis em sua obra. O impulso de Berg para a eliminação de si mesmo, para a extinção de si mesmo é, no fundo, idêntico ao impulso de escapar da mera vida, mediante a iluminação e tomada de consciência; e o retorno do que foi [Gewesenen], confissão sem violência do inevitável, não contribuiu menos para a progressiva espiritualização. Desesperada, a sua música tomou para si a cisão da burguesia, em vez de fazer

Theodor W. Adorno

crer em um estado que estaria para além da burguesia, e que tampouco existe, assim como até hoje não existe uma outra sociedade. Alban Berg se ofereceu ao passado como vítima sacrificial para o futuro. Nasce daí a eternidade de seu instante, o início do movimento infinitamente mediado que ele não cessou de evocar.

// Recordação

A tentativa de se encontrar palavras em memória de Berg é paralisada pelo fato de que ele a antecipou com macabra ironia. Quando era seu aluno, ele se divertia, por vezes — enquanto passeávamos em torno de Schönbrunn —, em imaginar os necrológios que algum dia os jornais de Viena escreveriam para ele. Ele tinha certeza de que um desses jornais iria confundi-lo com um popular humorista judeu, de nome, creio, Armin Berg; num outro, um crítico que nós conhecíamos muitíssimo bem — o mesmo ao qual Reich, Krenek e eu tivemos que nos adiantar, publicando um livro[1] em 1937, a fim de evitar a ameaça de que ele publicasse um de sua autoria — iria grasnar o seu panegírico sobre o "Cantor do *Wozzeck*": "Assim como, antes dele, nosso Schubert, nosso Bruckner, nosso pobre e inesquecível Hugo Wolf, também ele morreu de fome em sua ingrata cidade natal, que ele amava acima de tudo e que, não obstante,

---

1 Willi Reich. *Alban Berg. Mit Bergs eigenen Schriften und Beiträgen von Theodor Wiesengrund-Adorno und Ernst Krenek*. Wien: Herbert Reichner, 1937. [N. T.]

o traz no fundo do coração. Mais um elo na cadeia infinita dos imortais..." A impossibilidade de se evitar essas angustiantes visões daquele que, febrilmente, sonha acordado – visões que há muito foram superadas pela sã estupidez dos pósteros, que lhe prestam homenagem e o classificam – nos obriga à decisão de resistir a elas e interrogá-las; não acerca do mundo, que nelas se revela tão fielmente, mas, sim, acerca do Eu, que nelas se oculta. O humor desesperado era o representante da morte, em uma vida que cresceu ao redor desta, como que em torno de seu núcleo. Esse humor possivelmente se intensificou. Na época do Terceiro Reich, quando se retirou para sua casa no Wörthersee, a fim de poder trabalhar na *Lulu* sem ser perturbado, Berg chamava de seu campo de concentração o lugar em que queria se concentrar. Essa observação não era cínica, mas, sim, mórbida. Berg, que não se enganou sobre o caráter dos nacional-socialistas, imaginava o quão facilmente isto poderia acontecer-lhe. Willi Reich conta que, durante sua última doença, ao ser transportado para o Rudolf-Spital, Berg teria // feito piada sobre o fato de que esse hospital ficava na metade do caminho para o cemitério central; no mesmo contexto se coloca a história sobre o simplório vienense doador de sangue, quando a condição de Berg era já desesperadora: "Contanto que eu não me torne agora um compositor de operetas". Esse aspecto altamente individual é, ao mesmo tempo, eminentemente austríaco. Se lermos a narrativa dos últimos dias de Schubert na incomparável documentação de Otto Erich Deutsch, não nos esquivaremos à impressão de que justamente o melancolicamente desnecessário e, ao mesmo tempo, grandiosamente resignado e irresponsavelmente indolente do fim, repetiu-se com Berg: como se em sua presença – a de um vanguardista – o

Berg

passado tivesse subitamente ressurgido. Algo de similar poderia ser dito sobre sua música. A identidade da cidade, a sua desventurosa-venturosa incorrigibilidade pode ter tido maior influência no destino de ambos os músicos, do que os cem anos entre eles; uma das condições paradoxais da modernidade de Berg é a de que as coisas não mudaram muito.

A autoironia e aquele ceticismo – o qual, como paciente autocrítica, tornou-se extremamente fecundo em sua obra – não se detinham nem mesmo frente à avaliação que fazia de si mesmo. Certa vez ele me disse, rindo: "Ao compor, parece-me sempre que sou um Beethoven. Somente depois percebo que sou, no máximo, um Bizet". Em sua desconfiança até mesmo contra suas próprias criações podia-se sentir um certo autoestranhamento. Com o olhar cansado do sonâmbulo que desperta, Berg abria os olhos e movia-se com grandes gestos pré-históricos. Após a estreia de *Wozzeck* em Berlim, num jantar na casa de Töpfer em que o festejavam, e ele, envergonhado como um adolescente, mal conseguia responder, fiquei com ele até tarde da noite para, literalmente, consolá-lo do sucesso. Que uma obra, ela mesma concebida como as alucinações de Wozzeck no campo, e que satisfazia aos critérios do próprio Berg, pudesse agradar a um público oficial, era-lhe incompreensível e parecia-lhe um argumento contra ela. Era assim que ele sempre reagia. Sua condescendência jamais compactuou, nem por um segundo, com a ordem estabelecida; o eremita podia subitamente romper toda paz ilusória. Na execução vienense da *Oitava sinfonia* de Mahler, regida por Anton Webern, quase fomos expulsos como perturbadores da ordem. O entusiasmo pela música // e pela interpretação transportaram Berg a tal ponto, que começou a falar de ambos em voz alta, como se estivessem tocando

49

somente para nós. Não era apenas nos momentos de exaltação que Berg mostrava indiferença pelo que se passava ao seu redor. Essa indiferença era a lei imutável de sua vida. Frequentemente fui levado a pensar que nada de externo, mesmo que pudesse ter consequências graves para ele, o tivesse tocado em seu íntimo. Tal imperturbabilidade dava força à sua música. Familiarizado tanto com Strindberg como com a orquestra de *Die glückliche Hand*, ele tinha consciência da constante possibilidade de ódio e traição, mesmo nas relações mais próximas; esta não era a menor das razões que o levou a preferir viver permanentemente em estado de ausência. Todavia, podia engajar-se em amizades superficiais de maneira cordial e agradecida; e podia louvar certos trabalhos intelectuais provincianos, surpreso por eles não serem totalmente ruins. Berg desejava muito, não esperava nada, tinha, por isso, pouco a perder e, menos ainda, a temer. Sua indolência era também tranquilidade. Se há algo de verdadeiro nas hábeis associações que se fazem entre Wagner e Berg, seria a semelhança com o Wotan do *Götterdämmerung*: não com a alegoria da vontade do mundo [Weltwille] que nega a si mesma — em Berg, esta era negada antes mesmo do primeiro mi bemol do *Rheingold* —, mas, sim, com o caráter individual do deus magnânimo, embaraçado e cansado. Berg venceu a negatividade do mundo com a desesperança de sua fantasia; aceitou-a com toda a profusão acumulada e essência do pessimismo vienense, com escárnio e superstição, como naqueles necrológios que inventava para si mesmo; assim, conforme a máxima chinesa, o mais frágil podia vencer o mais duro, imune graças ao próprio desamparo, graças à única couraça que a modernidade concedeu ao gigante. Ele teve que morrer como prisioneiro da sua própria *physis*, de uma doença em cujo nome ressoa a palavra sangue, veneno do solitário, nascido do seu próprio sangue.[2] Berg, cujas tendências hipocondríacas nada ficavam a dever à sua noção de mundo predisposta ao pior, certamente tinha pronta para si, em sua imaginação, toda doença possível. Que ele tenha sucumbido a uma doença que subestimou e descuidou, que tenha preferido não ver o perigo ou que o tenha considerado exorcizado pela data do 23 – o número do destino de seu excêntrico misticismo – foi o último subterfúgio melancólico de uma existência, a qual somente como subterfúgio do desesperado // pôde manter-se por meio século entre o sono e a morte em música.

Uma tradição nacional – a de se "lamentar" [Raunzen] – na qual ele tomava parte e, ao mesmo tempo, se distanciava, unia-se a seu derrotismo individual, e sobretudo à sua tendência a superestimar os próprios defeitos e insuficiências, como se, dessa forma, elas pudessem ser atenuadas. Falando em termos psicológicos, poder-se-ia supor que isso fosse mais uma reação a uma arrogância latente, do que algum traço primário; orgulho e timidez estavam nele indissoluvelmente ligados. A fronteira entre seriedade e ironia era difusa, assim como, nele, a ironia e a modéstia se cruzavam; compreendia-se bem dificilmente o que Berg pretendia dizer, tal como ocorre com certos ingleses de grande educação. Era impressionante como se assemelhava a Oscar Wilde, e se utilizava dessa semelhança como um incógnito; a palavra "Lord" retornava frequentemente em seu vocabulário. Quando lhe disse, depois de meu primeiro encontro com Schönberg, que seu aspecto – até por causa da elegância exagerada na qual este se empenhava no início de seu

---

2 Berg faleceu devido a uma septicemia (em alemão, "Blutvergiftung", literalmente: envenenamento do sangue). [N. T.]

Theodor W. Adorno

segundo casamento – recordava-me um *primás* cigano, Berg me respondeu: "No entanto, ele acha que se parece com um *lord*". O humor de Berg era *humour noir*, sua autodepreciação jamais era totalmente séria; nela não havia nenhum traço de rancor ou ressentimento. Rejeitou o antissemitismo, ao qual o ambiente vienense facilmente poderia tê-lo induzido, não por conta de um conhecimento adquirido; era-lhe algo inconcebível de antemão. Sentia-se totalmente inserido na tradição da música alemã, na qual, contudo, incluía Mahler e Schönberg como algo evidente. Ele era imune ao gesto raivoso do "É preciso que as coisas mudem", que com tanta prontidão se oferece em Viena a todos aqueles que não se sintam nem como social-democratas, nem como católicos. De resto, para compreender corretamente sua ideia – partilhada por Schönberg – do primado da música alemã, deve-se recordar que, entre o fim da Primeira Guerra e o advento do Terceiro Reich, a vida musical internacional – e até mesmo o festival da IGNM[3] – era dominada por um espírito disposto a concessões, uma arte agradável e superficial, que correspondia aproximadamente ao Programa do *Grupo dos Seis*, que se opunha categoricamente ao modernismo radical. **339** Naquela época era bastante paradoxal que justamente a // música não conformista fosse alemã, na mesma época em que na Alemanha se preparava a terrível ditadura do conformismo político. Não obstante, tal como fizera Proust, o artista reconheceu Baudelaire como seu predecessor; a ária *Der Wein* é não apenas um prolegômeno a *Lulu*, mas também um solidário sinal de gratidão e de pertencimento. O que Berg, em parte com uma

---

3 "Internationale Gesellschaft für Neue Musik" (Sociedade Internacional de Música Nova). [N. T.]

mediação literária, trouxe de francês para a música alemã superou os próprios franceses, e até mesmo Debussy, que ele tanto apreciava; mesmo as *Fêtes* deste e [a música] de Ravel parecem inofensivamente burguesas, se comparadas à orquestra de *Lulu*. Em Berg, pela primeira vez, interpenetravam-se musicalmente o elemento austro-alemão e o elemento francês, tal como se tornou evidente em toda a produção pós-1945. Berg não era de todo engajado politicamente, mas sentia-se socialista, como convinha a um leitor ortodoxo do *Die Fackel* nos anos vinte. Sua acentuada americofilia foi talvez nutrida pelo fato de que um de seus irmãos tinha ali vivido por muito tempo. Ouvi-o dizer mais de uma vez: se é preciso haver uma civilização técnica, que ela seja então, pelo menos, radical e profunda; sua predileção e até mesmo seu talento para aquilo que na América chamam de *gadgets* pode ter desempenhado um papel aqui. Sem dúvida ele levou em consideração a ideia de que, na América, poderia sair das suas condições [econômicas] restritas — nas quais se encontrava mesmo em seus melhores anos — e viver mais despreocupadamente. Com uma satisfação feroz ele citava os sucessos ali obtidos pela Nova Música, por exemplo, sob a regência de Stokowski, e usava isto como argumento contra a Filarmônica de Viena. Sua oposição à Viena oficial tinha, contudo, suas reservas vienenses. Repreendeu-me quando eu, ainda muito jovem e contagiado pela arrogância da oposição, recusei-me durante alguns meses a ir à *Staatsoper* (que, naquela época, era para mim um sinônimo de Piccaver[4] e sua claque). Fui, então, à próxima apresentação que me interessava — uma *Salomé*, com a Jeritza;[5]

---

4 Alfred Piccaver (1884-1958), tenor inglês. [N. T.]
5 Maria Jeritza (1887-1982), soprano tcheca. [N. T.]

ainda me lembro com horror: a expressão "Kulissenreißer"[6] correspondia literalmente à cantora famosíssima naquela época. Em compensação, Berg levava-me frequentemente ao teatro na *Josephstadt*. Creio que ele conseguia os ingressos por intermédio do dramaturgo Erhard Buschbeck, o amigo de Trakl que, já à época do primeiro escândalo provocado pela música de Schönberg, tinha se solidarizado corajosamente com este e com seus amigos, e com o qual Berg // esteve sempre em contato. Juntos assistimos, entre outras, a estreia de *Juarez und Maximilian*, de Werfel.[7] A posição de Berg em relação a Werfel era particularmente complicada. Karl Kraus permanecia a autoridade indiscutível, mas Werfel era o marido de Alma Mahler e Berg gostava bastante da companhia desse homem que, pessoalmente, era extremamente despretensioso e agradável.

O pai de Berg era bávaro, e emigrou de Nurembergue para Viena; mas isso em nada prejudicava a natureza vienense de Berg, que pressupunha esse elemento vienense, por assim dizer, como algo dado por Deus. Todo o resto – até mesmo Praga, que, nos anos vinte, possuía mais ares de metrópole – ele tendia a considerar provinciano. Tudo o que provinha do norte da Alemanha inspirava-lhe uma completa hilaridade. Um conhecido em comum, de baixa estatura, era casado com uma mulher muito alta e com um forte sotaque do norte da Alemanha, e Berg se divertia imaginando os diálogos amorosos entre os dois. Frequentávamos um restaurante berlinense perto da Ópera, pois ficava próximo ao local dos ensaios; Berg não ape-

---

6 Termo pejorativo referente ao ator que procura obter aplausos por meio de um gestual exagerado, por exemplo. [N. T.]

7 Franz Werfel (1890-1945), escritor tcheco. [N. T.]

Berg

nas o achava ruim, como também generalizava, dizendo que os alemães sempre comiam apenas porcarias; provavelmente teria sido impossível dissuadi-lo dessa opinião.

Conheci-o no festival da "Allgemeiner Deutscher Musikverein" [Associação Geral de Música Alemã], em Frankfurt, na primavera ou no início do verão de 1924, na noite de estreia dos três fragmentos de *Wozzeck*. Entusiasmado pela obra, pedi a Scherchen, com quem tinha contato, que me apresentasse a Berg. Em alguns minutos ficou combinado que eu deveria ir a Viena para estudar com ele; tinha que esperar até o final do meu doutorado, em julho. A mudança para Viena foi adiada até o início de janeiro de 1925. A primeira impressão que tive de Berg naquela época, em Frankfurt, foi a de uma extrema amabilidade, e também de sua timidez, o que me ajudou a vencer o medo que poderia sentir diante do compositor que eu admirava imensamente. Se procuro recordar-me do impulso que espontaneamente me impeliu em sua direção, penso que foi um impulso extremamente ingênuo, mas que dizia respeito a algo essencial para Berg: os fragmentos do *Wozzeck*, sobretudo a introdução à Marcha e, em seguida, a própria Marcha, pareceram-me como se fossem Schönberg e Mahler simultaneamente, e isso soou, então, como a verdadeira Nova Música.

// Duas vezes por semana fazia minha peregrinação a Berg, em Hietzing, na Trauttmansdorffgasse, 27 – no mesmo apartamento térreo em que Helene Berg mora ainda hoje.[8] A rua parecia-me incomparavelmente bela naquela época. Com seus plátanos, recordava-me Cézanne, de um modo que hoje dificil-

---

8 Helene Berg faleceu em 30 de agosto de 1976. [N. T.]

mente poderia exprimir precisamente. Com o passar de meus anos, ela não perdeu seu encanto. Quando, ao regressar da emigração, vim novamente a Viena e procurei pela Trauttmansdorffgasse, perdi-me e acabei voltando ao ponto de partida, na Igreja de Hietzing; então pus-me a caminhar como se fosse um cego, sem refletir sobre o caminho, tal como eu era familiarizado com ele numa recordação inconsciente, e em poucos minutos encontrei a rua. Antes de entrar na casa pela primeira vez, em 1925, compreendi onde me encontrava por causa dos acordes dissonantes que eram executados ao piano – eram os acordes do *Concerto de câmera*, que Berg estava finalizando naquela época; não fazia ideia de que ali estava se repetindo uma situação muito famosa. O nome na porta estava escrito com caracteres bastante artísticos – os mesmos utilizados nos títulos das edições originais do *opus* 1 e do *opus* 2 – desenvolvidos pelo próprio Berg, ainda com alguns traços de *Jugendstil*, mas claramente legíveis, sem nenhuma ornamentação desagradável. Berg possuía um evidente talento para as artes plásticas. Ele era pouco ligado primariamente ao material musical, mas era, antes, determinado pela necessidade de expressão. Que tenha permanecido na música foi – considerando seus primórdios – algo quase casual. Certamente custou-lhe um grande esforço transpor para o âmbito especificamente musical a sua necessidade geral de expressão estética: esse traço ele emprestou a Leverkühn. Berg era, antes de tudo, um artista, e a tal ponto que se tornou artista em um campo particular: um mestre na composição. Porém, ao mesmo tempo, conservou muita coisa do âmbito da visualidade e, de maneira mais evidente, na forma caligráfica de suas partituras. Certa vez, durante uma tarde inteira no Café Imperial, deu-me lições sobre como escrever as partituras de

Berg

maneira legível. Contudo, o elemento visual penetrava também no aspecto propriamente composicional. Ele planejava [suas composições] segundo relações simétricas quase espaciais – e quanto mais longas [as composições], mais [detalhados eram seus planos]. Também a sua inclinação por figurações em espelho e retrógradas poderia – abstraindo da técnica dodecafônica – estar relacionada com a dimensão visual de seu modo de reagir; os procedimentos retrógrados em música [musikalische Krebs] são antitemporais, // e ordenam a música como se ela fosse, em si, simultânea. É provavelmente incorreto explicar esses procedimentos técnicos somente a partir da técnica dodecafônica; eles poderiam ser deduzidos não somente da microestrutura da série, mas, igualmente, do plano do conjunto, da planta baixa [Grundriss], por assim dizer, e como tais, possuem um elemento de indiferença [Moment der Indifferenz] em relação à sucessão, algo como a tendência à espacialização musical. Há modelos para isto no Mahler "épico", e já nos *Wunderhornlieder*. Por mais que Berg estivesse inserido na tradição do trabalho temático e da variação em desenvolvimento [entwickelnde Variation] – e, portanto, de um modo de compor completamente dinâmico –, sua natureza musical, contudo, tinha algo de peculiarmente estático, que de forma hesitante marcha sem sair do lugar. Somente depois do *Wozzeck* sua composição tornou-se mais móvel. Chamou-me a atenção o fato de que uma tal imobilidade, em meio ao inteiramente móvel, o aproximava de Benjamin, o qual ficou extremamente fascinado com o *Wozzeck*.

Não posso evitar a tentação de falar acerca do nome de Berg, o qual ele pronunciava com um calor tão infinito, sem dizer mais nenhuma outra palavra, quando atendia ao telefone. Dizia aquele nome assim como outros dizem "eu". Provavelmente nunca conheci alguém que se assemelhasse ao nome tanto quanto ele. Alban: há aqui o elemento católico-tradicional – seus pais possuíam um comércio de objetos religiosos –, assim como o caráter eleito, extraordinário, que com toda a disciplina construtiva e rigor jamais renegou completamente a fé. Berg: seu rosto era um rosto de montanha [Berg-Gesicht], montanhoso num duplo sentido: tinha os traços de um nativo dos Alpes; e ele próprio – com o nariz nobremente encurvado, a boca suave e fina e os olhos profundos, enigmaticamente vazios, que se assemelhavam a lagos – tinha algo de uma paisagem da montanha. De uma figura extraordinariamente alta, mas ao mesmo tempo delicado, como se não fosse igual à sua própria altura, ficava curvado para a frente. As mãos, e sobretudo os pés, eram surpreendentemente pequenos. O aspecto, a postura e o olhar tinham algo do gigante sonhador e tateante. Poder-se-ia bem imaginar que as coisas lhe parecessem inquietantemente ampliadas, como se diz que acontece com os cavalos. O elemento micrológico de seu compor pode ser uma resposta a isso: os detalhes são tão ínfimos, infinitesimais, porque // o gigante os via como que através de um binóculo. Mesmo tomada como um todo, sua música é o retrato fiel de Berg: desmesurada e frágil ao mesmo tempo. Suas reações eram, em geral, lentas, e depois, repentinas e súbitas. Provavelmente por este motivo ele tinha imenso respeito pelo chiste [Witz], pelo pensamento rápido e pela vivacidade; essa admiração se intensificou de tal forma, que ele mesmo desenvolveu um talento para o chiste e jogos de palavras, na maior parte de caráter triste. Um aluno não muito talentoso, ao qual perguntou se este possuía ouvido absoluto, deu-lhe a insolente resposta: "Graças a Deus, não". Imediatamente ele adotou o "Graças a Deus" e raramente per-

Berg

dia a oportunidade de acrescentar essa expressão ao mencionar experiências incômodas e desagradáveis.

É somente a partir da correspondência entre ele e sua esposa que se vem a saber do baronato da família de Berg; ele mesmo jamais o mencionou. Em todo caso, isso pode esclarecer algumas coisas: uma certa segurança inquebrantável, que não apenas contrastava com as condições de vida – decerto nem sempre seguras –, mas que também na superfície pouco se coadunava com sua natureza modesta. Afrontava os reveses do destino como se estes não fossem capazes de usurpar um privilégio secreto, mas garantido. Em Berg isso tudo se dava, não de maneira rudemente concreta, mas, sim, sublimada. Schönberg pôde notar essa autoconfiança latente. Quando Berg comunicou-lhe a intenção de compor o *Wozzeck* – e, portanto, de empreender uma obra de grande amplitude, como ninguém ainda havia ousado na época da atonalidade livre, e que talvez fosse tida como algo impossível –, Schönberg se surpreendeu com o fato de que justamente aquele jovem tímido planejasse algo desse tipo. Modestamente inabaláveis foram as aspirações diante da vida formuladas por Berg – ou postas involuntariamente através de sua existência – e que a mão protetora de sua esposa soube defender. O escrupuloso cuidado do compositor com a aparência exterior, uma propensão para o liso, polido – que não tinha nada a ver com adulação, mas, sim, com uma acentuada hiperestesia [sinnlicher Empfindlichkeit] –, foi nutrida pelo sentimento vital de Berg. Como as cartas à sua esposa comprovam energicamente, ele não foi de modo algum o artista ascético – apesar de, ao mesmo tempo, sê-lo, segundo a rigidez de suas convicções; essa ambiguidade comunicou-se à sua música do modo mais produtivo. Podia-se aprender com ele aquilo que se pode chamar de uma

344 cultura dos sentidos austríaca; // não era possível concebê-lo sem o seu gosto pela boa comida e pelo vinho, tal como similarmente se encontra somente em Paris. Graças a ele conheci o então excelente restaurante *Weide* – bastante "Schwarzgelb" [negro e amarelo],[9] em sentido literal e figurado – que ficava em Speising, e era famoso por seus "Krebspastetchen"; da mesma forma, o restaurante *Schöner*, na Siebensterngasse, que funciona ainda hoje. As coisas do cotidiano que tinham a ver com o prazer adquiriam uma discreta dignidade graças a Berg. Seu hedonismo desprovido de toda avidez era como a imagem reversa de seu pessimismo metafísico, como se ele levasse a sério a alegria, por causa da irrecuperabilidade desta. Krenek chamou a atenção para isso. A seu pessimismo correspondia o fato de que ele não professava nenhuma tendência religiosa positiva, não obstante sua natureza inconfundivelmente católica; mas pode ser que isso tenha mudado quando ele escreveu o *Concerto para violino*.

O habitual desprezo do espírito alemão para com o elemento sensual era totalmente estranho a Berg – o que, por sua vez, favorecia o espírito. Mas seu comportamento era sublimado, na medida em que toda a grandeza e refinamento de sua pessoa ofereciam apenas a ocasião e o material para a obra da qual ele sentia-se o executor ao longo de toda a sua vida de criador consciente. Nesse sentido ele era dividido; punha-se diante de sua existência concreta, e até mesmo de sua própria paixão, com uma certa frieza de espectador. Certa vez, Mahler afirmou ter incorporado inteiramente em sua composição a paisagem em torno do Attersee; Berg, que é herdeiro de Mahler sob tantos pontos de vista, poderia ter dito o mesmo com relação à sua

---

9 Estas eram as cores da bandeira austríaca (1867-1918). [N. T.]

Berg

paisagem interior. O grau de distanciamento em relação a si mesmo causava, por vezes, a impressão de que ele se refletia historicamente a cada fase de sua vida; por isso, de acordo com uma afirmação de Willi Reich, a ideia de sua biografia lhe assombrava. Berg tratava a sua própria pessoa simultaneamente com cautela e indiferença, como o instrumento musical que era para si mesmo. Era com gosto que falava e escrevia sobre si — e mais ainda sobre sua música. Mas não havia nisso nenhum traço de vaidade; soava como se não se sentisse idêntico a si mesmo, ou melhor, como se tivesse que informar algo sobre o compositor Alban Berg, que ele estimava muito. Como pessoa privada, não se vangloriava da obra daquele Mestre, caminhava atrás dele como uma longa sombra, despretensioso, indiferente ao prestígio. Eu costumava chegar para sua // aula, sabe Deus o porquê, com uma pesada pasta, cheia de manuscritos e papel pautado para música. Se, depois da aula, andávamos a passeio, ele — que se considerava mais forte — carregava minha pasta durante horas, não obstante minhas objeções. De modo não muito diverso, carregava sua obra consigo e com a provisão de força vital da qual esta se nutria. Não deixava de zombar amigavelmente de mim, por causa da pasta.

Aquele que fala sobre Berg não poderia esperar apreender alguma coisa de seu ser se não colocasse em relevo um aspecto que dele irradiava a tal ponto que se poderia esquecê-lo em virtude tanto de sua onipresença quanto de sua discrição: a sua índole infinitamente boa. Certa vez, já depois de sua morte, conversava com Kolisch a respeito de Berg, e isto foi a primeira coisa que lhe ocorreu dizer: "Ele era tão bom". A propósito de alguma outra pessoa, isso talvez não diga muita coisa; mas no caso deste homem, capaz de fazer distinções tão nuançadas, zombador, cético e, *au fond*, rigoroso, a gentileza era o meio pelo qual, tal como em suas partituras, ele aparava todas as arestas; mesmo quando fazia gracejos a respeito de alguém, isso acontecia sem o menor traço de agressão. O altruísmo, em Berg, não é nenhuma metáfora. Possivelmente isso estava por trás de sua relação com a morte, um não fazer conta de si, um "deixe estar". O gesto do *Wozzeck* expressa isso, não nos personagens da ópera, mas no modo de proceder da música, no sujeito que compõe, comenta tal modo e que no grande interlúdio orquestral que precede a última cena, apresenta-se diante da cortina do teatro musical: "o poeta fala".

A serena bondade de Berg é o equivalente de um profundo desejo de felicidade, talvez sempre consciente de ser em vão e, contudo, inteiramente confesso. Exprimia-se com um profundo respeito diante de toda felicidade; apesar de toda a sua mania de morte, tudo devia acabar bem, tudo devia ser. Isso poderia esclarecer algumas excentricidades de sua música, especialmente o seu impulso de se apoiar, procurando satisfazer a todos os critérios, mesmo se contraditórios entre si. Ele lia até mesmo as críticas do velho Korngold, sobre as quais estava profundamente informado, e o elogiava com a ternura de um antropófago, dizendo que após lê-lo, ele sempre podia imaginar muito bem como tinha sido um concerto, e uma obra que tivesse satisfeito não apenas a si e a seus amigos, mas também ao velho Korngold, teria lhe sido bem-vinda. // O som específico da tristeza em sua música é, provavelmente, o negativo [das Negativ] do desejo de felicidade, desilusão, lamento pelo fato de o mundo não cumprir uma expectativa utópica, que sua natureza cultivava. Isso é sugerido pela posição central de um caráter expressivo bastante específico em Berg, a saber: o de uma espera em vão, que aparece em *Wozzeck* e em *Lulu*. Com o astuto modo de pro-

Berg

ceder, característico tanto de sua pessoa como de sua obra, o desejo de felicidade de Berg procura obter o impossível, daquilo que ele sabia ser uma impossibilidade. Até mesmo os seus intérpretes ele desejaria enganar com astúcias, ele, o único dentre os Mestres da Nova Música, que previa alternativas mais fáceis e que utilizava a palavra *"ossia"* sem hesitação. Também a sua vida privada preparou uma artimanha para o derrotismo inato. Mediante a combinação de inúmeros dispositivos, com os quais a obra procura descartar o conhecido e sempre aguardado perigo do fracasso, toca-se de leve naquela dimensão caótica que fervilha na base do modo de reagir de Berg. Por sorte, contudo, bastava à música justamente o fato de que ela não atingisse a segurança absoluta; nenhuma nota de Berg teria agradado ao velho Korngold. A soma desses dispositivos produz um efeito centrífugo. Em vez de se perguntar se ele realmente unificou tudo o que planejou unificar, seria mais produtiva a pergunta acerca de quais traços foram ocultados em sua obra por meio de sua mítica astúcia em criar salvaguardas, e em particular, o que significa em sua obra o fato de ele ter manejado a técnica dodecafônica até o ponto em que, por assim dizer, ela se tornasse imperceptível. Quando adotou essa técnica, seu primeiro interesse foi fundi-la, sem rupturas, ao seu próprio som. Elogiei esse fato, e ele disse, contente: "Justamente essa era a façanha" [Kunststück]; se é possível uma tal fusão, se justamente aqui a integração não esconde uma fissura, ou se as consequências da técnica dodecafônica não comprometem seu conceito de "som" — todos esses problemas não o inquietavam. Berg — um dos mais audazes pioneiros musicais do século XX — manteve, com fiel perseverança, as exigências musicais do século XIX e conservou, mesmo após a ruptura, o elemento desprovido de rupturas.

Theodor W. Adorno

Sua peculiar fixação ao passado, ao mundo de seus pais, e provavelmente também seu vínculo com Schönberg, que chegava até a angústia – ele contou certa vez que, mesmo depois de adultos, // Webern e ele só conversavam com Schönberg em tom interrogativo –, sugere com fatal inevitabilidade o conceito de neurose. Berg certamente sentia-se neurótico, mas também conhecia psicanálise o bastante para refletir sobre sua asma ou sobre sintomas evidentes, como seu medo de temporais. Certa vez interpretou para mim um de seus sonhos. A propósito, quando era jovem, encontrou Freud num hotel na região das Dolomitas (creio que em San Martino). Tendo adoecido devido a uma de suas frequentes gripes, deleitou-se com o fato de que Freud – o único médico no hotel – não sabia como proceder direito para tratar aquela doença tão trivial. Fazia piadas sobre a componente psíquica de seus males. Leves indisposições permitiam que se refugiasse na situação, muitas vezes feliz, da criança doente cercada de cuidados. No conjunto, ele apreciava, com uma leve dependência [Süchtigkeit], os aspectos eufóricos de estar doente. Alguns traços neuróticos apareciam na superfície: sofria de uma espécie de complexo de ferrovia. Tinha por princípio chegar com muita antecipação – por vezes, muitas horas adiantado – para tomar um trem. Certa vez, contou-me, teria chegado três horas antes da partida, e mesmo assim foi capaz de perder o trem. Todavia, como não raro acontece com pessoas de grande força intelectual, sua neurose não prejudicou seriamente sua força criativa, como seria de se esperar. Em todo caso, a lentidão com que produzia era algo que chamava a atenção. Mas isso se devia, antes, a uma autocrítica, advinda de uma conscienciosidade inteiramente racional, ainda que ela pudesse estar apoiada em algum medo neurótico. Por vezes, Berg lem-

Berg

brava aquele garoto que gritava: "o lobo, o lobo". Numa carta que me escreveu poucas semanas antes de sua morte, mencionou incidentalmente sua furunculose e eu, preocupado com minhas próprias coisas, não dei a isso a atenção que mereceria. A notícia de sua morte – que recebi quando já tinha emigrado, durante o feriado de Natal que passava com minha família em Frankfurt – foi um golpe que me pegou despreparado. Não era algo impensável a possibilidade de que ele, acostumado a lidar com sua própria hipocondria, tenha justamente por isso se preocupado muito pouco com sua última doença.

Tudo isso representa imediatamente, na sua existência, o elemento "Jugendstil", o *fin-de-siècle*, que perdurou até o fim em sua obra, e que é tematizado em *Lulu* de maneira tão magnífica. Sua *physis* era como que um modelo de sua música; ele era ainda um descendente // daquela geração de artistas que pretendiam emular o Tristão enfermo. Altenberg, com quem ele teve intenso contato em sua juventude, foi para ele um farol, no sentido baudelairiano. Uma palavra como "Secession" soava contemporânea em sua boca; também com Schreker possuía vínculos, análogos aos que existiam entre este e Schönberg. Tinha feito, naquela época, uma redução para piano de *Der ferne Klang*,[10] um protótipo do "Jugendstil" musical, e era amigo do irmão da sra. Schreker. Um trecho do *Wozzeck*: onde o Capitão diz que também ele, certa vez, já teria experimentado o amor,[11] soa como uma paródia de Schreker; na maior parte das vezes, parodia-se aquilo pelo qual se sente atraído, ainda que de modo ambivalente. Também o seu desejo de felicidade ressoava algo voluptuoso, luxuriante,

---

10 Ópera em três atos, de Franz Schreker (1878-1934). [N. T.]
11 Segundo ato, Cena 2, Compasso 326. [N. T.]

sem o qual não se pode pensar a música de Berg e sua orquestra. Uma inteligência mesquinha, com ouvidos aguçados para as fraquezas daquilo que há de mais superior, percebeu essa faceta e cometeu muitos excessos, nela criticando sobretudo esse elemento mórbido que a arte de Berg dominava, dando-lhe forma. A saúde dos maduros partidários da "Jugendbewegung", a sapientíssima superioridade dos historiadores musicais, dão livre curso à sua fúria contra a *décadence* neorromântica de Berg banindo-o para o passado próximo, como um individualista ávido de morte, para assim evitarem aquilo que eles não compreendem acerca dessa obra complexa em todos os sentidos. A inesgotável abundância [Fülle] qualitativa, a generosa riqueza de caracteres perfeitamente elaborados, a cujo serviço se põe o idioma de Berg, é voltada para uma esfera também de diferenciação subjetiva que hoje falta à maioria das pessoas; sua ausência condena muito da orgulhosa objetividade subsequente a ser um resto insípido, negação abstrata daquilo que não se possui. A objetividade de Berg era constituída de maneira diferente. Ele era provavelmente um dos artistas modernos cujo nível deve-se a um sacrifício, a saber, este de acrescentar à sua própria substância algo de estranho [Fremd] que ela não podia assimilar totalmente. Falsos amigos, como o insidioso dinamarquês Klenau,[12] o notaram bem e acreditaram assim acertar o calcanhar de Aquiles do [músico] banido pelo regime de Hitler. A eles dever-se-ia objetar que a situação extremamente problemática, não somente de todas as artes, mas de toda produção significativa do espírito, obriga-as hoje a se alienarem, a intoxicarem-se

---

12 Paul August von Klenau (1883-1946), compositor e regente dinamarquês, diretor da Konzerthausgesellschaft de Viena. [N. T.]

Berg

a fim de poderem se preservar, assim // como – de acordo com a opinião da banalidade reacionária – o romântico tardio Berg o fez, ao vender-se a Schönberg. Foi uma prova de força, e não de fraqueza, que ele – cujo caráter já possuía sólidos contornos – tenha se esquecido do adolescente estetizante que as fotografias de juventude mostram, que tenha se submetido ao professor, em muitos aspectos, repressivo. Se Berg não fundiu sem rupturas os elementos de seu estilo, isso testemunha a verdade, a renúncia à unidade estética sem rupturas, em um mundo cuja continuidade e totalidade só são permitidas como farsa, enquanto despedaça todo aquele que ouve com atenção fiel o badalar das horas do espírito. O fato de que Berg, cujo *métier* o teria permitido eliminar de sua obra todo elemento não homogêneo, o tenha conservado com uma deliberada tolerância, quase à maneira de uma montagem, era algo mais adequado do que se ele tivesse simulado um recomeço absoluto e, com isso, tivesse aceitado um passado não examinado. À minha impertinente questão durante a época de estudos com ele sobre por que havia elementos tonais na maioria de suas obras, Berg respondeu, sem nenhuma irritação ou comoção, que este era simplesmente o seu jeito, e que não pretendia fazer nada a respeito. Um elemento tradicionalmente austríaco pode ter contribuído aí: a mesma aversão à violência que animava a Hofmannsthal. Sua fidelidade ao orgânico era tão imperturbável, que ele preferia deixar subsistir algo de inorgânico, em vez de transformar, de maneira rigorosa e deliberada, aquilo que lhe era trazido por seu acúmulo de experiência artística e, em grande parte, por sua lembrança inconsciente. Não é preciso dissimular as incoerências, como na passagem em que é citada a harmonização tonal do coral de Bach no *Concerto para violino*; e também no esquema quase straussiano

Theodor W. Adorno

de *Morte e transfiguração* que, na segunda parte, emprega a dissonância como alegoria do negativo e a consonância em nome da redenção, como se a atonalidade de Berg não tivesse suprimido tal polaridade há tempos. Mas ao se compreender aquilo que foi realizado no *Concerto para violino* apesar dessas rupturas – e, no fim das contas, justamente em virtude delas –, e como a arte da mediação de Berg – em parte alguma mais elevada do que em seu último trabalho concluído – se exercitou sobre aquilo que não pode ser mediado, então poder-se-á, num nível mais elevado, descartar como pedantismo as objeções que sempre ressurgem. Berg tem direito àquela justiça exercitada por Karl Kraus. Este punia inexoravelmente cada vírgula errada e, contudo, estava sempre pronto a // defender as maiores transgressões contra as regras, quando estas resultavam da lei superior de uma criação. As rupturas estilísticas de Berg eram expressão de uma tensão histórica presente em seu próprio ser. Diga-se de passagem, o *Concerto para violino* foi composto muito rapidamente; quem conhece bem Berg irá supor que a simplificação e a clarificação do estilo, das quais tanto se falou e que proporcionaram popularidade à peça, teriam algo a ver com a necessidade ligada à composição por encomenda e com a virtude de Berg em transformar tal composição em um processo de produção menos cansativo e inibido. Naquela obra, tal como num interlúdio, ele queria tornar o processo composicional mais fácil para si e isso abriu algumas de suas novas perspectivas; assim, onde originalmente teria planejado um *allegro* de Sonata como o centro sinfônico da peça, Berg compôs, em vez disso, uma longa cadência. Em algumas das passagens mais simples e mais desconcertantes para o alto intelecto, como a dupla citação da canção caríntia, o *Concerto para violino* é de uma violência emotiva

Berg

que parte o coração como nenhuma outra obra de Berg. A ele foi dado algo que somente os maiores artistas possuem: o acesso a uma esfera na qual o inferior, aquilo que ainda não se tornou inteiramente forma [Gestalt], inverte-se repentinamente no superior, similarmente ao que acontece em Balzac. Por ele, Berg nutria um forte interesse, sobretudo pela *Seraphita*, uma das principais fontes da teosofia schönberguiana, que também deixou seu traço na *Jakobsleiter*. O fato de Berg atingir o extremo da comoção lá onde ele tange o *kitsch* é, contudo, difícil de separar de seu componente de retrospecção: esse momento de comoção é o do passado que acabou de transcorrer. Em aspectos como a ascensão murmurante e luminosa, seguida pela obscura queda, nas situações de elevação e de fatalidade, toda a sua *Lulu* recorda *Splendeurs et misères*,[13] e quem condena essa dimensão, no lugar de reconhecer nela o conteúdo central de Berg, não compreenderá sua última ópera. Todavia, a tendência com a qual a *imagerie* do século XIX se move em Berg é avançada. Em parte alguma nesta música trata-se da restauração do idioma familiar ou da alusão a uma infância para a qual desejaria conhecer o caminho de volta. A recordação de Berg é mortal. É apenas recuperando o passado como irrecuperável, fazendo-lhe atravessar sua morte, que ela lhe permite ser apropriado pelo presente.

351   // Dentre os grandes compositores, Schumann foi aquele que descobriu musicalmente o gesto do recordar-se, de voltar os olhos e os ouvidos para trás — tal como ocorre nas peças lentas da *Kreisleriana*. Tal gesto, assim como uma exuberância schumannianamente entusiasta, ressoa por toda a obra de Berg,

---

13 *Splendeurs et misères des courtisanes* [Esplendores e misérias das cortesãs], livro publicado por Balzac em 1847. [N. T.]

mas como se a força rememorativa da música estivesse imersa na dor, tal como a prosa de Proust, que Berg apreciava muito e que se assemelha a sua música, cuidadosamente construída e, ao mesmo tempo, intrincada como uma selva. Em Berg, o passado sobrevive mortalmente, atingindo a consciência de si, em vez de ser recalcado. Esse passado não apenas salva, mas também ilumina os dramas de Büchner e de Wedekind, que Berg musicou. Por meio da configuração à qual Berg submete o século XIX, este se transforma naquilo que foi negado da maneira mais obstinada naquele século: em estilo. Segundo uma anotação de Wedekind, o *kitsch* seria o gótico ou o barroco da modernidade. Essa frase, tomada mais seriamente que um *aperçu*, diz muito acerca da lei formal berguiana. Ele quis realizá-la na cena de Casti Piani em *Lulu*, da qual as curtas variações da *Sinfonia* ao menos dão uma ideia; Berg julgava essa cena – que, contudo, estava completamente elaborada na redução [Particell] – como "particularmente bem-sucedida". Seria totalmente errôneo aplicar o conceito de paródia a fenômenos desse tipo, tal como é costume dos musicógrafos. Berg odiava esse conceito, e criticou-me asperamente certa vez, quando eu, inseguro de minhas coisas, apresentei-lhe como tal a composição de um poema infantil. Ele gostou do *Lied*, "é boa música, um belíssimo poema, não há nada de paródia aí". Intensificar a aparência até chegar à transparência: essa era a vontade de Berg, assim libertou-se da influência dos pais, sem escapar dela. Com seriedade incondicional, entregou-se à aparência [Schein], enquanto forma de verdade que lhe era mais apropriada.

Tudo isso somente era possível mediante uma intensificação dos extremos composicionais que, por fim, terminaram por romper o espaço cultural burguês no qual Berg sentia-se em

Berg

casa. O mundo das pulsões eróticas da esfera do *Tristão* precipita-se em Berg no *Isso* [Es], passando por toda individuação. A psicologia transcende a si mesma na música de Berg. O gigante cambaleante, que desperta nas escarpas dos anos de 1880, provém de estratos rochosos; nenhuma força em sua // vida foi grande o suficiente para despertá-lo inteiramente do sono profundo, testemunhado pelo primeiro *Lied* do *opus* 2. A ameaça que o informe [Ungestaltete] representou para Berg emana como expressão de sua música, provoca temor e, no início, também deve ter sido sentida assim: o maior escândalo em torno de Schönberg teve origem por causa de um dos *Altenberg-Lieder*. As pontes para o passado na música de Berg são passarelas estreitas e frágeis: debaixo delas há um murmúrio selvagem. Desse gênero era já o *Lied* intencionalmente amorfo sobre um poema de Mombert, que foi publicado no radical *Der Blaue Reiter*;[14] depois, o segundo movimento do *Primeiro quarteto*; Berg pôde desafogar-se de maneira totalmente livre na "Marcha" das *Três peças para orquestra*, uma música absolutamente colossal, que até hoje não foi assimilada pela consciência pública, e cuja análise e explicação constitui tarefa da qual uma interpretação rigorosa de Berg ainda precisará ocupar-se. Quando ele me mostrou e explicou a partitura, observei a respeito da minha primeira impressão gráfica: "Isso deve soar como se as *Peças orquestrais* de Schönberg e a *Nona sinfonia* de Mahler fossem tocadas ao mesmo tempo". Jamais esquecerei a imagem de alegria que se acendeu em sua face com esse cumprimento – que teria parecido suspeito a qualquer ouvido culto. Com uma impetuosidade similar à de uma avalanche, que soterrou sob si toda mansidão joanina, ele disse: "Sim,

---

14 Trata-se do *Lied* "Warm die Lüfte", *opus* 2 n.4. [N. T.]

pelo menos uma vez seria preciso ouvir como realmente soa um acorde de oito sons diferentes, executado pelos instrumentos de metal", como se ele tivesse certeza que nenhum público poderia sobreviver a um tal acorde. Que, todavia, ele tenha sobrevivido e, nesse meio-tempo, tenha se habituado a um material muito mais rebelde é, provavelmente, antes um sinal de neutralização, do que de um feliz progresso da consciência musical. Se, de um ponto de vista técnico-composicional, Berg partiu do *Primeiro quarteto* de Schönberg, da *Sinfonia de câmera* e, depois, do *Pierrot*, o seu amor estava, contudo, mais no *Erwartung* e na *Die glückliche Hand*; o que o deixava insatisfeito em sua própria música não era uma falta de forma [Mangel an Form] – daquela forma pela qual ele se esforçava infinitamente, como que por medo – mas, sim, o fato de que ela não soasse de maneira tão inconciliavelmente nua como ele teria desejado. Todavia, o elemento ameaçador pode ser ainda sentido na cena de rua do segundo ato de *Wozzeck*, no rondó do *Concerto de câmera*, e reiteradas vezes em *Lulu*. Também aquela substância foi menos "formada" por Berg, como quer a convenção, mas, sim, superada com astúcia.

353 A própria riqueza do configurar, as formas da // insaciabilidade, visavam o amorfo [Gestaltlos]. Minha ideia à primeira vista da "Marcha" foi algo mecânica, mas não de todo equivocada. Formar significava, para Berg, combinar continuamente – e até mesmo sobrepor – o inconciliável, sintetizar o disparate, deixar que eles se fundissem: deformar. Em sua música essa palavra se realiza concretamente. Certa vez, num movimento de quarteto que estava trabalhando sob sua orientação, eu não conseguia colocar em equilíbrio a forma de variação e a forma sonata, tal como era minha intenção; Berg imediatamente aconselhou-me a colocar em contraponto, na passagem crítica, duas variações

Berg

precedentes, somando-as — o que depois se revelou correto. A afirmação dos críticos — que era sempre repetida desde *Elektra*, e especialmente durante os anos vinte —, segundo os quais a música deveria ser transparente, não tinha nenhum poder sobre Berg. As últimas palavras que Max Scheler inventara para si mesmo: "mehr Dunkel" [mais escuridão], poderiam igualmente ter sido inventadas por Berg. Com ele, todos os artifícios construtivos schönberguianos tornaram-se um meio para a autoconservação da anarquia. É certo que eles permeiam o material, mas com exceção do *Concerto para violino*, de forma alguma aproximam-no da transparência. Berg não se deixava aterrorizar pelas palavras de ordem contra a complexidade, tão em voga em sua época; ele se comprazia com o rebuliço. Só se interessava pela transparência lá onde desejava apresentar uma rica textura de tal forma que fosse possível ouvir através dela; nunca como um fim em si mesma. O princípio organizador e racional não elimina o caos, mas possivelmente o intensifica, graças à sua própria articulação. Com isso, ele realizou uma das mais profundas ideias do expressionismo; nenhum outro músico a cumpriu tal como ele.

Pois Berg era impulsionado pela necessidade de expressão — era, em todos os sentidos, o oposto de Hindemith, com o qual o solitário Berg parece ter tido um contato amigável em seus últimos anos. Afirmava admirar o modo pelo qual a música de Hindemith sempre fluía adiante, ao contrário da música de Berg, que avançava com dificuldade. No entanto, não era a contragosto que ele se deixava convencer do parco valor de uma tal fluidez. A necessidade de expressão de Berg, que tinha a primazia sobre o talento ligado ao material, pode ter se originado a partir daquilo que sua natureza tinha de profundamente inarticulado. Ele mediu e multiplicou suas forças pela dificuldade

Theodor W. Adorno

de se vincular ao material. No princípio, deve ter se sentido como poeta, e cultivado a composição como atividade subsidiária, tal // como acontece de vez em quando com adolescentes muito dotados — assim como ocorreu também com Wagner. O artista multicolorido não abriu voo a partir da crisálida do artesão. Berg tampouco tocou piano com virtuosismo, mas antes, e com razão, desconfiava de toda composição que se sustentava sobre a destreza instrumental. Seu senso literário é perceptível por toda parte, inclusive em sua própria prosa. O ensaio contra Pfitzner, originalmente publicado na revista *Anbruch*, com a engenhosa análise da "Träumerei", poderia ser incluído entre o que há de mais significativo em musicografia — o que prova que a objetividade do juízo musical é muito mais acessível ao conhecimento e à experiência do que o relativismo estético, que tudo abrange, desejaria admitir. Algumas passagens teóricas desse Berg obscuro como o sonho ofendem os zelosos guardiões burgueses da irracionalidade da arte, mediante aquilo que eles tacham de racionalismo e que nada mais é senão a atitude do espírito, para o qual as obras são uma "manifestação da verdade" [Erscheinung der Wahrheit]. Em tal espírito, Berg possuía uma agudeza mortal da citação — puramente musical — digna de seu modelo que foi Karl Kraus, e totalmente original no âmbito da música.

O senso literário de Berg tornou-se fecundo para o compositor por meio da escolha dos libretos de suas duas obras cênicas e pela magistral adaptação operística e dramatúrgica. Sentia-se essencialmente como um compositor de óperas e, bastante injustamente, negava ter um senso para a poesia ou um talento originariamente lírico. Por volta de 1926 planejou escrever coros sobre poemas de Ronsard, para os quais Werfel

Berg

e sua mulher lhe haviam chamado a atenção. Não obstante sua excessiva modéstia diante da poesia, Berg expressou, apesar de tudo, uma experiência genuína: o elemento desmesurado de sua pessoa e de seu modo de reagir musical opunha-se à tradicional concisão lírica e, posteriormente, ele mesmo uniu três poemas, a fim de obter uma forma tripartite mais extensa. As *Peças para clarinete* são a exceção que confirma a regra. Todavia, jamais pensou monumentalmente, no sentido da nova escola alemã. Mas sua música, que se expande com hesitação, tinha necessidade de superfícies maiores; precisava dar tempo a si mesma. Entre o minucioso trabalho atomista, por um lado, e a grande totalidade, por outro, não tolerava nenhum termo médio independente, nenhuma totalidade parcial; o absolutamente pequeno e o // absolutamente grande eram, para ele, complementares. A razão mais profunda de sua aversão ao lirismo tradicional era, provavelmente, que ele se opunha totalmente à forma finita, que repousa em si mesma. Sua música é uma única transição. Aquilo que chamava de jovialidade, de generosidade, comunicava-se também ao gesto musical, não obstante toda a imersão no detalhe; nada deveria ser eliminado, a música não deveria recusar nada. Desde o início percebi que, também isto, era semelhante a Benjamin, e bastante contrário a Webern. Construção, para Berg, na verdade significava frequentemente algo como fazer um máximo a partir do nada e anulá-lo: um completo paradoxo. A genialidade autodestrutiva, de colocar-se tarefas impossíveis e, contudo, resolvê-las, tinha necessidade de um trabalho obsessivo. Também os tipos formais [Formtypen] de Berg aspiram a polos divergentes: de um lado, a imobilidade e a modificação imperceptível, de outro, o vertiginoso *perpetuum mobile*. Aquilo que está no meio entre esses dois polos, a norma brahmsiana

Theodor W. Adorno

da progressão fundamental [Fundamentschritt] inteligível e decidida foi, pelo menos até a *Lulu*, alheia a Berg. – Também na vida privada, ele desafiou as dificuldades cotidianas com artefatos técnicos pelos quais tinha verdadeira loucura: o acendedor elétrico de cigarros, a máquina de escrever, o automóvel; a falta de habilidade técnica animava seu escárnio benevolente. Apreciava dar-me conselhos sobre a regulagem da máquina de escrever e não desdenhava o ato de barbear-se como tema de conversação. Tal procedimento incômodo era-me fastidioso e, naquele tempo, teria aceitado algum meio que me livrasse da barba de uma vez por todas e me economizasse aquela perda de tempo diária. Berg, num bom espírito altenberguiano, era contrário a um tal racionalismo. Segundo ele, a sensação agradável que as mulheres sentiam com um rosto bem barbeado não podia ser separada do fato de elas poderem sentir a barba que estava nascendo por debaixo. Com semelhantes nuances, descobriu para si a dialética. De seu comportamento tolerante com relação às coisas cotidianas e da afetiva ocupação com atividades insignificantes, transmitiu-se à sua música algo que não é pouco: a elaboração obsessiva dos detalhes. Justamente porque a sua predisposição originária, a pulsão de morte, aspirava à grandeza difusa, ele era obcecado pela fidelidade ao trabalho artesanal. Um feliz pedantismo vela sua obra radical, tal como o fez no passado sobre as obras do conservador Stifter.[15] Era como se a organização técnica quisesse restaurar na obra aquilo que a vida recusa: a música de Berg, // somente nisto indefesa, defende-se em todas as dimensões, não quer renunciar a nada, procura pelo denominador comum entre expressão e construção, une o

---

15 Adalbert Stifter (1805-1868), escritor austríaco. [N. T.]

Berg

choque do caótico com a embriaguez do som, os segredos autobiográficos com uma arquitetura cuidadosamente planejada.

Os critérios de seu nível literário – excepcional entre os músicos alemães – certamente vinham, em parte, de Kraus; assim como de sua própria índole. Neste campo, contudo, ele superou em muito Schönberg e Webern; isso era algo do qual ele, como dramaturgo, podia ficar seguro; não apenas pela escolha dos dois temas e pelo instinto teatral com que os adaptou, mas, ainda mais, pela posição que a sua música assumiu em relação aos textos. Benjamin, que manteve um certo distanciamento da música e que, em sua juventude, nutriu uma animosidade contra os músicos, disse-me com profunda perspicácia, depois de uma execução do *Wozzeck*, que Berg – como compositor – teria adotado para com a poesia de Büchner uma atitude similar àquela que Kraus adotara com relação a Claudius e Göcking. Berg sabia, graças à sua sensibilidade literária, que sobre esses textos não se podia compor imediatamente, tal como Verdi procedeu com os seus *libretti*. O tempo que os separa do compositor é essencial para este último, ele deve ganhar distância com relação a seus textos mediante o princípio da estilização. É difícil dizer se a distância é o pressuposto para o procedimento objetivante das composições operísticas de Berg ou se esse procedimento é que criou, a partir de si, a distância. Em todo caso, ele sentiu – talvez num nascente pressentimento do caráter problemático de toda ópera hoje – que essa forma já não se sustenta sem mais, apesar de Berg ter rejeitado energicamente qualquer intenção reformadora da ópera. O nível dos textos que escolheu pode tê-lo levado a pagar o tributo de não subordiná-los simplesmente à música, como se fossem indefesos. Em seu manejo dos textos reinava o pendor do homem de letras para o "salvamento" de um gênero literário transmitido desde a Antiguidade. Merece admiração a cautela com a qual Berg adaptou ambos os textos sem causar-lhes nenhum dano, tornando-os aptos para a composição, sem, contudo, preservar o pretenso lirismo de uma "reflexão" imaginada de maneira não menos convencional. Estava indeciso entre compor a *Pippa*, de Hauptmann, ou a *Lulu*. Num cartão-postal de 11 de janeiro de 1926, Soma Morgenstern aconselhou-o a compor a *Pippa* e Berg pediu que desse minha opinião a respeito. Em novembro de 1937, recebi // dele uma carta cuja passagem mais importante dizia: "Decidi começar a compor uma ópera no início do próximo verão. A este respeito tenho dois projetos, dos quais *um certamente* será realizado. Resta apenas saber *qual*. Para esta finalidade peço também o seu conselho: trata-se ou de *Und Pippa tanzt*, ou de *Lulu* (esta última reunindo *Erdgeist* e *Büchse der Pandora* num libreto de três atos – 6 a 7 cenas). O que você pensa a respeito? Como necessariamente irei compor um deles (ou, eventualmente, ambos), é preciso decidir *qual* dos dois (ou, talvez, qual deles *primeiro*)". No alto da página com o plano de *Lulu*, Berg pede a máxima discrição. Não posso mais dizer com certeza se fui o primeiro a aconselhar-lhe a *Lulu*, como me parece em minha reminiscência; em tais coisas, equivocamo-nos facilmente por narcisismo. Em todo caso, persuadi-o com todos os argumentos em favor da ópera de Wedekind e provavelmente convenci-o, como homem de teatro, indicando as deficiências dramatúrgicas da fábula na vidraria, que se desfaz depois do genial primeiro ato, o qual reclama irresistivelmente pela música. Segundo minha impressão, Gerhart Hauptmann – ao qual fora apresentado por Alma Mahler em Santa Margherita – não lhe agradou particularmente. Há tempos, Hauptmann havia caído

Berg

em desgraça junto a Kraus, enquanto este último permaneceu fiel a Wedekind por toda a sua vida. A atitude de Berg com relação a Kraus era a de uma veneração sem limites; sempre que eu estava em Viena, assistíamos juntos a todas as conferências de Kraus que podíamos. Contudo, não creio que Berg tenha se encontrado naquela época com ele, a quem conhecia bem, pois era contrário à esfera da admiração importuna. Mas gostava de enviar a Kraus as esplêndidas atrocidades da imprensa musical, especialmente "ampliadas e aprofundadas"; mais de uma citação do gênero deve ter entrado na *Die Fackel*. De vez em quando, durante as conferências de Kraus, Berg fazia gracejos com a sua lentidão e afirmava não conseguir compreender inteiramente poemas muito argutos numa primeira audição. A relação com Kraus era aquela que se tem com uma autoridade; para Berg, assim como para o círculo de George, a palavra "mestre" ainda era completamente aplicável a um artista. Certa vez, falava-lhe de Hofmannsthal e de *Der Turm*, e da possibilidade de compor essa tragédia [Trauerspiel] na versão do "Neue Deutsche Beiträge". Ainda hoje // penso que nenhum material teria sido tão adequado para Berg quanto este ou quanto aquele do *Kaspar Hauser*. Mas, como fiel leitor do periódico *Die Fackel*, ele não queria ter nada a ver com Hofmannsthal, e jamais teria admitido que aquele possuísse um outro lado que não o do Festival de Salzburgo. Entre ambos houve apenas uma única relação, quase proustiana: uma criada servia primeiro na casa de um, depois na do outro.

Sua relação com os compositores contemporâneos era similarmente seletiva; eram muito raros aqueles cujo valor ele reconhecia. Desejava que se estabelecessem critérios musicais análogos aos que foram estabelecidos na literatura por Kraus; de fato, a influência de Schönberg sobre o seu círculo tinha muito disso. Em Krenek, de quem era amigo, incomodava-o uma certa renitência e, por assim dizer, uma irracionalidade tecnológica: onde se esperaria uma sequência – observou certa vez – não há nenhuma, e onde não se espera nenhuma, há uma. Certamente seu juízo mudou quando Krenek adotou a técnica dodecafônica. Amava Webern sem reservas, mas com um leve tom sarcástico, como se estivesse se rebelando contra a ortodoxia; o fanatismo era-lhe estranho. Caçoava da brevidade de Webern, sobretudo quando suas peças dodecafônicas resultavam apenas um pouco mais longas que as anteriores, sendo que, de acordo com o manifesto de Erwin Stein inspirado por Schönberg, justamente uma das tarefas da nova técnica deveria ser a de possibilitar novamente a composição de formas mais extensas. Certa vez preparamos em conjunto uma paródia de uma peça weberniana, que consistia numa única pausa de semínima, tendo acima uma indicação de quintina, e provida de todos os sinais e indicações de execução imagináveis, e que, ainda por cima, deveria ir se extinguindo gradualmente. Berg desprezava, sem meios-termos, os compositores medíocres; ele podia se divertir tecendo considerações a respeito de qual dentre dois vienenses moderadamente modernos – um deles tivera relações distantes com a Escola de Schönberg, e o outro era proveniente de uma outra Escola – seria o pior; por fim, decidia-se em favor daquele que provinha de sua própria Escola; hoje, provavelmente, ele pensaria de outra forma. Defendia Reger, o qual desempenhou um papel importante nos programas da "Verein für musikalische Privataufführungen" [Associação para Execuções Musicais Privadas], // mas concedia, sem muita resistência, que cada

Berg

compasso, de cada uma das obras de maturidade desse compositor, poderia ser transposto para qualquer outro. A conhecida polêmica é testemunha daquilo que ele pensava a respeito de Pfitzner; ela correspondia ao ideal de uma *Die Fackel* musical, que animou a revista 23, editada por Willi Reich, e provavelmente idealizada por Berg. Tinha estado com Pfitzner durante alguns dias, na casa da Alma Mahler, e divertiu-se furiosamente com o fato de que Pfitzner ocultava dele os manuscritos nos quais estava trabalhando, para que não os plagiasse. Com relação a Mahler, ele era entusiástico e sem reservas, sobretudo no que concerne às suas últimas obras. Com frequência tocávamos, a quatro mãos, a segunda "Nachtmusik" da *Sétima sinfonia*, assim como diversas outras obras de Mahler. Em geral, cultivava essa arte, provavelmente caída em desuso neste ínterim; ele a tinha exercitado desde a infância com sua irmã Smaragda. Esta assemelhava-se a George, assim como Berg assemelhava-se a Wilde. Wagner era intocável. Por diversas vezes, Berg deu-me a tarefa de orquestrar passagens do *Götterdämmerung*, para depois confrontar minhas soluções com as de Wagner — um empreendimento extraordinariamente instrutivo.

Tinha Bartók em alta estima, e ficou francamente orgulhoso quando notou a influência da *Suíte lírica*, no *Quarto quarteto* daquele compositor. Melindrava-o, um pouco, o fato de que Bartók, que por vezes encontrava-se de passagem por Viena, nunca tenha lhe procurado ou a algum outro membro do círculo de Schönberg. Porém, os temperamentos de ambos — a urbanidade de Berg e a impessoalidade quase inflexível do húngaro — eram incompatíveis. Stravinsky não ocupava muito lugar no inventário intelectual de Berg; julgava de maneira muito positiva apenas as *Três canções japonesas*, que ocupam uma zona limítrofe com relação a Schönberg. Tinha um fraco por Suk; de maneira geral, sentia-se muito atraído pelos tchecos. Os grandes compositores da música tradicional eram, para ele – assim como para toda a Escola de Schönberg – canônicos; sem dúvida teria rejeitado a ideia de que a Nova Música fosse também, objetivamente, uma crítica da música tradicional. Tinha uma paixão por Schumann; seu *Lied* predileto era o pouco conhecido "So oft sie kam".[16] Não lhe escapava a relação entre o seu próprio som e o de Schumann. O que hoje circula sob o nome de "música barroca" deixava-o indiferente; para ele, a música começava com Bach. Nada objetava contra os comentários depreciativos que eu fazia sobre Bruckner, se bem que // a imaturidade de minha opinião certamente não lhe passou despercebida. Deixou que meu próprio desenvolvimento se encarregasse de me corrigir: isto se deu somente após sua morte, sob a impressão inesquecível que tive da *Sétima sinfonia*, executada por Webern em Londres.

Já durante sua vida, algumas pessoas costumavam contrapô-lo a Schönberg – como se Berg fosse o mais acessível. Isso lhe parecia particularmente repugnante. Para definir seu comportamento com relação a Schönberg vale, talvez, a fórmula segundo a qual Schönberg invejava os sucessos de Berg e este invejava os insucessos de Schönberg. Berg tinha consciência de um certo ciúme de Schönberg em relação a ele. Em todo caso, criticava a falta de conteúdo expressivo nas primeiras composições dodecafônicas de Schönberg; na velhice, Schönberg reconquistou a expressão; em compensação, aquela lacuna emergiu tanto mais ameaçadora em seguida, na amplidão da produção posterior a 1945; por vezes, a geração de Kranichstein polemizava contra

---

16 *Opus* 90 n.3. [N. T.]

Berg

o *style flamboyant*. Berg, todavia, mesmo diante da virada do mestre — que deve tê-lo assustado —, manteve a sua liberalidade; argumentava que o preço de uma nova técnica poderia ser, num primeiro momento, um certo empobrecimento do conteúdo, que seria compensado em seguida. Ele não presenciou a fase de Schönberg em que justamente isso se passou. Contudo, o que o irritava seriamente no idioma de Schönberg, no "tom" que lhe era próprio, era um elemento de insistência, de advocatício, de prepotência; como nos compassos iniciais da "Marcha", da *Serenade*. Era próprio ao modo de ser de Berg, pôr-se sempre do lado errado [Unrecht] para, com isto, escapar constantemente a um mundo de cuja superioridade ele estava convencido *a priori*.

Quando cheguei a Viena, imaginava que o círculo de Schönberg — analogamente ao círculo de George — fosse algo de firmemente consolidado. Mas já naquela época, isso não era verdade. Schönberg, que havia se casado novamente, vivia em Mödling; a sua jovem e elegante esposa o mantinha um pouco isolado dos amigos dos tempos heroicos, pelo menos assim parecia à velha guarda. Webern provavelmente já habitava fora da cidade, em Maria Enzersdorf. Não se viam com frequência. Berg lamentava, sobretudo, o fato de encontrar-se raramente com Webern e Steuermann — aos quais era bastante afeiçoado — e considerava isso culpa da vastidão de Viena — que, no entanto, não era tão grande assim. Contudo, justamente a sua liberalidade pode tê-lo separado — secretamente, docemente — dos outros discípulos de Schönberg; e provavelmente também a // necessidade desse homem — extremamente vulnerável e sensível à dor — de evitar, tanto quanto possível, a tirania do coletivo. Conheci Schönberg por intermédio de Berg, num domingo em Mödling, onde Webern regeu numa igreja a *Missa em fá menor*, de Bruckner.

83

Theodor W. Adorno

Um contato mais próximo estabeleceu-se no apartamento da mãe de Kolisch, na Wiedner Hauptstraße. Certa noite, Berg levou-me consigo. Os Kolisch tocavam então o *Quarteto em fá menor opus 95*, de Beethoven, numa interpretação totalmente nova, preparada sob a orientação de Schönberg.

Naquela época, Berg e sua esposa tinham bastante contato com Pfloderer, um advogado muito ligado ao círculo de Schönberg. Ele era amigo de Soma Morgenstern, a cujo círculo musical polonês pertenciam, entre outros, Jascha Horenstein e Karol Rathaus. A vivacidade de espírito [Witz] e a capacidade de réplica [Schlagfertigkeit] de Morgenstern impressionaram bastante a Berg; por esse motivo, eu certamente tinha ciúmes desse homem mais velho e experiente, e do qual eu gostava muito. Minha própria bagagem filosófica era, por vezes, relegada por Berg à categoria daquilo que ele chamava de insosso; certa vez fiz uma brincadeira a esse respeito, sem que ele me contradissesse seriamente. "Insosso", nome que abrangia tudo o que fosse desprovido de gosto para os sentidos, era uma das palavras preferidas de Berg. Eu era, então, seguramente dotado de uma enorme seriedade, e isso podia irritar um artista maduro. Devido a uma sincera veneração, esforçava-me em só dizer aquilo que considerava particularmente profundo, sem, contudo, conseguir satisfazer sempre essa pretensão; nem suspeitava que as pessoas enfaticamente produtivas, no trato com as outras pessoas, preferem, antes, descansar daquela intensidade e tensão extremas, que então me pareciam ser os únicos estados que lhes eram dignos.

Fui introduzido por Berg na casa de Alma Mahler, onde deveria tocar ao piano a parte de Marie, acompanhando a cantora Barbara Kemp, que originalmente deveria estrear esse papel na cidade de Berlim, em dezembro de 1925 – no fim das contas, ela acabou não fazendo parte daquele elenco. Algum tempo depois, quando Berg e eu nos encontramos novamente com Kemp, ela andou conosco para cima e para baixo na "Unter den Linden", e repetia sem parar que estava trabalhando numa interpretação inteiramente nova da *Carmen*, em que a representava como uma prostituta. É evidente que a sra. Mahler não correspondia à *imago* que um jovem de vinte e um anos associava ao seu nome. Naquela primeira tarde, ela me disse: "Ontem à noite // disse ao Beer-Hofmann: crianças, uma coisa falta a vocês – o sangue". Berg percebeu o que se passava em meu coração, com um sorriso de quem está de acordo. Em todo caso, senti-me obrigado perante ele a dizer algumas frases elogiosas acerca de sua notória vitalidade – apesar de não mais considerar a sra. Mahler nem um pouco interessante. Estimulado por isso, Berg pediu que eu escrevesse a ela – que havia partido para Veneza – o que eu havia dito. Assim o fiz, e recebi pelo correio uma resposta extremamente amável. Todavia, depois de quatorze dias, recebi uma segunda carta, quase que literalmente idêntica e talvez ainda mais amável. Evidentemente, ela tinha se esquecido de que já me havia respondido.

Em todo caso, a sra. Mahler tem o mérito de ter ajudado Berg a publicar a redução para piano do *Wozzeck*, quando ele se encontrava numa situação material mais difícil. A família dos pais de Berg era evidentemente abastada, apesar de não ser rica; de outra forma as condições não teriam se tornado precárias imediatamente após a morte de seu pai. Com algumas oscilações, essa situação permaneceu a mesma, à exceção de alguns anos entre a estreia do *Wozzeck* e o início do fascismo alemão. A vida exterior de Berg era ganha com dificuldade, sob cuja sombra sempre permaneceu; dentre todo o bem que Helene Berg fez por ele, certamente não foi o mais insignificante o fato de ter sido essencialmente capaz de dominar as dificuldades de forma a torná-las imperceptíveis. Ninguém, senão essa mulher plena de orgulho, poderia dizer quantas privações o casal sofreu secretamente, quanto tempo foi perdido com preocupações que eram uma humilhação para o ambiente em que viviam. Mas para o indivíduo, pobreza e riqueza não são imediatamente idênticos às condições efetivas do patrimônio, e certamente não o são no interior da burguesia. Conheci algumas pessoas — um famoso professor universitário, um funcionário da direção de uma rádio — que ganhavam muito dinheiro e, não obstante, jamais conseguiram deixar de possuir um certo ar de pobreza e escassez. Inversamente, há pessoas que possuem muito pouco, mas, no entanto, nunca suscitam a impressão de pobreza. Berg era uma dessas pessoas. A atmosfera tinha sempre algo de senhorial, no bom sentido da palavra. A primeira razão disso era a atitude natural de pessoas acostumadas a uma vida boa; de maneira análoga, os emigrantes que eram abastados // adaptam-se mais facilmente à escassez inabitual e queixam-se menos do que os pequeno-burgueses. A isto se acrescentava ainda um gesto de ambos — o de um *gentleman* e de uma *lady* — difícil de se explicar, e que começava já em seu aspecto exterior. Quanto menos eles estivessem conscientes disso, mais duradouro era o efeito. Nada era *bohème* em seu estilo de vida. Quase nunca vi um apartamento no qual me sentisse tão bem; tinha algo de espaçoso, largo, e ajustava-se perfeitamente ao ideal de jovialidade de Berg. A existência de ambos foi facilitada pelo fato de que a Áustria, mesmo muito tempo depois da Primeira Guerra Mundial, ainda não estava totalmente submetida ao capitalismo

Berg

e oferecia aos intelectuais alguns refúgios aceitáveis, nos quais eles podiam passar os tempos difíceis com alguma comodidade; assim, a administração municipal social-democrata, por exemplo, ajudava com uma rigorosa proteção ao inquilino. Admirava-me silenciosamente imaginando como Berg — aliás, como muitos profissionais liberais vienenses — havia vivido até o seu grande sucesso. Dava aulas somente a uns poucos alunos; os honorários eram modestos em comparação com os habituais na Alemanha daquela época. Ainda restava algo do patrimônio da família, sobretudo a propriedade em Caríntia. Aproximadamente entre 1928 e 1933 — talvez já alguns anos antes — a "Universal Edition" pagava-lhe um fixo. Assim como Schönberg, Berg era muito ligado a essa editora, e particularmente ao seu diretor Hertzka, que demonstrou efetivamente um extraordinário instinto para os grandes talentos dentre os compositores de sua geração e também da seguinte. Quando Berg foi proscrito como bolchevista cultural pelos nacional--socialistas e suas peças não lhe rendiam mais nada, sua situação ficou muito ruim. Depois do *Wozzeck* seu estilo de vida tinha se tornado mais cômodo; sua alegria era um pequeno automóvel o qual, até onde sei, conservou até o final de sua vida. Depois de 1933, a venda dos manuscritos de Berg tornou-se uma fonte de renda; eu mesmo procurei, em vão, suscitar o interesse de uma mecenas inglesa pela *Suíte lírica*. Nas últimas cartas que ele me escreveu, esse projeto desempenhava um papel considerável. A encomenda de Louis Krasner, que o levou à composição do *Concerto para violino* — e, contudo, também à interrupção da instrumentação da *Lulu* —, foi para ele um grande alívio. Naquele ano, pela primeira vez, passou o inverno inteiro no Berghof; na verdade, provavelmente porque ali necessitava-se de muito

364 pouco para // viver. É um aspecto desolador da biografia de Berg o fato de que ele, provavelmente para economizar dinheiro, não procurou tratar sua furunculose de maneira imediata e enérgica pelos melhores médicos disponíveis, embora em sua morte também tenha tido parte o espírito do "não se pode fazer nada", a resignação e talvez o seu próprio cansaço. Diante dos milhões de assassinatos cometidos pelos nacional-socialistas, esquece-se dos crimes mais sutis do Terceiro Reich: se esse regime não tivesse se estabilizado, Berg provavelmente não teria precisado morrer. Também em sua morte, uniram-se o elemento de pânico e a ternura, o terrivelmente lógico e o absurdo [Grundlos].

Descrever o professor é algo difícil para mim, pois o que recebi dele penetrou minha existência musical de tal forma, que ainda hoje, depois de quarenta anos, ainda não adquiri o distanciamento necessário. Quando vim estudar com Berg, já havia concluído, em aulas particulares com Bernhard Sekles, o conteúdo que se aborda nos conservatórios – com exceção do contraponto palestriniano a quatro vozes, o qual aprendi mais tarde. Desde a primeira aula, quando lhe mostrei algumas composições, Berg decidiu que não iríamos nos ocupar com nenhum exercício escolar, nem mesmo com a doutrina das formas e com aquilo que é chamado de "composição livre" nas Academias: discutiríamos apenas a respeito dos meus próprios trabalhos. Para dar uma ideia do que seria uma aula com ele, é preciso ter presente a sua musicalidade específica. Também como professor tinha reações lentas, meditadas longamente, sua força era a imaginação intelectual, a ordenação das possibilidades com a máxima consciência e, além disso, uma fantasia vigorosa e originária em todas as dimensões composicionais;

Berg

nenhum dentre os novos compositores – nem mesmo Schönberg ou Webern – era, tanto quanto ele, o oposto do músico
prático [Musikant], tão exaltado ideologicamente naqueles
anos. Era usual que examinasse longamente aquilo que lhe
trazia, propondo possíveis soluções, sobretudo para aquelas
passagens em que eu havia chegado a um impasse. Jamais
aplainou as dificuldades ou procurou evitá-las, contornando-
-as habilmente, mas acertava sempre em cheio: ele, mais do que
ninguém, sabia o quanto cada compasso composto corretamen-
mente constituía um problema, uma escolha entre dois males.

65 Coerentemente, educou meu senso para // a qualidade formal
em música, vacinando-me contra aquilo que é insuficientemen-
te articulado, que transcorre no vazio e, sobretudo, contra a
inserção de rudimentos mecânicos e monótonos no interior de
um material composicional dissipado [aufgelöst]. Os exemplos
que dava a partir de casos particulares eram de uma tal evidência
que ficaram indelevelmente gravados por todo o futuro. Assim,
criticou o emprego excessivo de terças maiores – uma tendência
minha naquela época – no acompanhamento de um *Lied* do qual
gostava muito, curando-me com isso, de uma vez por todas,
do gosto pelo enchimento harmônico. Berg insistia muito na
multiplicidade de figuras distintas umas das outras, mesmo no
espaço mais restrito, mas sempre disposto a conciliá-las entre
si. Todas as suas correções traziam um inconfundível caráter
berguiano. Ele tinha um traço pessoal muito forte como compositor, para poder – como diz o clichê – colocar-se no lugar
do outro; qualquer pessoa que tenha uma certa experiência irá
identificar, nas peças que revisou comigo, quais passagens se
devem a ele. Mas por mais que fossem suas as soluções, elas
atestavam, contudo, uma enorme necessidade objetiva, e jamais

Theodor W. Adorno

eram impostas. Com amor, procurava desacostumar-me das minhas inibições ao compor, encorajando-me com frequência, diferentemente da maneira pela qual Schönberg tratava seus alunos. Penso que Berg desaprovava o fato de que eu me ocupasse de quaisquer outras coisas que não a composição. Para evitar que eu prejudicasse o conjunto devido a uma excessiva fixação nos detalhes, ou para que pudesse avançar numa peça em que eu já começava a me desesperar, me aconselhou a esboçar, ao longo de amplas passagens, apenas uma ou duas vozes, eventualmente, até mesmo sem notas precisas, unicamente com ritmos ou curvas, de maneira neumática, por assim dizer; mais tarde, apliquei esse truque à técnica literária. As instruções que ele me transmitiu possuíam o inequívoco caráter de doutrina, da autoridade de "nossa Escola". Em nome dela exortou-me, desde a primeira aula, a dar a cada nota singular, de maneira quase simbólica, um sinal de alteração: sustenido, bemol ou bequadro. O princípio mais importante que transmitiu foi o da variação; na verdade, tudo deveria ser desenvolvido a partir de algo outro e, contudo, ser intrinsecamente diverso. Diferentemente de Schönberg, tinha pouca simpatia por contrastes violentos. Deu-me várias regras bastante sólidas que certamente necessitam de modificações, e que mesmo por ele nunca eram consideradas de maneira inflexível – e que, // por seu caráter drástico, produziam excelentes resultados pedagógicos, fornecendo um meio de prestar contas acerca daquilo que, em cada momento, tratava-se de realizar. Assim, Berg distinguia fundamentalmente dois tipos de composição, a sinfônica, organizada dinamicamente e rica em formas, e aquela que ele – possivelmente utilizando um termo de Schönberg – chamava de "peça característica" [Charakterstück]. Esta deveria definir-se mediante um único

Berg

traço, o mais marcante possível, e por meio dele destacar-se do seguinte. Como modelos desse tipo, citava os *Lieder* sobre textos de Stefan George, e o *Pierrot*, de Schönberg.

Nos últimos anos, possuindo um maior conhecimento do mundo, Berg – como que para compensar o crescente isolamento que aumentava com a idade – adquiriu para si uma espécie de diplomática estratégia de vida, bastante próxima daquela que Benjamin adoraria ter adotado, só que com maior êxito. Chamava-o de ministro das relações exteriores de seu país dos sonhos e ria disso. Poucas devem ter sido as récitas do *Wozzeck* nas quais ele não cobriu de fotografias – sobre as quais ele escrevia generosas dedicatórias – os principais intérpretes e, sobretudo, os regentes. Mais de um *Kapellmeister* poderá se vangloriar ainda hoje dizendo que Berg teria declarado justamente a sua interpretação como a melhor que já se havia feito. Na verdade, ele parece ter considerado autêntica somente a de Erich Kleiber. Mas aquela atitude do Berg da maturidade não significava um menosprezo pela pessoa. Pouco a pouco, e provavelmente sem perceber, aprendeu a colocar sua generosa e amável cordialidade – originalmente contrária ao princípio de realidade – a serviço deste; muito frequentemente observei algo de semelhante em pessoas tímidas e vulneráveis. Tão inconciliável era o antagonismo que ele sentia com relação à ordem estabelecida, e a tal ponto ele sentia que os seus sucessos baseavam-se *a priori* sobre mal-entendidos, que acabou por desenvolver a tática como seu direito natural. Aquele que quiser dar lições de moral a esse respeito faria de si o porta-voz do mundo, que tanto mais exige franqueza, quanto mais profundamente a impede. Berg virou contra o mundo as suas próprias armas. Ao ocupar a sua posição monadológica, seguiu a regra do jogo do mundo, que estabelece a inviolável autoconservação do indivíduo, e com isso, defendeu a sua integridade. Durante os onze anos em que o conheci, percebi constantemente, de modo mais ou menos claro, que ele, como pessoa empírica, nunca estava inteiramente presente, nunca participava inteiramente do jogo; por vezes, isso ficava aparente nos // momentos de ausência, que coincidiam exatamente com a expressão inexpressiva de seus olhos. Ele não era idêntico consigo mesmo, tal qual os existencialistas exaltavam como ideal, mas tinha uma particular invulnerabilidade, e até mesmo algo de distanciado, de espectador, como Kierkegaard – apenas por puritanismo – reprovava ao elemento estético. Até mesmo a paixão, enquanto se entregava a ela, tornava-se, para ele, um material para a obra de arte. Wagner não agiu de modo muito diferente ao partir para Veneza, fugindo de sua esposa e de sua amante, para ali escrever o terceiro ato do *Tristão*; Thomas Mann, Gide e Proust fizeram observações análogas. A existência empírica de Berg estava subordinada ao primado da produção; afiou a si mesmo como instrumento dessa produção e a sabedoria de vida que adquiriu reduziu-se à produção de condições que lhe permitissem arrancar sua *oeuvre* de suas próprias fraquezas físicas e resistências psicológicas. Ele estava o tempo todo tão consciente da proximidade da morte que aceitou a vida como algo provisório, dedicando-se totalmente, sem dureza e egoísmo, àquilo que poderia permanecer. Certa vez, em Berlim, arriscando sua própria vida, salvou dos trilhos do metrô uma pessoa que um segundo mais tarde teria sido triturada. Estava fundamentalmente preparado para dar tudo de si e até mesmo o que tinha de mais precioso, o seu tempo. Sua distância com relação ao humano era mais humana do que aquilo que, entre os homens, é considerado humano. Simultaneamente narcisista e

Berg

altruísta, não se agarrava firmemente à sua vida, que estava como que posta sob uma cláusula condicional. Daí, provavelmente, a sua ironia. Se é verdade que os intelectuais não devem ser pais, Berg não o era no mais alto grau que se possa esperar; sua autoridade era a absoluta ausência de autoritarismo. Ele conseguiu não se tornar adulto, sem que tivesse permanecido infantil.

// Sobre as obras

A análise e Berg

Berg era favorável às análises. Em sua juventude, ele aplicou toda sua meticulosidade à análise de obras de Schönberg: os *Gurrelieder*, *Pelléas e Mélisande*, e a *Primeira sinfonia de câmera*. Essas análises foram publicadas, embora há muito tempo elas não sejam tão conhecidas como mereceriam. Especialmente a análise da *Sinfonia de câmera* – uma peça difícil ainda hoje – pode ser considerada exemplar. A publicação de uma coletânea de seus textos seria bastante recomendável. O artigo sobre o *Quarteto em ré menor* de Schönberg[1] abriu a perspectiva de um livro inteiro sobre essa obra, o qual, infelizmente, não foi escrito. A análise da *Träumerei*,[2] além de todos os seus outros méritos, possui também o de aplicar

---

1 Trata-se do artigo "Warum ist Schönbergs Musik so schwer verständlich?", publicado originalmente em *Musikblätter des Anbruch*, 1924, p.329-41. [N. T.]

2 Trata-se da sétima peça das *Kinderszenen Opus 15*, de R. Schumann, analisada por Berg no artigo "Die musikalische Impotenz der 'Neuen Ästhetik' Hans Pfitzners", publicado originalmente em *Musikblätter des Anbruch*, 1920, p.399-408. [N. T.]

a uma obra da música tradicional, de maneira bastante produtiva, as experiências do pensamento baseado na variação motívica da Escola de Schönberg. Ela está entre os poucos textos que respondem de maneira conclusiva – ou, para utilizar um termo dileto de Berg, "obrigatória" – à pergunta por que uma determinada obra de arte deve ser, com fundamento, denominada bela. De acordo com a concepção da Escola de Schönberg acerca da qualidade e dos critérios objetivos da obra composta, a análise, fortalecida em seu próprio esforço autocrítico, não abandona a compreensão musical àquele tipo de sentimento, que frequentemente nada mais é do que uma vaga mistura de modos de reação inadequados ao objeto. Em um processo composicional por assim dizer inverso, desenvolvido a partir do resultado, trata-se de tentar dar conta do nível objetivo das composições por meio da imersão em seu todo e em sua microestrutura.

369   Com efeito, todo intérprete musical sério // e comprometido com a coisa vive em si a experiência de que ele não possui nenhuma outra possibilidade de representar autenticamente textura, economia, estratificação, coerência, senão por intermédio da análise preliminar. A desconfiança com relação à análise – e já, na maioria das vezes, como se viu a respeito de Freud, contra a própria palavra – alia-se não apenas a uma visão irracionalista e não crítica da obra de arte, mas a uma posição reacionária em geral. Erroneamente, ela supõe que toda a substância é ameaçada pelo conhecimento. Entretanto, aquilo que resiste só se conserva pelo fato de se desdobrar em um conhecimento penetrante. Os inimigos da análise confundem, de uma maneira efetiva ou fictícia, a racionalidade – evidente até o pleonasmo – do processo cognitivo com uma concepção racionalista daquilo que se trata de conhecer; equivocadamente, o método é de imediato igualado

Berg

à coisa da qual ele procura se aproximar. O sintoma mais confiável de um tal irracionalismo burguês, que exclui a arte como um domínio à parte – complemento ideológico da pseudorracionalidade econômica e social dominante –, é a questão estúpida e inextirpável utilizada de maneira automática contra o analista, a saber: se as relações descobertas por ele eram conscientes ao compositor, se elas seriam intencionais. Em arte, tudo depende do produto, do qual o artista é o instrumento [Organ]. Dificilmente poder-se-ia reconstruir de maneira conclusiva o que o próprio artista tinha em mente; mas isso é também, em larga medida, irrelevante. Em virtude de sua legalidade imanente, a obra impõe suas características àquele que a realiza, ao seu autor, sem que ele tenha de refletir especificamente a respeito disso. Quanto mais completamente o artista se abandonar ao seu tema, tanto melhor será a obra. Sua submissão às exigências que se lhe apresentam desde o primeiro compasso pesa infinitamente mais do que a intenção do artista. Schönberg deu belos exemplos a esse respeito, precisamente acerca da *Primeira sinfonia de câmera*.

Todavia, deve-se elevar suficientemente o conceito de análise para que ele realmente não degenere em um racionalismo ruim. A análise visa os momentos concretos a partir dos quais uma obra musical se constitui. Ela não tem por critério a redução dessa obra a determinações mais ou menos abstratas e – no interior de idiomas dados – relativamente idênticas; pois senão ela se torna tautológica, conforme bem observou Metzger.[3] // A análise se esforça para atingir a carne, e não o esqueleto. Mesmo que não se possa prescindir – sobretudo na música tradicional – de certos momentos estruturais abstratos (mais ou menos

---

3 Heinz-Klaus Metzger. [N .T.]

Theodor W. Adorno

invariáveis e cuja significação está em uma viva interação com as fibras mesmas da obra), jamais se compreendeu uma obra reduzindo-a apenas a tais unidades primitivas abstratas. O que se trata de determinar é, antes, o estatuto variável dessas unidades na constelação das obras singulares. Mediante tais variações [Wechsel], até mesmo invariantes abstratas tomam, em dado momento, significações extremamente diferentes. Contrariamente ao que imagina a consciência reificada, Berg não se serviu da forma rondó, por exemplo, na última cena do segundo ato de *Wozzeck* ou no *Finale* do *Concerto de câmera*: por meio da função que o modelo formal tradicional assume na primeira ou na última peça, ele se torna ao mesmo tempo, nos dois casos, algo inteiramente diferente e que se afasta do modelo tradicional. Por maior que seja o mérito de Heinrich Schenker — o qual, diante da literatura de manual e das paráfrases poéticas, fez da análise musical o instrumento para o conhecimento dos processos musicais (ou, como ele diz com razão, do "conteúdo" musical) —, a semelhança existente entre as diferentes "linhas primordiais" [Urlinien] que ele coloca em evidência (não obstante suas ardorosas declarações em contrário) depõe contra a sua fecundidade. Suas análises terminam na generalidade, e não na especificidade da obra singular. Afirmar que a grande arte encontraria sua grandeza naquela generalidade não passa de uma apologia desesperada. Schenker toma o que é geral e imutável na obra de arte por sua essência; isso está de acordo com a sua atitude reacionária ou, musicalmente falando, com o seu endeusamento da tonalidade. Seu método — não por acaso desenvolvido a respeito de Beethoven, no qual a tonalidade era ela mesma, digamos, "temática"; não somente pressuposta, mas confirmada pela composição — não é aplicável às obras

Berg

exemplares da Nova Música, tais como as de Berg, nas quais as categorias tradicionais e o idioma tonal – por mais profundos que sejam os vestígios ali deixados – são, desde o princípio, rompidos pela enfática tendência à disjunção.

A análise – que o preconceito vulgar rejeita de bom grado como um empreendimento de atomização, // como fragmentação da forma – deriva seu direito de existência do momento no qual a música se coloca como um composto, momento do qual nenhuma música organizada pode se desfazer e que, precisamente nas obras canonizadas da tradição, possui um alcance incomparavelmente mais extenso do que é do agrado da religião dominante da arte. A análise paga na mesma moeda às obras de arte musicais, que são verdadeiramente "compostas", constituídas a partir de elementos singulares; e corrige a aparência criada por essas obras, a saber, a aparência de seu ser absolutamente configurado, da absoluta precedência do todo e o seu fluxo diante daquilo a partir do qual se submete. Enquanto destruição dessa aparência, a análise é crítica. Seus adversários percebem isso bastante bem. Eles não querem nem ouvir falar dela, pois temem que lhes seja roubado, juntamente com essa aparência de um sentido absoluto do todo, aquilo no qual eles creem possuir e guardar como um segredo da obra de arte, e que, de fato, coincide em grande medida com essa aparência ilusória. Não obstante, essa censura coloca em evidência um limite das análises habituais, inclusive aquelas que fiz para o livro sobre Berg editado por Reich[4] em 1937,

---

4 Willi Reich. *Alban Berg*: mit Bergs eigenen Schriften und Beiträgen von Theodor Wiesengrund-Adorno und Ernst Krenek. Wien: Herbert Reichner, 1937. [N. T.]

Theodor W. Adorno

e que reaparecem na presente obra. Isso não seria, contudo, exigir menos da análise – como quer o preconceito –, mas, ao contrário, seria exigir mais, uma segunda reflexão. Não basta estabelecer analiticamente os elementos, nem mesmo as células originais mais concretas, as chamadas "ideias" [Einfälle]. Antes de mais nada dever-se-ia reconstruir o que advém desses elementos, ou, segundo a expressão de Schönberg, escrever "a história de um tema". Em Berg, a análise tradicional dos elementos tem, por isso, algo de equivocado, pois sua música, segundo sua estrutura – e isto lhe é bastante peculiar – não se constitui (em alguma maneira comensurável à tradição) a partir de elementos. Ela se encontra, em virtude da tendência que lhe é imanente, em um processo de cisão contínua. Ela visa o elemento como seu resultado, e isso sob a forma de um valor-limite próximo do nada. Este é o correlato técnico daquilo que se interpretou como a pulsão de morte da música de Berg. Se seu idioma é em muitos aspectos mais próximo da música tonal do que o de Schönberg ou Webern, nessa dimensão sua oposição é mais radical que a de seus amigos. Se ele adotou de Schönberg a técnica da "variação por desenvolvimento", ele a conduziu inconscientemente numa // direção inversa. Produzir o máximo de figuras a partir de um mínimo de elementos – seguindo a ideia de Schönberg – é apenas uma das dimensões do trabalho de composição de Berg; mais profunda é essa outra dimensão, a saber: que a música se dissolve em seu transcorrer. Ela termina num mínimo, virtualmente numa nota isolada. Dessa maneira, vistos em retrospecto, os elementos acabam por se assimilar mutuamente e cumprem, às avessas, o princípio de economia. Em Berg – provavelmente mais do que em qualquer outro compositor – o tipo de elementos aos quais a análise se aplica não é algo da ordem dos princípios ou das origens, mas um resultado completamente mediado em si. O programa de um conhecimento futuro e satisfatório da música de Berg seria a análise de uma tal mediação, próxima talvez do que eu tentei demonstrar em meu livro *Der getreue Korrepetitor*[5] a respeito do destino de certas figuras temáticas em Mahler e na análise interpretativa do *Concerto para violino* de Berg. Em Berg, o conceito de análise deverá um dia mudar de direção, assim como sua música o fez distanciando-se do objetivo de uma totalidade, para ir em direção ao ínfimo, no qual o todo desaparece. É sabido e documentado de diversas formas que Berg gostava de retomar — em extrema metamorfose — as categorias musicais do passado. Uma dessas categorias do classicismo vienense seria a que é geralmente denominada — talvez de acordo com um termo introduzido por Schönberg — como "campo de resolução" [Auflösungsfeld], a saber, aqueles compassos típicos que se encontram por volta do final da exposição do movimento de sonata, antes da coda, e nos quais a vida motívica (frequentemente na dominante) dá lugar a um jogo sonoro puramente harmônico, com trilos sobre a dominante. Berg estendeu tais campos de resolução, como meios formais, à composição inteira, fundindo-os com a técnica motívica dos "restos" [Reste] e com o princípio do diferencial musical; virtualmente, o movimento inteiro se transforma em seu próprio campo de resolução.[6] O que era

---

5 T. W. Adorno. *Gesammelte Schriften Bd.* 15. [N. T.]

6 O impressionismo francês — notadamente o segundo volume dos *Prelúdios* para piano de Debussy — teve por vezes audácias análogas no que concerne a essa tendência à dissolução. Se a afinidade é evidente e não escapou aos comentadores, tanto mais essencial é a diferença. Debussy, cuja maneira de reagir como compositor era

Theodor W. Adorno

373 acidental // e convencional torna-se, em Berg, o essencial, e – por meio do emprego consequente – o meio mesmo que, com impiedosa delicadeza, aniquila a convenção.

A análise da música de Berg se encontra nessa situação singular de que, em certo sentido, essa música realiza sua própria análise. A tendência técnica de Berg significa, por um lado, que a música, como devir permanente, não cessa de se cindir em partículas ínfimas. Mas, por outro lado, essas minúsculas partículas – precisamente em razão de seu caráter infinitesimal – não podem mais ser apreendidas como elementos, como costuma acontecer nas análises. Isso implica principalmente que – sob o aspecto estrutural do devir em geral, que anula toda solidificação e, com isto, até mesmo sua própria estrutura – a música de Berg apresenta um aspecto radicalmente novo com relação a qualquer outra música moderna. Isso só se torna evidente ao refletirmos acerca de sua suscetibilidade à análise [Analysierbarkeit]. O que caracteriza a música de Berg é que ela, graças ao ato de sua permanente autoprodução (pelo fato de seu processo de criação, por assim dizer, transformar-se na obra em si), transcende em direção ao nada. Ela realiza um duplo movimento. Devido a seu procedimento analítico, a música de Berg é ameaçada pela identidade indistinta daquilo no qual ela se decompõe; contudo, para articular esse processo, ela exige

---

profundamente estática, apresenta os campos de resolução e seus elementos acabados, já adquiridos. Nesse ponto, Berg pertence à tradição alemã da "variação por desenvolvimento", na medida em que ele não somente produz o resultado, os campos de resolução (remontando aos seus diferenciais), mas configura e faz aparecer o seu devir (ou seu decorrer) como o verdadeiro conteúdo da composição.

Berg

uma plasticidade construtiva intensificada. A indistinção torna-se o movente da distinção. Quando, no Berg da maturidade, o final de cada frase ou de cada unidade parcial revela seu sentido formal com uma perfeita clareza — não apenas àquele que as reconstitui pelo pensamento; mas, antes, esse sentido formal se inscreve por si mesmo no fenômeno imediatamente percebido com uma tal força que é como se um consequente dissesse: eu sou um consequente, e uma continuação: eu sou uma continuação —, aí então essa inconfundível maestria é claramente gerada pelo insaciável anseio do amorfo, do informe, que constitui a essência fundamental de Berg. O enunciado segundo o qual ela seria polarizada entre extremos — dos quais cada um é mediado pelo outro — não se refere somente ao som de Berg, à expressão e à fisiognomonia de suas // peças: ele define com todo rigor a sua feitura. O "algo" musical não pode suportá-la na qualidade de reificação; porém, precisa objetivar justamente esse modo de reação primário a fim de exprimi-la e, por isso, tornar assim a fazer do "nada" um "algo".

A análise da música de Berg encontra sua legitimação no fato de que nela é possível e previsível o que, em segredo, constitui seguramente a ideia de análise musical em geral: a saber, apreender nas circunstâncias técnicas a essência artística da música, sua eloquência, seu nome. Deve-se identificar no complexo composicional a expressão própria de Berg — a de um vivente orgânico que se mantém ao se dissipar, a de uma vida como quintessência da morte. Sua música é sem violência, concreta e mortal como plantas trepadeiras; esta é a sua verdadeira modernidade, que só encontrou equivalentes na constituição de algumas criações da pintura e da escultura mais recentes, fecundas e desprovidas de objeto.

Foi a partir das análises que seguem, e mais ainda, a partir da continuidade de uma experiência com a música de Berg que se estende por mais de quarenta anos, que um tal programa se cristalizou. O que é dito aqui a respeito de obras singulares não tem outra ambição senão a de fornecer materiais que frequentemente oscilam entre reflexões ainda comprometidas com uma forma de análise mais antiga e descrições fisiognomônicas que visam o essencial sem o traduzir inteiramente em detalhes técnicos tanto quanto seria necessário fazê-lo para que a consciência musical finalmente recupere o atraso no que diz respeito às obras de Berg. Essas obras soam "moderadamente modernas" somente enquanto não se percebe o paradoxo de uma textura que adquire sua densidade na medida mesma em que a mão que a tece desfaz sua obra.

Sonata para piano

A *Sonata para piano opus* I é a peça com a qual Berg conclui sua fase de aprendizado. Minuciosamente articulada até a última nota, ela pode reivindicar a pretensão de um êxito completo. Mas traz impressas as marcas da coerção e da necessidade de obter esse êxito; // a mão, que triunfou sobre a resistência da matéria, deixou por toda parte os seus traços na forma conquistada; por toda parte, no próprio produto, o olho experiente percebe o ato de produção. Se o gênio lírico de Anton Webern se manifesta com completa maestria em sua primeira obra, *Passacaglia*, o gênio dinâmico-dramático de Berg, ao contrário, reivindica o direito de um desenvolvimento progressivo — e é esse desenvolvimento que prescreve a lei tecnológica intrínseca a cada uma de suas obras. Justamente por isso a *Sonata para piano* serve, antes de tudo o mais,

Berg

como introdução à sua música. Como que ainda não consolidada, ela permanece aberta ao ouvinte; compreender a rigorosa necessidade da sua estrutura técnica significa, em certo sentido, compô-la pela segunda vez, a partir de si mesma; ela é breve, facilmente acessível e não muito difícil de se executar; assim, um exame mais detido dela pode servir para a sua compreensão.

Em primeiro lugar, a obra presta testemunho do estudo da forma sonata segundo os ensinamentos de Schönberg. Bem se poderia imaginar que ela tenha nascido da solução de uma tarefa dada: "movimento de sonata". De fato, consiste somente em *um* movimento; não se sente a necessidade de completá-la com outros, embora seja perfeitamente possível fazê-lo. A sua simplicidade didática como sonata não foi afetada pelo princípio de reunião de diversos movimentos em um só, como é o caso do *Primeiro quarteto* e da *Sinfonia de câmera* de Schönberg. Em compensação, sob todos os outros aspectos, a *Sonata* deve tanto a esta última obra, que se poderia afirmar que a história do estilo de Berg resultou da insistência de Berg nos problemas composicionais da *Sinfonia de câmera*, enquanto Schönberg tinha há tempos renunciado à rígida coerência daquele procedimento em favor de novas descobertas.

A gratidão com relação à *Sinfonia de câmera* é demonstrada, em primeiro lugar, mediante reminiscências temáticas: por exemplo, os intervalos característicos do início da *Sonata*, a sucessão de quarta justa e quarta aumentada, podem ser encontrados no início do tema principal (lá-ré-sol♯) da *Sinfonia de câmera*, e a figura em semicolcheias do tema secundário [Exemplo 3, Motivo f] é tomada de empréstimo, de maneira quase literal, da conclusão do tema de transição da *Sinfonia de câmera*. Mais importante ainda é a identidade do "material" pré-motívico: no contexto de um cromatismo plenamente desenvolvido, mas

376 interpretado em sentido tonal, // as figurações baseadas sobre a escala de tons inteiros (cf. compasso 8 e segs.) e sobre quartas (cf. compasso 36 e segs.) assumem um papel determinante, no plano melódico e harmônico.

Todavia já é possível constatar a diferença central entre Schönberg e Berg quanto ao manejo do material. A *Sinfonia de câmera* começava com intervalos de quarta: sob forma de acordes na introdução, e de forma melódica no tema. Esses intervalos de quarta são expostos sem mediações, com toda a segurança da conquista. Na *Sonata* de Berg, ao contrário, eles aparecem pela primeira vez no compasso 26, desempenhando um papel de formação da harmonia. A sonoridade de quartas fá#-si-mi é introduzida de tal forma, que a nota crítica *mi* — interpretada como suspensão [Vorhalt] de ré e, por conseguinte, relacionada a um acorde de tônica apenas sugerido da tonalidade principal de si menor — aparece como uma nota "estranha à harmonia". Transposto primeiramente uma quarta abaixo, paralisado momentaneamente por meio de um contracanto e novamente deslocado cromaticamente, o acorde de quartas se emancipa imperceptivelmente na continuação, para finalmente (compasso 28) aparecer como um acorde de cinco notas composto por quartas justas. Este, contudo, aproveitando um resto motívico [Motivrest], é gradualmente transformado, nota por nota — de novo quase como em uma passagem de fronteira — de maneira a se converter (compasso 29) numa dominante alterada de lá maior. Dessa forma, tanto no fim como no início, a configuração em quartas se dissolve, sem fraturas, no fluxo tonal. A mesma tendência leva Berg a reduzir os encadeamentos de fundamentais bem afirmados da *Sinfonia de câmera*, a um deslizamento quase imperceptível de nota sensível a nota sensível.

Ele adota sem reservas os novos meios, sem jamais privá-los do sentido formal e das exigências da forma por intermédio de um jogo cômodo. Não os mistura com o tradicional; mas desenvolve-os a partir destes, como mestre da transição mínima, mediando não entre estilos, mas entre o novo material e aquele já dado; não como alguém moderadamente moderno e que prudentemente olha para trás – isto ele nunca foi – mas preservando fielmente a linha de continuidade histórica e frequentemente reconstituindo-a. Schönberg inventou utopicamente os acordes de quartas; Berg, com o longo e velado olhar da recordação, mergulhou-os no passado a respeito do qual sua música, mesmo no momento mais audaz, não se esquece de zelar. Foi assim // que a relação entre mestre e discípulo permaneceu, mesmo quando o próprio discípulo, há muito, já era um mestre.

Contudo, aquilo que Berg deve a Schönberg na *Sonata* está em um nível incomparavelmente mais profundo do que o do material musical que eles possuem evidentemente em comum e cuja função foi modificada de maneira não menos evidente. É a própria ideia da *Sonata*, a sua construção total, que exclui e proíbe todo acaso no trabalho temático-motívico, administrando parcimoniosamente um mínimo de elementos dados: todos os temas que ali aparecem – se bem que, por vezes, por meio de múltiplas derivações – estão relacionados ao tema principal [Exemplo I].

Exemplo I

Theodor W. Adorno

A técnica da variação em desenvolvimento de brevíssimos "modelos", a ligação por "restos" motívicos, a dedução de todo "acompanhamento" a partir do material temático são os meios mais importantes. Tudo isso marca a *Sinfonia de câmera* de maneira exemplar, tendo sido transposto por Berg, com estrita autodisciplina, para as proporções mais concisas da *Sonata*. Isso pode ser compreendido somente por meio de uma análise mais detida – apesar de ser ainda excessivamente fragmentária – ao menos das páginas da exposição.

A ideia formal da sonata poderia ser compreendida aproximadamente da seguinte maneira: no espaço mais restrito, e a partir de um material motívico mínimo, deve-se conquistar uma profusão expansiva de caracteres temáticos; mas tal profusão deve ser, ao mesmo tempo, reduzida a uma rigorosa unidade, de modo que a riqueza de configurações, numa obra tão curta, não resulte em confusão. A este propósito serve, de maneira imediata, a construção do tema principal (até o compasso 11). Este se apresenta claramente em duas partes: a um antecedente de quatro compassos que chega a uma cadência perfeita na tonalidade fundamental [cf. Exemplo 1] – poder-se-ia interpretar esse antecedente como uma única cadência – liga-se um consequente mais longo e muito modulante, que, sem atuar propriamente como ideia contrastante, de qualquer modo não faz do antecedente o objeto de uma mera sequência, mas, sim, prossegue de maneira autônoma. Todavia, o seu material motívico // deriva completamente do antecedente; a novidade da configuração é alcançada mediante uma sucessão motívica modificada. O antecedente contém três motivos que, por sua vez, remetem-se uns aos outros; (b) é uma variante invertida ou, se quisermos, quase uma variante retrógrada de (a); (c) é

Berg

derivado do ritmo e do intervalo invertido de segunda menor entre a última nota – fá♯ – de (a) e as duas primeiras notas – sol – de (b). O consequente volta então aos últimos segmentos motívicos (b) e (c), os quais, em estreita ligação, ele "acolhe" como resto [Rest]; a partir desse resto o segmento de conclusão (c) é mantido para além do quinto compasso como um segundo resto, em reiterada atomização do material. Somente então segue, transposto, o marcante motivo inicial (a). Mas justamente este motivo não pode impor-se como repetição e é, por isso, repetido de modo bastante característico para a *Sonata*, um meio-termo entre a repetição fiel e o "retrógrado", o qual poderia ser denominado como uma "rotação em torno de um eixo" [Achsendrehung]. Conservam-se os intervalos marcantes, mas modifica-se a ordem de sua sucessão. O motivo de três notas (a) começa com a segunda nota, à qual segue-se a primeira e depois a terceira. Esse procedimento de rotação é empregado na *Sonata* de maneira tão insistente que não é preciso recorrer à arte da interpretação para se encontrar aí um protótipo da técnica serial subsequente; o motivo é tratado à maneira de uma "figura de base" [Grundgestalt]. Sua continuação é obtida a partir de sequências ritmicamente comprimidas do motivo (b) em contraponto com (c). Berg relaciona os dois intervalos de terça maior de (b) com o acorde de tons inteiros; daqui se desenvolve melodicamente uma escala descendente por tons inteiros que, variada, terá posteriormente consequências de amplo alcance [cf. Exemplo 4, h]. Com esta desaba a primeira intensificação; sobre notas pedais, (b) e (c) vão decrescendo. O segmento motívico (c), que com sua segunda menor representa a transição mínima *in nuce*, serve simultaneamente como anacruse do tema de transição.

O modo pelo qual Berg procede na transição mostra quão segura é sua liberdade diante do esquema, no interior do próprio esquema. Este atribui à transição a tarefa de "mediar" o tema principal e o secundário. Berg sabe que depois de tal mediação – se ela nada mais fosse além disso – o tema principal formulado de maneira bastante concisa não poderia afirmar-se em equilíbrio com uma exposição mais extensa. // Todavia, visto o grau de completa integração dos elementos da *Sonata*, não se pode renunciar à mediação. Por isso a transição e o tema principal são combinados de tal forma que este último assume ulteriormente uma forma tripartite. Primeiramente, contudo, emprega a transição – já mediante o tempo rápido contrastante e relacionado abertamente ao tema principal apenas pelo motivo (c) – como variante totalmente nova de (a) [Exemplo 2].

Exemplo 2

Também do ponto de vista estrutural, a transição é construída – ao contrário do primeiro tema – de acordo com um "modelo" de um compasso, que é imediatamente imitado com um deslocamento rítmico de duas semínimas; o acompanhamento que se acrescenta nas vozes superiores nada mais é que uma inversão ampliada do modelo. No compasso 15 chega-se a uma sequência regular; o segmento de conclusão do modelo é então comprimido e (compasso 17) reinterpretado como o início do tema principal, o qual retorna após ter sido fixado e preparado pelo motivo (c), como anacruse do modelo da transição. O antecedente do tema principal reaparece melodicamente intacto; o consequente é tecido em uma rica combinação contrapontística com a conclusão do antecedente, e é depois ampliado imitativamente; o ponto culminante (compasso 24) assinala a entrada daquela sucessão de tons inteiros do compasso 8, em aumentação tripla e em contraponto com o modelo da transição. Segue-se a passagem em quartas, derivada motivicamente a partir da inversão do modelo da transição; a quarta aumentada descendente do motivo de conclusão é conservada como "resto", variada por intervalos mais amplos, para então, na forma originária, tornar-se o motivo inicial do tema secundário.

O tema secundário (compasso 30) [Exemplo 3], reconhecível pelo suave acorde de nona inicial, é novamente construído segundo um modelo, desta vez de dois compassos. O seu início está novamente numa relação de "rotação em torno do eixo" com relação ao tema principal: // os intervalos mi-lá#-si, partindo da última nota e procedendo sempre numa linha ascendente, geram o motivo inicial do tema principal: si-mi-lá# (= sol-dó-fá#). A segunda figura do modelo [Exemplo 3, f] é uma variante livre da diminuição do motivo (e).

Exemplo 3

A primeira sequência (compasso 32) utiliza uma nova rotação em torno do eixo: ré#-mi-lá, derivada de mi-lá-ré#. A continuação do tema secundário mostra claramente a tendência a valores rítmicos mais breves; é nesse sentido que ela explora as semicolcheias do motivo (f).

Essa redução força um tempo mais rápido: no "veloce" (compasso 39) chega-se impetuosamente, mas sem ruptura, ao tema de conclusão. O seu modelo principal [Exemplo 4] é composto pela conclusão em segunda menor de [3f]

Exemplo 4

e pela sextina em semicolcheias [4g], na qual culmina a tendência à redução dos valores rítmicos, e pela continuação melódica [4h] que remete à sucessão de tons inteiros do compasso 8, sem reproduzir exatamente os intervalos. Tal como a aumentação dessa sucessão de tons inteiros no compasso 24, o motivo [4h] conduz à harmonia por quartas; agora, porém, de maneira mais livre, preparada pela liquidação do acorde mi-lá bemol-ré em mi--lá bemol-ré bemol. Longo *diminuendo*, perturbado três vezes pelas sextinas, e então a dissolução completa em acordes alterados de tons inteiros. Esses acordes são mantidos, mas somente como acompanhamento de um amplo e obscuro *Abgesang* (compasso 50, "viel langsamer"). No *Abgesang*, a agitação das sextinas é melancolicamente apaziguada. De fato nele, pois que ele é idêntico às sextinas: é a aumentação tripla do motivo conclusivo [4g]. De todos // os temas do movimento, este era o único que não possuía relação com o tema principal. Esta [relação] é, contudo, produzida ulteriormente: o segundo compasso do *Abgesang*, tratado como "modelo" e modificado em seus intervalos, toma a forma do início do tema principal, introduzindo assim a repetição literal da seção principal – Berg escreve o sinal de *ritornello*.

Berg

Acerca da continuação da *Sonata* serão suficientes alguns apontamentos. Na concepção do desenvolvimento é já evidente o infalível senso formal de Berg. Depois da riqueza combinatória da exposição, seria tautológico e criaria confusão querer superar seus complexos artifícios com um trabalho motívico e contrapontístico. O princípio configurador do desenvolvimento é exatamente o oposto: os temas, tendo passado pelo rigor da exposição, podem agora respirar e entregar-se ao canto – tal como foi preparado com o final da exposição. Assim, o desenvolvimento conquista sua função autônoma. Para isso contribui imediatamente o primeiro modelo do desenvolvimento, uma ligação melódica do motivo (a) com a figura descendente em tons inteiros. A expressão dos primeiros compassos do desenvolvimento desliza já com uma tristeza mortal, tal como mais tarde no início do grande Interlúdio do *Wozzeck*, o qual parece começar a despontar motivicamente aqui. Depois do episódio mais tranquilo, o caráter do *allegro* é restabelecido por meio do modelo da transição [2d], confrontado agora sobretudo com uma diminuição do motivo (b). Este, em associação com o motivo [4h], alcança o grande clímax, o qual, apesar de algumas imitações, é pensado homofonicamente, e que em certo ponto soa quase francês em seu estilo harmônico, eficaz justamente graças à *simplificação* da estrutura composicional. Como cesura do movimento aparece – de modo inteiramente similar ao que ocorre na *Sinfonia de câmera* – uma passagem em quartas justas. Dela surge uma transição conduzindo de volta ao tema inicial, o qual combina agora os motivos (e) e (g) tal como antes os motivos (b) e (h) tinham sido relacionados entre si; o início do motivo [4g] coincide com a conclusão do motivo (f) – embora, na verdade, seja sempre o motivo (c) que está presente.

Theodor W. Adorno

O início da reexposição se dá por meio de uma "transição mínima".

A reexposição [comp. 110 e segs. – N. T.] traz de volta todos os elementos essenciais da exposição, porém, modificados à luz do que aconteceu. Renuncia-se à fusão do tema principal e da transição. O tema principal // já se impôs suficientemente: se no início da *Sonata* ele era fechado em si de maneira lapidar, tal como uma epígrafe, agora o dinamismo do desenvolvimento prossegue atuando sobre ele e o conduz para o interior do contexto funcional. Para isso, o sentido formal do tema de transição – que ainda era ambíguo na exposição – precisa ser estabelecido de maneira definitiva. Por esse motivo, aquela elaboração – que na exposição (compasso 17) era resultante do tema de transição – encadeia-se imediatamente à reexposição do tema principal. Somente então reaparece, em seis compassos, o tema de transição propriamente dito – conceitualmente uma espécie de contraponto duplo de sua aparição inicial, algo como um episódio de uma fuga – juntamente com um novo motivo de ligação, uma aumentação de (c). No segundo tema, a rigidez da reexposição é evitada mediante a variação do intervalo inicial. Com impositiva coerência, o tema de conclusão é ampliado a partir do grande desenvolvimento. O clímax decisivo da seção de desenvolvimento utilizou-se do motivo (h) e é por isso que esse motivo não pode prosseguir agora como se nada tivesse acontecido. Depois da repetição da segunda passagem em quartas é como se a música se recordasse. Com insaciáveis sequências de (h), ela irrompe em um *fff* (tríplice forte), para apenas muito gradualmente retornar ao esquema prescrito. Mas o *Abgesang*, com a expressão do definitivo, retorna confirmado: literalmente durante dois compassos; depois, durante mais dois compassos, em sequência no baixo e, por fim, em inversão. O seu "resto" desemboca na cadência: a primeira cadência perfeita desde o antecedente do tema principal. Esta revela abertamente a inclinação a apresentar os intervalos melódicos do motivo inicial sob forma harmônico-simultânea. Na tristeza do fim se anuncia discretamente, ainda uma vez, a técnica serial.

Quem procura penetrar seriamente na música de Berg fará bem em ocupar-se a fundo com as onze páginas da *Sonata para piano*. Sob o fino e trêmulo invólucro da forma preestabelecida encontra-se pronta toda a violência dinâmica de sua música, com todos os seus correlatos técnicos; e aquele que conseguir compreender sua relação dialética com a tradição não será arrastado ao caos acústico quando, mais tarde, essa música — liberada de todos os vínculos — produzir a verdadeira forma a partir de si mesma.

383 ## // *Lieder* sobre textos de Hebbel e Mombert

Depois do esforço que o crítico senso formal de Berg exige do impulso de expressão subjetiva na *Sonata*, os *Quatro Lieder opus 2* aparecem como uma respiração profunda e exausta. A multiplicidade construtiva se dissolve na unidade do "estado de ânimo" [Stimmung] expressado; a lucidez espontânea se transforma em pesada embriaguez de sono e sonho; em vez da construção, a música se abandona sem vínculos a si mesma. Esse ritmo de desenvolvimento sempre se reproduziu em Berg de maneira recorrente: assim como o seu sentimento vital jamais se desprendeu completamente do nível biológico; na sua existência empírica a possibilidade de respirar teve significado maior do que se possa imaginar. Tudo o que concerne a tal ritmo de desenvolvimento coloca-se entre os extremos do expandir-se e do conter-se.

Porém, a terra do inconsciente, na qual os *Lieder* penetram, é uma região histórica: aquela do tardo e do neorromantismo. Ela preenche a noite de Tristão com uma névoa flutuante. O Eu ativo e exigente, que não é mais o senhor do entorno estranho [fremden Umwelt] e que não pode mais alcançar um outro, é reconduzido a si mesmo, ama-se na embriaguez e odeia-se até a morte, tal como odeia o entorno perdido, em cuja fantasmagoria ele mesmo, alma vegetal, floresce como na estufa: aparência luxuriante. Nos *Lieder*, mais do que em qualquer outra parte, Berg resvala a solidão viciada e erótica do *Jugendstil*. Aquela solidão, entretanto, é tudo, menos solitária; ela é, antes, uma imagem coletiva da sua década. Assim soa, por exemplo, de maneira bastante clara, Scriabin; e um par de compassos no final do terceiro *Lied* poderiam – se fossem mais primitivos – ser de Rudi Stephan, que Berg certamente conhecia tão pouco como aquele a este. Solidão como estilo é a solidão que ali ressoa.

Entretanto, isso não se limita ao estilo. Aquele que aqui "venceu os mais fortes dos gigantes" manteve, ele próprio um gigante, a fidelidade à aparência [Schein] de sonho e morte, sem jamais se deixar confundir por palavras de ordem otimistas. Mas ele, assim como os gigantes, superou a aparência com sua fidelidade a ela. A sonolência dos *Lieder* – que neles é ainda uma "atitude" estética – jamais saiu completamente do campo de visão de Berg. Todavia, ela encontra seu // fundamento no homem real. Se os *Lieder* ainda possuem segurança ao jogar com seu *monologue intérieur*, no *Wozzeck* este se transforma em verdadeira loucura, a partir da repressão física. Ali é salva a substância dos *Lieder*: nos três acordes sobre os quais se baseia a cena no campo, no coro dos soldados que sonham. Berg não renegou o passado romântico. Ele se torna senhor desse passado mediante a interpretação, ao revelar finalmente o seu conteúdo não aparente como miséria da alienação [Not der Entfremdung], mestre da transição mínima até no próprio conteúdo [Gehalt]. Como cara e coroa da moeda, a música de Berg possui duas tendências gravadas nas faces opostas: a partir da aparência subjetiva obter uma construção fielmente objetiva e, por meio da construção, alcançar a essência subjetiva. A fiel "coroa" e a astuta "cara" estão impressas sobre a moeda de Berg e, no fim, serão pagas pelo seu valor total.

Mas não ainda nos *Lieder*. A lei do *Lied* não é completamente adequada a Berg. Bastante paradoxalmente a técnica da transição mínima opõe-se à pequena forma. O diferencial necessita do integral; a ópera e a sinfonia podem se constituir a partir do simples som ou da mera tensão, mas isto não ocorre na forma estática de uma "ideia" [Einfall], do tipo daquela que dita a regra ao *Lied*. Berg sabia bem o porquê de não ter mais escrito *Lieder* em sua época de maturidade; seus impulsos para a composição de *Lieder* foram objetivados em formas de grande envergadura, como as da *Suíte lírica* ou da ária *Der Wein*.

Dessa forma, os *Lieder opus* 2 são, antes, um testemunho histórico-estilístico de um caminho da subjetividade que, rompendo e se libertando da ornamentação neorromântica, conduz ao expressionismo em sentido estrito: o último dos *Lieder* – juntamente com "Herzgewächsen", de Schönberg, e com "Ihr tratet zu dem Herde", de Webern – foi publicado no manifesto expressionista radical *Der Blaue Reiter*.

O material corresponde aproximadamente ao da *Sonata*, mas é tratado sempre homofonicamente. O cromatismo, sobretudo nos acordes alterados de dominante de todos os tipos, manifesta-se de maneira ainda mais clara; também o intervalo

Theodor W. Adorno

de sétima maior – e nisto pode estar a relação com Scriabin – é frequentemente introduzido como retardo não resolvido de acordes de nona de dominante. A sensível aparece por toda parte como símbolo [Gleichnis] do orgânico.

No primeiro *Lied*, o *Wozzeck* se anuncia de modo evidente: a ideia composicional para as palavras "jener Wehen, die mich trafen" ["aquelas tristezas que me atingiram"] // esboça a passagem "der Mensch ist ein Abgrund" ["O homem é um abismo"], do *Wozzeck*. Apesar de todo o cromatismo o *Lied* se mostra firmemente consolidado por uma consciência schönberguiana dos graus [Stufenbewußtsein]. A segurança com a qual Berg delineia a cadência final é algo que chama a atenção. No segundo *Lied* pode-se reconhecer um novo meio para elaborar a relação entre as partes: a técnica do cruzamento empregada na relação entre voz e piano. O canto começa com uma melodia plástica, aparentemente acompanhada por simples acordes. Num longo interlúdio o piano assume o "resto" do tema do canto e o desenvolve em estilo imitativo. Com esse desenvolvimento se entrecruza uma nova entrada do canto. Contudo, esta apresenta a voz superior, originalmente oculta, dos acordes de acompanhamento – a qual se torna temática *a posteriori*. O *Lied* inteiro se baseia sobre elaborações de ambos os temas. O terceiro *Lied*, breve, preciso e rico em contrastes, é a peça do gigante; nele pode-se encontrar já algo da violência explosiva que a música madura de Berg possui. Mas contém, ao mesmo tempo, a antítese da violência: o primeiro modelo daquele simbolismo das letras, ao qual Berg se atém de maneira supersticiosa. As palavras "an einer weißen Märchenhand" ["guiado por uma branca mão de fada"] são acompanhadas por uma sucessão das notas lá, si bemol, si natural [em alemão: a, b, h]: como iniciais dos nomes Alban/Berg/Helene.

Berg

A peça mais importante do grupo é a última. Ela não possui mais nenhuma indicação de armadura de clave e se apresenta como a primeira composição "atonal" de Berg. Não apenas se suprime a referência a uma tonalidade principal que assegure a unidade, como também a construção dos acordes completamente dissonantes tende de modo evidente a se distanciar de relações referíveis à tonalidade. Não obstante, as tendências de dominante e de sensível ainda predominam. O traço de radicalismo que caracteriza o *Lied* não provém da harmonia; mas, antes, do caráter de *prosa* com o qual Berg procura desencantar, no último *Lied*, o *pathos* dos precedentes sem sacrificar em nada a sua força de expressão: primeira etapa em direção ao *Wozzeck*. Evidentemente Berg foi influenciado pelo *Erwartung* de Schönberg, do qual o texto guarda traços. A declamação se liberta de todas as relações de simetria, mas não cai no recitativo: a necessidade da expressão concede também ao *melos* assimétrico a sua curva melódica perfeita. Segundo o modelo de *Erwartung*, o *Lied* renuncia essencialmente ao trabalho temático; nenhum // segmento formal é repetido. O impulso [Drang] que nos outros três *Lieder* permaneceu metafórico torna-se sério: a profunda inclinação de Berg ao caótico – origem de todos os artifícios de consolidação formal – ousa revelar-se pela primeira vez. Ela provoca um verdadeiro choque: a passagem em *glissando*, certamente inaudita até então num *Lied*. Neste momento de choque se entrevê num lampejo a vocação musical de Berg: a ópera. O glissando é um gesto operístico. Igualmente operístico é o si bemol grave, um efeito de percussão, ao qual aparentemente se concede demasiado tempo no *Lied*. O modo pelo qual a forma é rompida aqui é exigido pela ópera que, por isso, permanece sempre tão desesperadamente difícil e incerta como forma – pois sua lei formal, para realizar-se, exige a sua própria ruptura. Mais tarde, o instinto formal de Berg para a ópera jamais triunfou em parte alguma de modo mais grandioso do que ali onde o construtor se desembaraça da construção; onde a forma operística reflete sobre si mesma, interrompendo-se de maneira consoladora. É assim no momento em que Wozzeck pergunta as horas. Pode ser que resida aí o segredo da interrupção da série dos *Lieder*. O último deles é talvez a única peça completamente anárquica que Berg escreveu. Mas a sua anarquia é a marca da sua lei.

Sieben frühe Lieder

É o momento de falar dos *Sieben frühe Lieder*, os quais ocupam, na obra de Berg, uma posição marcada por uma certa extraterritorialidade. Eles foram escritos por volta de 1907, ou seja, antes da *Sonata para piano*; mas foram instrumentados e publicados (tanto na versão original como na versão com orquestra) somente em 1928. Eles pertencem a diferentes esferas estilísticas e materiais. Alguns, como o sonhador *Nachtigall*, remetem sem inibições ao alto romantismo de Schumann e Brahms; a *Liebesode* possui já o pesado aroma do *opus* 2; *Nacht* fala o idioma impressionista; *Sommertage*, e mais ainda, a composição sobre o poema de Rilke, *Das war der Tag der weißen Chrysanthemen*, assemelham-se – em seu confronto com a *Sinfonia de câmera* de Schönberg – a estudos preparatórios bastante avançados // para a *Sonata*. Se, por um lado, a compreensão dos *Lieder* assim situados apresenta poucas dificuldades, por outro, é justamente por causa desse lugar que ocupam que parece difícil compreender a sua publicação. Por isso, eles necessitam mais da apologia do que do comentário.

Berg

As objeções são de dois tipos. Primeiramente, pergunta-se o que levou Berg a publicar, em sua maturidade, uma obra que estaria evidentemente aquém do seu verdadeiro "estilo". Pode--se responder a isso observando-se que não é possível aplicar o conceito histórico de estilo, sem mediações, na qualidade de conceito crítico. Aqueles que, adestrados no classicismo e no romantismo, empregam as suas modestas categorias estilísticas como clichês prontos, que lhes permitem uma zelosa classificação, podem triunfar comodamente por sobre as dependências que se manifestam nestes *Lieder*; e também os que se creem dispensados do esforço de apreender o próprio estilo como unidade dialética da tensão entre a força produtiva musical e as suas "relações de produção", a saber, o material dado de antemão. No entanto, aqueles que se submetem a tal esforço são recompensados não apenas pela beleza. Eles irão reconhecer de que maneira, na seção central do "Nachtigall" – para escolher justamente a peça mais escandalosa –, manifesta-se um tom de terna violência, que os meios convencionais não conseguem dissimular, mas que também mal conseguem compreender; eles se darão conta de que na luz turva do "Schiflied" já desponta aquela luminosidade que resplandece como eterno eclipse sobre o campo e as ruas do *Wozzeck*; eles se darão conta da nobreza com a qual o Eu de "Traumgekrönt" anseia por sua felicidade – ainda confiante na realização desta –, antes de submergir no lirismo do sono e da morte como em uma região onde não entra mais "gentil e suavemente" aquela que foi evocada em sonho.

Contudo, a partir de tais premissas, os mais inteligentes podem formular a segunda objeção acusadora: os *Lieder* e o seu material seriam a natureza originária e autêntica de Berg, a qual, submetida ao poder demoníaco de seu mestre, teria sido desviada e falsificada de maneira intelectualista. Se, num primeiro momento, o estilo maduro de Berg deveria contradizer suas obras de juventude, então, num segundo momento, os trabalhos juvenis deveriam tornar suspeitas as obras da maturidade. Mas isto significa calar-se sobre o fato de que o demonismo do mestre estava a serviço da verdade e, portanto, não era demoníaco: o material em si não é substância, e o primeiro não é o originário, assim como certamente não é a natureza primeira. Pelo contrário, o material é antes uma natureza segunda, // que é desafiada pela liberdade. É um elemento dado, um material histórico, no qual a força produtiva intervém seguindo o seu próprio mandamento; portanto, não é a força produtiva, mas o que se opõe a ela e que a produz somente como elemento de resistência.

Contra tal leitura diz-se que, pelo fato daquele material reaparecer continuamente em sua obra, pode-se concluir que se trata aqui do material verdadeiramente berguiano: o fá menor da cena da Bíblia e o ré menor do grande interlúdio no *Wozzeck* seriam exemplos drásticos de uma tendência universal.

Não é preciso contestar o fato de que a publicação tardia dos *Frühe Lieder* possui uma relação com o persistente retorno de elementos do material inicial – por assim dizer, pré-crítico – no estilo maduro de Berg. Mas a instrumentação tardia dos *Lieder*, longe de comprometer a pureza estilística do *Wozzeck*, contribui justamente para preparar a compreensão de seu sentido. Quando se disse que Berg, por meio da construção e com fiel perseverança, teria desvelado a essência subjetivo-romântica como aparência, transformando-a com este desvelamento, não se formulou com isso nenhum *aperçu* estranho ao material, mas, sim, um estado de coisas, que pode ser desenvolvido tecnicamente.

Berg

Pois a fidelidade de Berg à aparência não reside somente no fato de que ele não renegou os *Frühen Lieder*, revelando sem timidez a tímida música do jovem. A fidelidade está, antes, na própria instrumentação. Ela se une aos mais ínfimos aspectos composicionais dos *Lieder*, a fim de torná-los claros e transparentes; é ela mesma que constrói completamente os *Lieder*, e também a sua aparência. Assim, por meio da própria fidelidade, a instrumentação já está em contradição com a essência romântica evocada, à qual ela se mantém fiel. A ideia romântica de instrumentação – pelo menos aquela pós-wagneriana – não era a de realizar a construção de maneira pura, mas, sim, de a ornamentar e dissimular. Berg, no entanto, insiste de maneira tão apaixonada na dedução objetiva do som a partir da composição, que a versão orquestral daqueles *Lieder* românticos pode ser considerada, sem mais, o protótipo do seu novo estilo construtivo de instrumentação, e pode auxiliar em sua compreensão tal como a *Sonata para piano* ajudava a entender seu trabalho motívico.

O princípio central desse trabalho motívico – a saber, o da absoluta continuidade – é, ao mesmo tempo, // também o princípio da instrumentação. Essa instrumentação ambiciona a indiferença recíproca entre música e sonoridade [Klang]; não como sonoridade indiferente – no sentido da rigidez no tratamento dos instrumentos de sopro e dos níveis dinâmicos [Terrassen], característicos dos compositores neoclássicos –, mas como identidade. A sonoridade é incumbida de manifestar toda a diferenciação da música, e essa tarefa é cumprida por meio de uma contínua variação, extremamente dinâmica. Porém, o princípio funcional da transformação contínua é tal, que as sonoridades mudam, como elementos da sonoridade precedente – instrumentos ou grupos empregados anteriormente – são conservados como "resto" e integrados na sonoridade seguinte, a fim de que a nova sonoridade, fruto da variação, se desenvolva imperceptivelmente a partir da precedente. No quinto compasso do primeiro *Lied*, por exemplo, um novo caráter temático tem início na composição, como discreta voz de acompanhamento; a figura em semicolcheias, executada inicialmente pelos primeiros violinos e depois imitada pelas madeiras, conduzindo ao verdadeiro início da atividade [Bewegung], à seção principal em lá maior. O novo caráter temático produz uma transformação da cor da instrumentação inteira. Os acordes em tons inteiros em colcheias, que pertenciam originalmente às madeiras, passam – com uma pequena intensificação na atividade motívica, que conduz à lenta dissolução da obscura rigidez do início – ao som mais quente das trompas; ao mesmo tempo as trompas conservam o legato dos clarinetes, modificando gradualmente, em passos minúsculos, a sonoridade; nesse meio-tempo, a função "resto" e de ligação é assumida pelos mesmos *pizzicati* das cordas, que desde o início tinham dobrado as colcheias das madeiras. Por toda parte a instrumentação segue fielmente o curso da composição.

Desse modo, entretanto, a instrumentação modifica a composição. Isso talvez fique mais evidente no final do primeiro *Lied*. Na versão para piano predomina uma divisão simples em três partes: cada parte final retoma a inicial. A instrumentação, contudo, consegue reinterpretar a repetição à luz dos eventos ocorridos nesse meio-tempo de maneira tão coerente, tal como – no que concerne ao trabalho motívico – a reexposição procedera em relação à exposição da *Sonata para piano*. Assim, talvez para assegurar a reexposição como tal também através da sonoridade, é que ele combina outra vez os instrumentos graves de madeira e os *pizzicati*; mas as cordas, que se libertaram na seção central, não podem simplesmente tornar a desaparecer; o curso do tempo simplesmente não é reversível. Seu som eloquente permanece, mesmo ali onde a música se assemelha inteiramente ao início. // Unificando a repetição e os novos elementos adquiridos, a instrumentação constrói integralmente o decurso temporal que permanecia latente na versão para piano do *Lied*. A repetição estática seria inadequada ao dinamismo da seção central.

Tais modificações construtivas, resultantes das exigências composicionais da música, acabam por abolir [aufheben] o seu próprio "estilo" romântico. Primeiramente com a crítica da sonoridade do "tutti", que na orquestra romântica procura sempre reunir numa simplicidade compacta todas as fraturas harmônico-melódicas, e que relaciona cada detalhe a uma infinitude fictícia – a do horizonte aberto pela perspectiva criada pelo *tutti* das cordas. Berg não admite mais nenhuma ficção desse tipo; os acontecimentos singulares têm a sua sonoridade singular, independentemente de uma totalidade preconcebida; onde resulta uma sonoridade total [totaler Klang], esta é produzida necessariamente por aqueles acontecimentos – e, portanto, pelo desenho musical. Isso significa ainda: dessubstancialização da sonoridade. A necessidade da escritura pianística se transforma na virtude de uma orquestra, por assim dizer, incorpórea, que em parte alguma cria inchaços em torno da música, que em parte alguma é maior ou mais pretensiosa que a música; é somente em virtude da conformidade a fins [Zweckmäßigkeit] que ela adquire clareza e harmonia [Wohllaut], fundida ao corpo da música. A instrumentação é um trabalho da época da *Lulu*; ela alcança a mesma insistência obstinada que – na maestria da última ópera – torna temática a aparência [Schein] mesma como colorido mundo aparente, juntamente com a fidelidade: torna-a objeto da construção.

Contudo, no que concerne à aparência dos *Frühe Lieder*, uma tal construção só se torna possível depois de já ter se realizado em seu material adequado para além de toda a aparência; possível não em uma execução ingênua, mas na *consciência de si* [Selbstbewußtsein] da aparência. É por isso que Berg instrumentou os *Lieder* somente em sua plena maturidade. Ele os superou [aufheben] exatamente no duplo sentido hegeliano: aniquilados e salvos. A imagem enigmática desse ciclo inusitado inclui, como seu conteúdo [Gehalt], um processo histórico. Mas isso não é outra coisa senão o modelo em pequenas dimensões da história de Berg em geral.

391 ## // O primeiro quarteto de cordas

Berg contava que tinha composto o *Quarteto de cordas opus* 3 como um desafio, depois de uma editora ter recusado a *Sonata para piano*. Mas o gesto de imperiosa autoafirmação, com o qual a peça inicia e termina, é um gesto de abertura de caminhos. Com uma tensão abrupta e violenta, este se apodera da maestria plena. Com uma respiração entrecortada, o mestre enuncia o próprio nome. Não há aqui mais nada da timidez do aprendiz, nada da decoração sentimental do *Jugendstil*; no *Quarteto*, a tristeza e a paixão são do homem real, e não meramente a antecipação ornamental dessas emoções. Ao mesmo tempo, os meios técnicos da *Sonata para piano* são agora postos em liberdade no âmbito da grande concepção.

Berg

Dificilmente existe, dentre as obras de Berg, alguma que seja mais original do que esta. Se alguma de suas obras merece uma retratação, seria justamente o *Quarteto* que, ainda hoje, reivindica uma interpretação autêntica capaz de resgatá-lo da sombra à qual o relegou o sucesso da *Suíte lírica*. A superioridade do compositor de quarenta anos, no que diz respeito à sua experiência distanciada e à reflexão, é compensada, na obra composta aos 25 anos, por uma imediatez sem concessões, pela violência elementar e extremamente agressiva da subjetividade intuitiva. O *Quarteto* faz parte das pouquíssimas obras de juventude, em toda a história da música, que possuem essa qualidade. Certamente o *Quarteto* possui, assim como qualquer outro trabalho, as suas premissas histórico-estilísticas. A mais evidente é o *Quarteto em fá♯ menor* de Schönberg: o modelo do tema conclusivo do primeiro movimento (compasso 58), por exemplo, faz ressoar um importante motivo daquele quarteto, e recebe também um tratamento análogo. Mas, no conjunto, as semelhanças são apenas de detalhes. A invenção e a execução pertencem inteiramente a Berg; não se poderia detectar aí nenhum modelo.

Essa invenção é o equivalente espontâneo da compreensão de Berg acerca da correspondência recíproca entre princípio diferencial [Differentialprinzip] e grande forma instrumental. Numa época em que Schönberg e Webern haviam adiado o problema da grande forma instrumental, reduzindo a dimensão temporal ou reservando a sua articulação para a palavra poética, Berg seguiu o impulso da sua força produtiva, a qual ele mesmo compreendia como sendo de natureza arquitetônica, e não perdeu o controle da totalidade extensiva do // elemento musical, mesmo tendo consciência do seu acontecimento único e que não pode ser repetido. Em uma antecipação solitária, o primeiro *Quarteto* testemunha uma vontade que só irá se impor muitos anos depois, na amplitude própria à produção musical mais avançada. Na mesma época, essa vontade ainda estava viva em Reger. Mas Berg se engaja de maneira incomparavelmente mais avançada que este, na medida em que não recebe a grande forma passivamente da tradição, não procura apenas encher os odres velhos com vinho novo, não enriquece de maneira modernista, com cromatismo e enarmonia, os esquemas intactos da sonata, da variação e do rondó. Antes, mostra-se decidido, desde o início, a desenvolvê-los com rigor e originalidade, a partir dos princípios de construção motívico-temáticos elaborados por Schönberg e adaptados na *Sonata para piano*. É uma confirmação, tanto para a coerência da evolução estilística posterior de Schönberg como para a acuidade do jovem Berg, o fato de o *Quarteto* – sobretudo no segundo movimento – cristalizar já com absoluta clareza os procedimentos que, elevados depois à categoria de norma, levam o nome de técnica dodecafônica.

Mas Berg não seria o mestre da mais extrema circunspecção se ele admitisse a tendência à grande forma de outra maneira que não em estreito contato com a situação da problemática formal de então. O *Quarteto* se define como uma peça de caráter genuinamente dialético, pois sua arquitetura resulta da crítica fiel daquilo que até então era obrigatório na música de câmera. Se Reger se apropriou desta como um invólucro seguro, acreditando nela poder introduzir, sem rupturas, suas próprias intenções, Berg, com suas exigências autênticas, realizou o seu impulso explosivo ao mesmo tempo que levou o conflito às últimas consequências. Não há nenhum elemento particular que não receba o seu sentido apenas de sua relação com a totalidade da forma – mas também não há nenhuma forma que não se legitime primeiramente a partir da exigência e do impulso do elemento particular, sem estar abstratamente preordenada à "inspiração" [Einfall]. O final do conflito, contudo, nada mais é que a *liquidação da sonata*. A essência mesma da forma sonata está no *Quarteto*; ela se desintegra sob o ataque da livre força produtiva subjetivo-musical; sua desintegração, porém, libera nela as forças objetivas que permitem a constituição da nova forma sinfônica na atonalidade livre.

// A compreensão do sentido dialético do *Quarteto* conduz ao reconhecimento de sua dificuldade, da qual devemos nos incumbir, se desejarmos enfrentá-la adequadamente. Trata-se de uma dificuldade extraordinária; mas somente ela permite compreender por que o êxito composicional exemplar do *Quarteto* é, ainda hoje, tão pouco honrado pela *praxis* interpretativa. Em primeiro lugar, ela está ligada à desvalorização, realizada pela dialética da forma, do elemento particular em favor do todo. Neste *Quarteto*, ao menos no segundo movimento, não há mais "temas" no antigo sentido de um tema estático. A transição permanente torna mais flexível toda forma sólida, abrindo-a para aquilo que a precede e para o que se segue, mantendo-a num fluxo incessante de variantes, submetendo-a ao primado do todo. Os modelos temáticos se contraem, reduzem-se a unidades motívicas mínimas. Se na *Sonata para piano* os temas eram cindidos em tais unidades motívicas mínimas por meio de um "trabalho"; agora é a própria distinção escolar entre inspiração [Einfall] e trabalho que se desintegra diante da crítica do mestre: ambas convergem. A inspiração torna-se função do todo, o qual, por sua vez, torna-se a quintessência da cisão motívica. Por isso, a tarefa dos ouvintes não é a de perceber os temas e seguir-lhes os destinos, mas, sim, a de participar na execução de um decurso musical, no qual cada compasso, e até mesmo cada nota, está equidistante do centro. Esta é, concretamente, uma dificuldade da própria disposição do material. O intervalo cromático permanece como o princípio material dominante. Ele domina a dimensão melódica da obra, que continuamente se reduz a intervalos de semitom, ou que expande esses intervalos. Sua harmonia, porém, não é mais fundada sobre funções de dominante. Ela é amplamente emancipada e resulta do contraponto e da construção motívica: dessa forma, ela não oferece mais aquela coesão de superfície que a *Sonata para piano* ainda preserva. A unidade das dimensões horizontal e vertical – características da técnica dodecafônica posterior – tem seu início já no *Quarteto*, por meio da igualdade cromática das doze notas. Assim, o ouvido não pode mais nem abandonar-se à linha melódica – cujo acompanhamento deslizaria de maneira familiar e imperceptível –, nem aos seus valores expressivos da harmonia como tais – da maneira pela qual estes se afirmavam anteriormente nos *Lieder*. Em vez disso, caso deseje-se abrir uma trilha em meio à vegetação densa do *Quarteto*, exige-se do ouvinte uma escuta atenta a todos os aspectos. Mas isso vale tanto para o elemento particular como para a sua contraparte **394** dialética, // a saber, o todo formal. É bem verdade que, em ambos os movimentos, conservam-se novamente alguns modelos formais – o da sonata em senso estrito, e do rondó-sonata. Mas o princípio do desenvolvimento os absorveu de maneira tão completa, que a concepção tradicional a respeito da forma não ajuda mais a compreender o processo efetivo. O decisivo não é o que subsiste da forma sonata, mas, sim, aquilo que nela se transforma; no *Quarteto*, não importa tanto saber quando começaria o tema secundário, o tema conclusivo ou a reprise

Berg

do rondó, e, sim, qual propósito único é cumprido por aquele acontecimento único.

Não obstante, o primeiro movimento ainda deixa transparecer claramente o esquema da forma sonata. Ele une esse esquema à ideia do movimento lento, cuja inconsolável melancolia tende à imersão no interior da forma. Essa forma, todavia, é encarada de maneira inteiramente crítica. Consequência do conhecimento adquirido na *Sonata para piano*. Na *Sonata*, o tema de transição era unido ao tema principal de maneira tripartite. Agora, o tema de transição é eliminado: tudo e nada é transição. Todavia, o próprio complexo temático principal se baseia em dois modelos motívicos contrastantes, mas redutíveis um ao outro, e que durante mais de quarenta compassos passam pelos mais variados desenvolvimentos combinatórios. O tema secundário propriamente dito (compasso 48) é precedido por uma brevíssima introdução (compasso 41), a qual recorre ao material motívico do complexo temático principal – ou, se quisermos, assume o legado do tema de transição –, mas ao mesmo tempo (cf. compasso 52 e segs.) age no interior do próprio tema secundário, uniformizando, assim, os dois grupos temáticos. O tema conclusivo (compasso 58) inicia com claro relevo, mas desaparece imediatamente no tecido musical. É no desenvolvimento que se percebe de maneira mais clara a tendência à liquidação da forma sonata (compassos 81-104). Se no *opus* 1 o caráter de desenvolvimento total tinha obrigado a uma simplificação da seção de desenvolvimento propriamente dita, aqui ele exige a sua redução: entre uma exposição e uma reexposição de oitenta compassos cada, são concedidos apenas vinte compassos ao desenvolvimento. O núcleo da *Sonata* se contrai, enquanto a sua força propulsiva penetra até as mais longínquas ramificações. É assim que o esquema supera [aufheben] a si mesmo: posteriormente, o primeiro movimento da *Suíte lírica* será uma sonata sem desenvolvimento. O desenvolvimento do primeiro movimento do *Quarteto* utiliza como modelo somente o motivo conclusivo da exposição e um motivo do tema secundário, deixando cuidadosamente de lado o material do tema principal; // ele forma, por assim dizer, apenas uma coda para o segundo complexo temático. O desenvolvimento do primeiro [complexo temático] é transferido para a reexposição insistentemente variada.

A peça tem início com um plástico motivo principal formado por uma sextina de fusas [Exemplo 5], cujo resto [5 a], o intervalo de semitom, é mantido e variado por uma expansão cromática; no quarto compasso há uma resposta imitativa executada pela viola.

Exemplo 5

O primeiro violino executa, então, um consequente de três compassos [Exemplo 6] que usa o intervalo de terça maior assim obtido, antecipando, ao mesmo tempo, os motivos principais do segundo grupo temático; de maneira geral, a técnica do "resto" se associa, no *Quarteto*, à técnica da antecipação.

Exemplo 6

No décimo compasso tem início, em um tempo um pouco mais veloz, a ideia contrastante [Exemplo 7], logo contraponteada com o motivo inicial [5] pelo violoncelo. O seu ritmo deriva do consequente [6], mas o seu núcleo melódico [7 b] é obtido de um modo que merece toda atenção, como rudimento da técnica serial.

Exemplo 7

A nota acentuada *si* do motivo inicial [5] // forma, juntamente com as primeiras duas notas da parte de acompanhamento da viola, a série si-lá bemol-sol [cf. Exemplo 5, NB]. Porém, a transposição do retrógrado dessa série constitui o motivo [7 b]: mi-fá-lá bemol. A dimensão vertical é assim desdobrada [horizontalmente]. A totalidade do expansivo primeiro grupo temático, a partir do compasso 14, é deduzida a partir do material fundamental assim exposto; a expansão dos intervalos do final do exemplo [5] e a inversão do núcleo motívico [7 b] desempenham aqui um papel relevante. Intensificação até chegar a uma explosão no compasso 28; o motivo inicial [5] no registro agudo do violino, acompanhado por [7 b], numa diminuição em tercinas de semicolcheias. Triplo forte, imitação do motivo inicial por parte de todos os instrumentos. Diminuendo com a expansão intervalar do Exemplo [5]; consequente [6], com caráter de coda, ao violoncelo (compasso 36 e segs). Emudecimento total.

Introdução ao segundo grupo temático: primeiramente um acompanhamento em marcha lenta e depois um motivo ao violino (compasso 43), que parece uma rotação axial de [7 b], mas que, na verdade, antecipa o motivo [8 d]. Recitativo do violoncelo (compasso 45), citando o consequente [6], mas que pertence igualmente ao tema secundário [cf. Exemplo 8 f]. O tema secundário começa "a tempo" e une quatro elementos contrastantes [8].

Exemplo 8

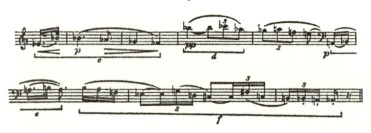

O motivo inicial [8 c] é estreitamente aparentado com o final de [6]; [8d] é uma variante de [8c]; o único elemento inteiramente "novo" do conjunto é o conciso segmento [8e]. Também ele é então desenvolvido, mas logo depois de quatro compassos aparece o "modelo" do grupo de conclusão (compassos 58--61), numa escrita puramente atonal. Renuncia-se a elaborá--lo; ele permanece, num primeiro momento, como uma simples interpolação no interior do tema secundário. Os motivos do exemplo [8] são imediatamente retomados e calmamente desenvolvidos com o auxílio das técnicas de combinação e de inversão. // É somente por volta do final dessa seção (a partir do compasso 77) que um grupo de fusas do acompanhamento do tema secundário – e originariamente aparentado com [8 c] – se transforma no modelo de conclusão.

É esse motivo que abre o desenvolvimento (compasso 81) sobre acordes de harmônicos. A viola prossegue, em estilo recitativo, colocando em relação o modelo da seção conclusiva e o motivo [8f]. Seis compassos de elaborado tratamento polifônico

Berg

do modelo de conclusão e da sua inversão. A partir do compasso 90, simplificação: entrada do motivo [8e] do tema secundário, conectado ao material precedente por meio do ritmo pontuado. Depois de cinco compassos, retomada do modelo de conclusão, agora combinado com [8e]. A voz principal apresenta em quádruplo *f*, como acompanhamento ao modelo de conclusão, um motivo aparentado a [8f] e ao consequente [6]. Sem nenhuma ruptura, reconduz-se ao início, e aqui o intervalo de quarta do grupo conclusivo em fusas é posto em relação com as quartas descendentes do violoncelo no acompanhamento do tema inicial [5].

Em rigorosa economia, a reexposição (compasso 105) se atém ao material motívico apresentado, mas varia a sua disposição a tal ponto, que se evita toda repetição do irrepetível – com isso, porém, elimina-se a tripartição esquemática da forma sonata. O motivo inicial permanece firmemente sobre o *si* acentuado. Num primeiro momento, renuncia-se à expansão intervalar. Em vez disso, a partir do ritmo de acompanhamento do início, constrói-se um novo desenho com caráter de marcha (a partir do compasso 108), e o consequente [6] (ou seja, o recitativo de introdução ao tema secundário) é exposto de maneira mais detalhada. Somente na conclusão dessa passagem é que se recorda a expansão intervalar. Ao compasso 119 – correspondentemente ao compasso 10 – conecta-se a ideia contrastante [7 b] do grupo temático principal. A partir de sua inversão forma-se (compasso 126 e segs.) uma espécie de segunda estrofe, com um contínuo contraponto do tema inicial [5]. Essa estrofe assume claramente um caráter de transição; por volta de seu final, ela desenvolve imitativamente a ideia da ampliação motívica de [5] e, sem cesura e sem introdução, liga-se ao grupo principal do tema secundário. A reexposição deste

Theodor W. Adorno

(a partir do compasso 138) modifica completamente o esquema. Ela se limita – deixando de lado os elementos iniciais – aos motivos [8e] e [8f], mas expande a repetição destes // para um segundo desenvolvimento no qual as cordas se entrelaçam de maneira riquíssima; primeiramente em cânone, depois usando [8e] e [8f] em tercinas de semicolcheias como sistema de acompanhamento para a sua própria figura de base. A passagem se extingue, a partir do compasso 149, apresentando como voz principal aquilo que originariamente era o contraponto a [8c].

Somente depois disso há uma cesura propriamente dita. A última parte, que inicia no compasso 153, só poderia ser compreendida com as categorias da forma sonata a partir de um ponto de vista exterior. Segundo a "letra" da forma sonata, essa última parte recupera a reexposição dos temas que haviam sido deixados de lado até este momento – sobretudo [8c] e o modelo da conclusão; seu sentido formal, todavia, é o de uma grande coda. Esta é subordinada ao primado do primeiro tema. O sistema de acompanhamento desse primeiro tema inicia novamente como uma marcha; seguem-se o motivo inicial [5] e o consequente [6] (compasso 157). Retomada da reexposição: no compasso 159, o modelo da conclusão reaparece como interpolação (em correspondência ao que acontecia no compasso 58), seguido pela repetição de [8c]. O clima de cansaço da coda faz com que a música, por meio de sensíveis com função harmônica, deslize para baixo em direção à conclusão do movimento. O motivo [8c] desemboca numa aumentação do motivo inicial [5] (a partir do compasso 169); este último é depois desvelado em sua figuração originária, com a sextina de fusas. A partir do compasso 177 o modelo de conclusão forma um grupo de conclusão bastante reconhecível, mas logo depois de três compassos (compasso 180), o motivo inicial [5], em aumentação e em contraponto com [7 b], passa ao primeiro plano. Divisão em restos até o fim, constituído pelo motivo inicial [5] sobre as harmonias do acompanhamento originário.

O segundo movimento, um *allegro* de caráter sinfônico – não obstante os diversos apartes lentos –, procede de tal maneira com relação à forma de rondó, que o tema principal – extremamente curto –, embora seja repetido ao modo de um refrão entre as diferentes partes, é variado de forma tão profunda, que mal se mostra como um "tema", funcionando apenas como material bruto, como em uma série: o rondó se transforma numa prosa livre. As relações temáticas tornam-se complicadas pelo fato de os temas remeterem aos do primeiro movimento; este é citado ocasionalmente, mas, de maneira geral, as figuras são sempre variantes e derivações de seus temas.

Grosso modo, poder-se-ia traçar o seguinte esquema: primeiro complexo temático até o compasso 47; primeira reprise do rondó, a partir do compasso 48; grupo similar ao tema secundário e transição, compassos 54-71; desenvolvimento com repetidas entradas do rondó, a partir do compasso 72; // reprise, compasso 151. Uma observação – como sempre, fugaz – do próprio decurso musical poderá dar resultados mais fecundos.

Áspera e impetuosa entrada do tema principal [Exemplo 9]: explosão manifesta do Berg expressionista.

Exemplo 9

O tema se fixa obstinadamente ao motivo [9h], uma reminiscência da expansão intervalar do primeiro movimento. A isto, junta-se o *tremolo sul ponticello* do segundo violino, o contraponto [9i]: antecipação de uma ideia manifestamente contrastante [Exemplo 10], que se segue imediatamente e que é continuada por [9h] e depois (no compasso 8) pelo retrógrado de sua própria conclusão. Efeito constante da tendência ao *stentato* de [9h], que se comunica ao movimento inteiro.

Exemplo 10

No compasso 10, primeira variante do tema principal [9h] na viola: aumentada e com o ritmo modificado. Ela é desenvolvida e reduzida por meio de uma nova variante das três notas finais de [9g]. Esta variante prepara a diminuição da ideia contrastante [10] (compasso 22), cuja pregnância é sacrificada em favor do fluxo musical; junta-se a ela (compasso 25) uma variante que introduz o ritmo do motivo inicial [5], proveniente do primeiro movimento [Exemplo 11].

Exemplo 11

Elaboração de [10], num espírito quase serial. A música precipita-se num *presto*, e depois se suspende sobre acordes // que dominam o movimento no papel de harmonias condutoras [Exemplo 12].

Exemplo 12

Segue-se uma espécie de seção de transição, formada a partir de uma nova variante de [10] (*grazioso*, compasso 39) e a partir de [11]. No compasso 48, entrada – em diminuição – do tema do Rondó [9g]; elaboração de um de seus elementos motívicos. Alusão a um tema secundário, a partir do compasso 55, propositalmente menos plástico do que os temas principais, e aparentado tanto ao motivo [9] quanto aos motivos [8c] e [8d] do primeiro tema secundário. Nova entrada do rondó (violoncelo, compasso 60 e segs.), transição por meio da ideia do *stentato*.

A partir do compasso 72, uma seção de desenvolvimento – mais longa e bastante estruturada. Primeiramente sobre um modelo retirado do tema secundário ([Exemplo 13]; aparentado com [8c]).

Exemplo 13

Acrescenta-se a seguir a variante *grazioso* de [10] (do compasso 39), que desaparece sob uma parte de acompanhamento bastante imitativa (a partir do compasso 80); a ideia do *stentato* permanece constantemente presente. Nova entrada do rondó

[9 g] (compasso 88), *presto unisono*, com o ritmo completamente modificado, e iniciada pelos acordes condutores [12] (compasso 91). O intervalo de segunda menor destes é longamente reutilizado; repetição estrófica da entrada do compasso 88 do rondó (compasso 103), mas agora [9g] sob forma de *stretto* e relacionado a [10]. A partir de (119), um episódio calmo, formalmente autônomo; seu modelo (no segundo violino) é uma combinação do segmento conclusivo de [11] com um motivo do primeiro complexo temático (compasso 13 e segs.). // A partir do compasso 133, inversão do modelo do episódio. Retorno por meio da utilização de [9g] e da inversão da variante *grazioso* de [10]; o efeito de *stentato* alcança aqui o seu ponto máximo.

O tema principal [9g], executado pelo violino no mesmo registro do início, assinala (compasso 151) a entrada da reexposição. Esta é tratada de modo extremamente livre, tal como prosa. As ideias contrastantes [9] e [10] separam-se claramente uma da outra. Em [9] é introduzido o tema principal do primeiro movimento (compasso 168), que se dissolve, até ficar sem contorno, nas suas harmonias de acompanhamento. Estas se transformam imperceptivelmente nas harmonias condutoras [12], e formam – sempre lembrando do primeiro movimento – um sistema de acompanhamento para [10] (compasso 181). Novamente uma transição a partir de [11] e da variante *grazioso* de [10]. O tema secundário (compasso 200), que na exposição foi cuidadosamente mantido em segundo plano, emerge agora e – crítica da forma sonata! – produz um efeito novo; todavia, ele (a partir do compasso 209) logo é reconduzido a [10] e depois à coda. Precipita-se sobre o motivo [12], depois suspensão. O final comporta-se de maneira dramática: no compasso 223, última entrada do rondó [9g], dirigindo-se novamente ao motivo inicial [5] do primeiro movimento. A relação entre [9h] e a expansão intervalar de [5] é revelada, e o *stentato* é intensificado até adquirir uma vastidão orquestral. Como conclusão, um altivo gesto de êxtase.

Altenberglieder

No livro sobre Berg publicado em 1937, foi Ernst Krenek que tratou dos cinco *Lieder com orquestra*, *opus* 4, compostos em 1912 sobre textos de cartões-postais de Peter Altenberg. Seu artigo é, ainda hoje, absolutamente digno de ser lido, seja por causa de sua experiência com essas composições, e que ele exprime espontaneamente, seja devido a certas modificações tornadas necessárias em virtude das recentes execuções dos *Lieder* redescobertos nesse meio-tempo. Se procurarmos uma prova irrecusável para a tese segundo a qual a música se transforma intrinsecamente no decurso do tempo, podemos encontrar uma tal prova no *opus* 4. Não se diminui em nada a genialidade desta ao constatarmos // que o choque, que provocou escândalo na estreia – e que até mesmo Krenek colocou em relevo –, dissipou-se nos anos transcorridos após a morte de Berg; aliás, como aconteceu com as composições de juventude do próprio Krenek. Todavia, confirmou-se aquela "coloração clássica", para a qual Krenek – como uma verdadeira autoridade no assunto – igualmente chamou a atenção. Em uma execução da *Hessischer Rundfunk*, em maio de 1967, na qual, sob a regência de Michael Gielen, Heather Harper os interpretou em meio a um programa dedicado a compositores mais recentes, estes *Lieder* provocaram um efeito tão convincente quanto aquele que as peças de Webern possuem ao lado de composições posteriores a 1945.

Theodor W. Adorno

Seguramente isso se deve, em primeiro lugar, à sonoridade. É quase inacreditável que em sua primeira obra orquestral – ou seja, desprovido de tudo aquilo que, segundo um cumprimento fatídico, leva o nome de rotina – um compositor tenha alcançado tamanha perfeição e equilíbrio do fenômeno sensível; as extravagâncias então consideradas notórias estavam, já naquela época, integradas sem esforço à sua imagem. A observação de Krenek acerca da "destruição dos limites estabelecidos do domínio sonoro" – por meio de *glissandi* nos harmônicos nos instrumentos de cordas, assim como nos trombones, e também por meio da técnica (mais tarde utilizada por Bartók) do abaixamento da afinação dos tímpanos durante um rulo – inspirou, mais tarde, a descrição de algumas particularidades do estilo de Leverkühn no "Doktor Faustus". É surpreendente o quanto tudo isso hoje se integra ao todo, o quão pouco isso se sobressai. A verdade da frase de Cocteau, para quem um artista deveria saber até onde ele pode exagerar, é comprovada pela orquestra gigantesca destas miniaturas. O mérito é, em primeiro lugar, da extraordinária precisão da imaginação instrumental de Berg. Não há na partitura nenhuma combinação de sonoridades, por mais audaciosa, que não tenha passado pelo crivo de seu ouvido interior; em parte alguma a experimentação alcança o ponto em que o som escapa ao controle composicional. Se a produção atual muitas vezes rejeita este procedimento, a razão não está sempre na superioridade que ela possuiria [em relação a este controle]; mas, sim, porque a capacidade técnica [dos compositores] frequentemente está ainda aquém das exigências requeridas por um tal controle: afrouxá-lo somente seria legítimo onde ele já estivesse presente e pudesse ser percebido como tendo sido negado.

Berg

Os *Lieder* utilizam, além disso, um procedimento que poderia ser denominado como técnica da preparação. Tal como nas regras do contraponto estrito do século XVI, onde as dissonâncias // somente eram admitidas sob condições rigorosas – sendo que todas elas tinham a motivação de seu emprego referidas ao primado do acorde perfeito, nesta fase [da produção] de Berg o mesmo ocorre com as dissonâncias da sonoridade e, de maneira análoga e em até um certo grau, com as dissonâncias harmônicas. Na verdade, já naquela época ele não se intimidava diante de nenhuma combinação excessiva – mas cada uma delas tinha o seu motivo. Nada é simplesmente posto, tudo tem uma causa, como se o momento no qual um fenômeno estético entra em cena – na qualidade de momento crítico da estilização estética em geral – oferecesse dificuldades insuperáveis. Somente uma prudência que equivalha ao excesso pode estar à sua altura. A prosa de Proust conheceu a mesma dificuldade; atualmente, esta última aumentou a ponto de tornar problemática a disponibilização de todo produto estético, fictício por natureza. Nos *Altenberglieder* a prudência de Berg transpõe, também para a dimensão sonora, a primazia do devir sobre o ser. As cores não são pinceladas sobre a tela como elementos dados, mas, sim, desenvolvidas; elas só se fundamentam por meio do processo pelo qual se configuram. Assim, a última parte do primeiro *Lied* é definida por um acorde estático do harmônio – mi-si-fá – o qual já no primeiro compasso encontrava-se oculto no piano, movendo-se cromaticamente em seguida. Poderíamos encontrar exemplos desse procedimento em algumas peças de Schönberg, mais ou menos da mesma época. Mas o acorde se introduz de maneira imperceptível na terceira parte, sob um fortíssimo do *tutti*, e somente por subtração chega ao primeiro plano, por meio da desaparição de todos os outros acontecimentos articulados. Assim, ele adquire uma qualidade de algo presente já há bastante tempo. A mais delicada precaução é, nos *Altenberglieder*, o equivalente da audácia.

Para fazer justiça a Berg, seria preciso pensar o equilíbrio dos *Lieder* em conexão com a forma do ciclo inteiro; o compositor micrológico concedeu o máximo valor à macroestrutura. A construção do todo, tal como em uma estrutura análoga à forma sonata, deve sua coesão a dois movimentos mais amplos – e sobretudo: dinamicamente desenvolvidos – no início e no fim [do ciclo]; algo similar pode ser encontrado no jovem Webern. Aliás, sob diversos aspectos, os *Altenberglieder* estão entre as obras de Berg que mais se aproximam do procedimento weberniano.

A primeira peça obedece de modo rudimentar a uma lei que Berg // seguirá depois com bastante frequência: as composições são constantemente conduzidas do amorfo ao articulado, ao mesmo tempo que ocorre uma intensificação dinâmica. Depois disso, e às vezes com ações de destruição, elas são novamente conduzidas ao indeterminado. Esse modo de proceder contém teleologicamente em si, antes mesmo de qualquer construção serial, a ideia da retrogradação, mesmo não sendo possível considerar a terceira parte daquele *Lied* uma reexposição retrógrada propriamente dita. O último *Lied* é uma *Passacaglia* e, assim como "Nacht" do *Pierrot lunaire*, apresenta-se explicitamente como tal. A forma rigorosa, escolhida livremente por Schönberg e Berg, predispõe – no que concerne à técnica compositiva e à feitura do conjunto – a uma configuração mais fechada, menos dispersa; mas também mais familiar. Daí aquela força conclusiva, à qual aspira continuamente a Nova Música, que é, por princípio, aberta. Se, por um lado, o problema da conclusão da música dificilmente pode ser inteiramente superado, por outro, ele jamais pode ser negligenciado. O preço que a *Passacaglia* deve pagar é uma sutil diferença de estilo com respeito aos demais *Lieder*, de modo quase análogo à relação que se estabelece entre o último *Lied* do *opus* 3 de Webern e os precedentes. As três peças intermediárias são muito mais curtas que o primeiro e o último *Lied*.

Depois de trinta anos não predomina mais a impressão, acentuada por Krenek, de "confusão" na longa introdução instrumental do primeiro *Lied* — como se a sua extensão quisesse justificar a extraordinária ostentação de meios orquestrais. Ela se revela magistralmente controlada por complexos de *ostinati* que se expandem pouco a pouco, mas que resistem, que diferem metricamente na vertical e que não coincidem com a subdivisão dos compassos. A partir do nono compasso delineiam-se expressivos esboços melódicos. Bastante acentuada é a semelhança entre a ideia do desenho sonoro e a ideia do início do prelúdio [da ópera] *Die Gezeichneten,* de Schreker; porém, no que concerne ao uso das dissonâncias, a peça de Berg — provavelmente escrita bem antes — vai muito além de Schreker com seus acordes obscurecidos pela politonalidade. Todavia, raramente uma certa afinidade entre ambos é tão concreta como aqui.[7] Justamente por isso as diferenças são tanto mais relevantes. Trata-se, em ambos os casos, de misturas de sonoridades.

---

7 Também não faltam interligações estruturais com Schreker. Nas grandes passagens em dueto de Alwa e Lulu, alguns complexos motívicos retornam, quase insaciavelmente, ao idêntico no interior do não idêntico; o mesmo acontece na cena do ateliê em *Die Gezeichneten.*

405 // Em sua totalidade iridescente, a mistura de sonoridades de Schreker virtualmente elimina as cores singulares; estas são perceptíveis somente como reflexos momentâneos no interior de uma sonoridade homogênea. A mistura sonora de Berg, pelo contrário, influenciada pelo modelo de "Farben" do *opus* 16 de Schönberg, tem sua essência no fato de que as cores postas simultaneamente, uma ao lado da outra, fundem-se igualmente em um todo, mantendo-se, entretanto, ao mesmo tempo, não homogêneas, autônomas: mistura de sonoridades sem mistura. Sem dúvida, seria mais do que mera analogia com algumas fases da pintura qualificar o procedimento de Schreker como tardo--impressionista, e o procedimento berguiano como ligado ao primeiro expressionismo. A introdução ao primeiro dos *Altenberglieder* está marcada pela experiência camerística de maneira muito mais profunda do que a concepção de Schreker, na qual, segundo afirmação do próprio compositor, a orquestra deveria parecer um único instrumento. Contudo, a tendência disso-ciativa, determinante para o método e para a técnica composi-cional de Berg, mostra-se até mesmo na instrumentação – pelo menos nos seus primeiros trabalhos. A sonoridade, tal como a configuração temático-motívica, aspira a retornar aos seus pró-prios elementos. A desorganização planejada transforma-se em organização; tal intenção precisa transformar aqueles dezoito compassos instrumentais em algo diverso do aspecto caótico, que eles pareciam dar à primeira vista.

Digna de especial atenção, à luz dos acontecimentos musi-cais posteriores a 1945, é a entrada da voz. Sua primeira nota é produzida com os lábios ligeiramente fechados, a segunda nota, com a boca semiaberta, "começando e terminando como um so-pro" [wie ein Hauch]; somente a terceira nota, que acompanha a primeira palavra do texto, é cantada da maneira usual: é uma série rudimentar de timbres, articulada em três momentos, e que antecipa a posterior inclusão do parâmetro do timbre no procedimento serial. A série de timbres [Farbenreihe] é motivada pelo princípio do diferencial. Uma vez que Berg parece ter uma espécie de pudor em permitir que a voz se eleve – como se não fosse permitido ao canto tornar-se audível com tão pouco esforço –, ele tem que primeiramente trazê-lo de uma região quase pré-musical. Mas, novamente, isso não pode ocorrer de modo violento; pelo contrário, uma continuidade involuntária com o artificial deve ser mantida. Dentre as linhas que irão depois convergir no procedimento dodecafônico e no procedimento serial, esta é específica a Berg; já no início das *Peças para orquestra opus* 6 ele a emprega enfaticamente como meio artístico.

406 // O seu modo de compor adota a seguinte regra: *musica non facit saltus*; isso dá origem, em todas as dimensões, a sucessões de eventos singulares que encadeiam uns aos outros. Se deixarmos de lado, por um momento, o princípio infinitesimal, então resulta, quase que por si só, algo de similar às séries. Esse mesmo fenômeno acerca do manejo dos timbres [Klangfarben] foi notado também por Kolisch, em sua análise da técnica de cordas de Berg, no "allegro misterioso" da *Suíte lírica*.

Os três *Lieder* intermediários, da mesma maneira, relacionam-se arquitetonicamente entre si. Com exceção da fermata sobre um acorde no centro da peça, o brevíssimo "Siehst du nach dem Gewitterregen" [Vê após a tormenta] pode prescindir de subdivisões drásticas; não obstante, no compasso 8, um motivo do segundo compasso é retomado pela voz e imitado pelos violoncelos, produzindo assim um rudimentar efeito de reexposição. Da mesma forma, também a nota fá de conclusão dos contrabaixos solo recorda o fá com o qual tem início o acompanhamento instrumental no segundo compasso. A estrutura geral do *Lied* é a da formação de um nó, tal como a técnica weberniana daqueles mesmos anos. No quinto compasso, com um melisma similar a uma *coloratura*, a voz se afasta do preceito wagneriano da declamação natural; somente o *Marteau sans maître* de Boulez tornou a propor algo de similar.

O senso formal de Berg responde a esse *Lied* na peça seguinte, a terceira, com uma estrutura mais sólida, concentrada num espaço mínimo. Os complexos de doze notas no início e no fim tornaram-se célebres. No âmbito instrumental, o sistema de acompanhamento da brevíssima seção central se constitui a partir de um resto: a sexta em uma melodia do oboé. A decomposição quase melódica da harmonia inicial de doze notas, já no final da peça, visa um elemento essencial da técnica dodecafônica: a identidade entre o vertical e o horizontal. Do ponto de vista da técnica dodecafônica consolidada, trata-se de um modo de proceder bastante simples – assim como a feitura dos *Lieder* em geral tende a uma simplicidade, a qual contrasta com a instrumentação como acontecimento principal. No entanto, não se deveria precipitadamente explicar que o terceiro *Lied* apresentaria uma prefiguração precoce da composição dodecafônica. Mesmo mais tarde, ao escrever dodecafonicamente com plena coerência, Berg não se interessou particularmente pelo refinamento imanente do procedimento serial. // Ocasionalmente, como, por exemplo, na *Suíte lírica*, acusaram-no de primitivismo dodecafônico. Injustamente. Pois a intenção de Berg – especialmente sua intenção como dramaturgo – tendia a organizar o material bruto com a técnica dodecafônica; isto, porém, de modo a mantê-lo tão livre que se adaptasse plenamente à necessidade de expressão e de nuance subjetiva. Isso dificilmente seria tolerado por uma configuração dodecafônica radical, com a preponderância weberniana do procedimento serial, ou, sobretudo, pela tentativa de derivar relações e formas a partir da própria série. A tolerância de Berg na dimensão da série abre espaço para a extrema diferenciação em todas as outras dimensões. Esta é, provavelmente, a verdadeira divergência técnica entre ele e os dois outros mestres vienenses, em sua época de sua maturidade. Ao dedicar sua atenção aos problemas da estrutura serial, Berg visava mais à flexibilidade dessa estrutura – em benefício da intenção composicional – do que à adequação de seus propósitos de acordo com a estrutura da série.

O quarto *Lied* é, novamente, construído de maneira menos rígida, mais solta, mais improvisatória; no entanto, é como se ele recordasse a estrutura definida do terceiro, em contraposição ao caráter aforístico do segundo: exemplo clássico do estilo de Berg, que aproveita elementos mínimos, extremamente densos e elaborados cromaticamente entre si. Este *Lied* tende para engenhosas conduções em oitavas e em uníssono obscurecidas. Essa técnica é originalmente tomada de empréstimo à música asiática; pode ser que Berg a tenha conhecido a partir dos *Hängende Gärten* de Schönberg, o qual, por sua vez, deve tê-la derivado a partir das *chinoiseries* do *Lied von der Erde*. No quarto *Lied*, a coesão é obtida, de maneira extraordinariamente sutil, a partir da forma dos arcos melódicos. Na primeira parte, até o *ritardando* do décimo quinto compasso, as curvas possuem uma tendência ascendente, mas depois elas tomam a direção descendente – de maneira bastante clara no fim, na parte vocal. O efeito disso é uma espécie de inversão do todo, e isto, certamente, não porque os motivos se apresentem efetivamente invertidos, mas, sim, por meio da estrutura global – um protótipo dos grandes movimentos que Berg escreveria posteriormente, como o *adagio* do *Concerto de câmera*. A tendência do *Lied* para a autoanulação é preparada já na primeira parte. Enquanto as frases ainda prosseguem em direção ascendente, alcança-se, no nono compasso, uma sonoridade *ostinato* que permanece até o momento da reviravolta no *Lied*, de modo que desde cedo // não acontece propriamente mais nada no plano harmônico; o prosseguimento é suspenso. Esse efeito possui consequências na segunda parte, onde as últimas notas da flauta se referem explicitamente ao início; o efeito é continuamente variado. Numa estrutura similar teria sido impossível suspender o fluxo harmônico sem afetar o decurso posterior da peça. Do vigésimo segundo compasso em diante, há novamente uma sonoridade sustentada ou, melhor dizendo, um acorde condutor – tal como Schönberg utilizou ocasionalmente, no período da atonalidade livre, a fim de obter uma síntese entre harmonia e construção formal. No conjunto, os *Lieder* intermediários poderiam ser considerados como um *Intermezzo* articulado em três partes que, partindo da pura improvisação e passando pelo máximo rigor, conduz a uma estrutura que, alusivamente, unifica os dois tipos de composição.

A *Passacaglia*, na qual a crítica à linguagem tradicional se atenua, faz referência à tonalidade de maneira mais manifesta do que os outros *Lieder*, como se o elemento especificamente expressivo, que aqui predomina sobre qualquer outro, tivesse ainda necessidade do recurso ao vocabulário tonal. Formam-se assim compassos, por volta do número 8, que, pela configuração e pelo som, abrem a perspectiva para a música de Alwa – o primeiro movimento da *Lulusymphonie*.

Berg

Peças para clarinete

Dentre as composições publicadas por Berg, as quatro *Peças para clarinete e piano opus* 5 são as primeiras que trazem uma dedicatória a Arnold Schönberg. Se as obras precedentes são devedoras ao ensinamento deste último, como documentos da "escola"; agora, depois de ter se afirmado impetuosamente, o mestre reconhece sua amizade, com grata liberdade. Solidário, ele segue Schönberg naquela esfera avançada do "momento musical" coerentemente expressionista, que foi constituída pelas *Seis pequenas peças para piano*, e na qual se estabeleceram os dois ciclos para quarteto de cordas de Webern, assim como as suas peças para violino e piano, para violoncelo e piano e as peças para orquestra *opus* 10. De tudo o que Berg escreveu, as peças para clarinete // são as que se comportam de modo mais schönberguiano; por isso, elas se esforçam também por alcançar um ideal de pureza estilística que, de outra forma, Berg tenderia antes a suspender suavemente, em vez de reforçá-lo. Elas são rigorosamente "atonais"; não há aqui nenhum daqueles complexos tonais habitualmente incorporados por Berg. Um acorde fragmentado em primeira inversão, uma tríade aumentada ou uma escala de tons inteiros — estes são os únicos elementos que remetem ao passado, e nada mais.

Todavia, é justamente nessa tensão perante seu modelo que a especificidade de Berg torna-se evidente. Mesmo sabendo que a pequena forma não lhe era adequada, Berg agiu conscientemente de maneira ardilosa em relação a si próprio, de modo a permanecer senhor de si, mesmo na forte esfera de influência do *opus* 19 de Schönberg. Com imperturbável segurança, ele escolhe a única possibilidade para a pequena forma que lhe

Theodor W. Adorno

está aberta: ele transforma em seu tema justamente o princípio técnico que ela veda.

Certamente, a "transição mínima" é um meio [que instaura] dinamismo. Ela transforma as substâncias musicais em funções; transforma todo ente posto em uma continuidade do devir. Mas a coerência de tal transformação conduz a música de Berg ao antigo paradoxo eleático, o qual não se resolve para ela de maneira tão convincente como na lógica – uma vez que tal música, propriamente falando, lida de forma contínua com o infinitamente pequeno, e apenas de maneira figurada com o infinitamente grande. Em cada um de seus momentos, a música – transformada de maneira imperceptível – parece idêntica a si mesma: não permanece, portanto, imóvel? O dinamismo, privado de todo material sobre o qual poderia afirmar-se como tal, não se transforma em estatismo? Essa questão é colocada mais tarde, em grande escala, no *Wozzeck*, onde a ação mais movimentada cessa num instante de tirar o fôlego, onde o tempo é imobilizado no espaço, obedecendo seriamente às palavras parodísticas do Capitão, aterrorizado pela eternidade como contradição entre duração infinita e simples instante; até que, com a tomada de consciência de Wozzeck, o tempo irrompe e se torna senhor do círculo enfeitiçado de seu medo.

É a partir dessa inversão [Umschlag] do dinamismo em estatismo, desse tempo que se detém, que as peças para clarinete são produzidas. Cada uma delas dura apenas um instante, tal como o *opus* 19 de Schönberg ou o *opus* 11 de Webern; mas esse instante – que não conhece nem desenvolvimento, nem tempo – é, todavia, desdobrado no tempo. // O princípio diferencial é manejado de maneira tão radical que, por assim dizer, revoga o tempo no qual age – tempo este que, medido de maneira absoluta, é mais amplo do que aquele das peças correspondentes de Schönberg e Webern – e o faz aparecer como instante. Ao passo que Webern, de maneira exatamente inversa, como bem observou Schönberg, condensa um romance em um suspiro.

A virada de Berg torna-se possível somente por meio da universalidade da transição mínima. Na *Sonata*, e em parte também no *Quarteto*, a transição mínima operava ainda entre os temas e seu caráter dinâmico era devido essencialmente ao desenvolvimento – como "resultado" – de um tema a partir do outro. O paradoxal estatismo das *Peças para clarinete* não conhece mais nenhum "tema"; exagerando, poder-se-ia dizer que essas peças são uma música feita a partir do nada. Se Berg liquida a *Sonata* expandindo a técnica do desenvolvimento à estrutura musical toda, aqui é o próprio "material" que cai como vítima da tendência liquidante; se tudo é elaboração, então todo material exposto autonomamente perde seu sentido. Todavia, é somente na resistência de um material justificado em si mesmo que o tempo musical se constitui; se ele flui sem contradições, falta-lhe referência mensurável e, separado do tempo, ele se detém.

Isto posto, pode-se então compreender as peças. Formalmente, elas parecem totalmente livres e levam ainda mais adiante a ideia de prosa do último *Lied* sobre textos de Mombert. Até mesmo os procedimentos sequenciais não são mais admitidos; o trabalho motívico consiste unicamente na variação. Todavia, as peças são resultantes da liquidação da sonata. Os quatro movimentos de uma sonata retornam de maneira rudimentar e contraída; contudo, a articulação em três partes é definida, em cada um deles, de maneira nova e surpreendente. As peças geram sua própria forma ao criar restos por toda parte e, logo a seguir, ao atomizá-los, interrompê-los, retomá-los e concluí-

-los. A primeira peça, que ocupa o lugar de um *allegro*, começa com uma pequena e leve melodia de dois compassos [Exemplo 14], executada pelo clarinete. Porém, o seu consequente (d) já é um "resto": o motivo inicial (a), variado por meio de uma expansão dos intervalos; o seu ritmo, com a colcheia sustentada por meio de uma ligadura, é ao mesmo tempo o "resto" rítmico do motivo (c). A mão direita do piano responde à melodia do clarinete com um terceiro motivo. As semicolcheias de sua entrada constituem um [elemento] novo, sendo imediatamente imitadas pelo clarinete e usadas como resto.

// Exemplo 14

Sua continuação em colcheias é, porém, novamente o "resto" rítmico (c), reduzido a intervalos de segunda menor e, com isto, colocado em relação melódica com as três semicolcheias. A entrada da mão esquerda do piano, por fim, é uma imitação ritmicamente variada do motivo (b), proveniente do primeiro compasso do clarinete, tendo ali se originado entre os motivos (a) e (c). Através de relações tão variadas, o início [da peça] é articulado de modo que ele mesmo já possui o efeito de uma elaboração. O desenvolvimento sucessivo cria somente novas subdivisões; as moléculas dos primeiros dois compassos tornam-se átomos. O evidente estatismo manifesta-se harmo-

Berg

nicamente; não se segue nenhuma continuação propriamente dita, mas somente deslocamentos; a nota *ré*, no baixo, funciona primeiramente como centro de um movimento harmônico circular. No sexto compasso, a dissolução desemboca [numa música] completamente desprovida de forma [Gestaltlos]; o intervalo de segunda é absorvido por um trinado do clarinete. Esse trinado marca a cesura: o piano retoma a articulação com uma longínqua variante do início. O sétimo e oitavo compassos poderiam ser considerados desenvolvimento; o motivo em segunda menor é conservado como resto e os seus intervalos se expandem; a isto, o clarinete acrescenta variantes do motivo inicial (a), caracterizadas pela ideia – inspirada pelas possibilidades do próprio instrumento – do grande salto. No nono compasso, a partir do "molto espressivo", o piano inicia uma reexposição; os primeiros intervalos são literais, o resto é variado; a isto, une-se o clarinete com uma reminiscência, em aumentação, do motivo em semicolcheias do início. Evita-se uma estrutura explicitamente tripartite ao se entrelaçar a reexposição (ou melhor: a reminiscência), de maneira totalmente imperceptível e sem cesuras, ao "desenvolvimento" que se dissipa; além disso, após a explosão e o diminuendo da parte central, o início da reexposição // possui já o efeito de um consequente ou de uma coda e, por isso, não soa como uma recapitulação de igual importância. A conclusão é novamente dispersa e estática; sem permitir que nenhuma figura melódica volte a emergir, ela mantém o mesmo complexo de acordes ao longo de três compassos.

A segunda peça, correspondente a um *adagio*, com sua ideia do *ostinato* em terças maiores, é claramente derivada do *opus* 19 número 2, de Schönberg. Mas Berg não as põe uma ao lado da outra, como gotas, mas as mantém estreitamente unidas, para abandoná-las e mover-se adiante apenas de maneira muito breve, em consequência dos acordes introduzidos pela primeira vez no segundo compasso [Exemplo 15].

Exemplo 15

A terça maior, reaparecendo no registro originário sem a figura melódica, serve como reprise. Aqueles acordes do segundo compasso são exemplares para a harmonia de Berg, por causa de seu tipo particular de *espressivo*. Schönberg conquistou os novos acordes com o ímpeto da expressão, para depois dispor livremente da conquista tal como se dispõe de um material [Stoff] musical, manifestando a subjetividade não tanto na particularidade harmônica, mas, sim, na integralidade do todo. Berg permanece firmemente ligado ao caráter expressivo da harmonia. Para ele, todavia, esse caráter expressivo não é puro som da interioridade da alma, tal como para Webern. Pelo contrário, ele é sempre dualístico, ou, se desejarmos, histórico: contém em si o elemento externo, estranho ao Eu, permanece tenso, como dissonância em uma música que, há muito tempo, aparentemente a sacrificou com a consonância. Não é um *espressivo* da memória, mas da expectativa; não da imersão, mas da ameaça: em síntese, a índole dramática de Berg está instalada, como em um microcosmo, nas células da sua harmonia. É com sonoridades tão ambiguamente tensas como estas que se anunciará, mais

Berg

tarde, o assassinato de Marie: a peça inteira parece uma primeira visão da "invenção sobre uma nota" do *Wozzeck*.

// Um *scherzo* em miniatura, tal como a quarta peça de Schönberg, é a terceira do ciclo de Berg; assim como todos os *scherzi*, ele é mais facilmente acessível. A seção do *scherzo* é subdividida de modo claro; um plástico antecedente, concluindo com dois acordes, e um sussurrante consequente, que desmaterializa o antecedente: estaticamente, por meio de acordes sustentados. A seção intermediária, um genuíno Trio, constitui o único contraste forte no interior das peças; mas em compensação, durante quatro compassos, ele próprio torna-se denso e desprovido de contrastes, fechado em si mesmo de modo inteiramente atemporal; seu senso formal antecipa os procedimentos de retrogradação das obras seguintes. A reprise do *scherzo* é bastante abreviada, e seus motivos são apenas aludidos. Mas produz o efeito de uma reprise justamente por causa do tempo e do tom. Extingue-se como uma luz.

A ideia formal específica da última peça — a qual é um pouco mais extensa que as demais — retorna, mais tarde, na obra de Berg; ela poderia estar na base do "adagio appassionato" da *Suíte lírica*. Trata-se da aplicação do princípio do desenvolvimento integral à forma rondó. O "tema" é formado por um acorde mantido no mesmo ritmo sincopado ao longo de quatro compassos, com um contracanto cromático do clarinete: mais uma vez, portanto, não há um tema. Um motivo melódico do clarinete põe as coisas em "movimento"; seu último segmento de conclusão, em tercinas, tem função de resto e é elaborado imitativamente; depois, seguindo o procedimento da primeira peça, a música se dissolve com a diminuição de todos os elementos, até deter-se completamente. Retorno dos acordes iniciais, como uma reprise de um rondó. Novo início do "movimento", porém agora disposto como intensificação. Uma variante daquele segmento em tercinas, começando na última semínima do compasso doze, serve aqui de modelo; ele não é alterado melodicamente, porém, seguindo o princípio do jogo sobre a palavra *Kapuziner*, ele é continuamente enriquecido com notas de continuação e, diminuído, é repetido de maneira cada vez mais intensa; por fim, no compasso dezessete, ouve-se um efeito de percussão, que irrompe de modo similar àquele da conclusão do último dos *Lieder* sobre textos de Mombert. Coda: um acorde com os harmônicos do piano, que pode ser interpretado como reprise e resolução definitiva do acorde temático; sobre este acorde, um recitativo do clarinete, inversão livre do início de sua entrada no quinto compasso, que ainda não tinha sido elaborada. A energia harmônica das peças, reprimida ao longo do tempo, rompeu seus diques juntamente com a forma: uma voz plena de alma medita tristemente.

// As peças para orquestra

> *"Manchmal hat man so 'nen Charakter,*
> *so 'ne Struktur".*[8]

Na história da música de Alban Berg, as três *Peças para orquestra* *opus* 6, concluídas nas primeiras semanas da Primeira Guerra Mundial, realmente marcam época. Aquele gesto de explosão

---

8 "Às vezes as pessoas têm um certo caráter, uma certa estrutura". [N. T.] (Citação do *Wozzeck*, I, 4).

Berg

no final das *Peças para clarinete*, que rompe os diques da forma paradoxalmente pequena, não tem a ver com a hostilidade dos dadaístas em relação à forma.[9] Com esse gesto, Berg está livre para respirar novamente, e desta vez de maneira tão potente que ele esquece todo limite disciplinador, expandindo-se em direção ao caótico, o qual era objeto de seu anseio desde os *Lieder* tomados pelo sono, desde as intrincadas configurações do *Quarteto*. Sobre tal base a música começa a transformar-se: volta-se para a grande forma, que não é mais uma forma recebida da tradição, mas, sim, concebida segundo seu caráter singular. Com uma força vegetal quase excessiva, ela cresce em amplitude. Aquilo que, nas *Peças para clarinete*, contraía-se de maneira intensa, quase tendendo ao ponto, agora é levado à espacialidade total, à sua intenção originária que, contudo, somente se cumpre segundo o aprendizado extremamente rigoroso da condensação.

O progresso em relação às *Peças para clarinete* é tão grande, que só pode ser comparado à distância entre a fórmula extrema da autodisciplina e o estilo integralmente configurado. Mesmo o genial *Quarteto* e os soberanos *Altenberglieder* são superados pela segurança com a qual Berg dispõe daquilo que conquistou. O deslizar da harmonia e o estatismo dos acordes — que constituíam a força de gravidade do século XIX no *Quarteto* e nas *Peças para clarinete* — são evitados; o processo que põe em jogo aquela herança é levado a camadas incomparavelmente mais profundas. O primado do pensamento harmônico desaparece

---

9 Mais tarde, numa carta recentemente publicada na Tchecoslováquia e endereçada a Erwin Schulhoff (que foi depois assassinado pelos nazistas), Berg criticou explicitamente o dadaísmo, considerando-o muito aquém do radicalismo da Escola de Schönberg.

totalmente. A técnica conquista para si dimensões que Berg tinha longa e pacientemente hesitado em enfrentar: sobretudo o // contraponto. É certo que, no *Quarteto*, não faltaram as seções polifônicas, assim como não faltou um conhecimento íntimo dos instrumentos – plenamente revelado no *opus* 4 e no *opus* 5. Mas ambos eram contidos no interior de certos limites. Agora, a cor e o contraponto tornam-se produtivos: a forma é engendrada por eles. A primeira das *Peças para orquestra* é produzida por uma ideia tímbrica; a última, forja a exuberante polifonia com retumbantes golpes de martelo.

A nova amplidão é, portanto, sobretudo vertical, e não concerne à duração temporal. O *Prelúdio* e *Reigen* estão contidos numa dimensão modesta; a *Marcha* possui, no máximo, a extensão de um movimento conciso de sinfonia. Contudo, pode-se falar de amplidão também num sentido diverso daquele da vasta sobreposição de vozes. Amplo é o âmbito estilístico da obra. Sem sacrificar uma só das descobertas de Schönberg, a insistente elaboração de suas técnicas particulares leva Berg a estabelecer uma relação essencial com a música de fora de seu círculo: com Mahler e Debussy. Com as *Peças para orquestra*, a escola de Schönberg – num percurso retilíneo e rigoroso – desemboca no movimento estilístico de seu tempo, ou melhor, revela-se como a instância que objetivamente define o estilo – instância que, na verdade, estava legitimada desde a sua evolução: não uma seita esotérica com um idioma privado e convicções conspiratórias, mas, sim, um avançado instrumento para a efetivação do conhecimento musical. Nela, leva-se às últimas consequências aquilo que estava latente nas forças mais avançadas da composição contemporânea. É verdade que a escola de Schönberg representa estas forças como desprovidas de janelas – tal como

Berg

as mônadas leibnizianas –, mas se comunica com elas seguindo rigorosamente a própria tendência. Berg, ao que parece, traçou a linha de ligação entre a linguagem musical schönberguiana e a linguagem musical precedente, assegurando, por meio do contato com o passado, os resultados alcançados pela vanguarda. Mas como consequência de seu próprio desenvolvimento, essa linha retrogressiva se prolonga em direção ao futuro. De forma alguma no sentido ideológico dos neoclássicos, que apresentam o passado requentado como algo mais novo do que uma diferenciação que eles mesmos não alcançam; mas no sentido obrigatório de que a resposta diferenciada dada pela vontade da grande forma – sobre a qual se funda a semelhança com Debussy e Mahler, nas *Peças para orquestra* – resulta diretamente da problemática schönberguiana como, por exemplo, da // *Glückliche Hand* e do *Pierrot*. Explica-se assim o fato de que a partitura mais mahleriana de Berg tenha se tornado a mais complicada que ele escreveu. Com acordes complexos e com o atrito das inúmeras vozes simultâneas, ele supera com um prazer selvagem todos os desafios postos anteriormente pela modernidade. O instante da virada na história do estilo de Berg é, ao mesmo tempo, seu momento máximo de choque.

A afinidade com Mahler não era estranha à escola. Com a dedicatória do *Tratado de harmonia* e com o grande necrológio, Schönberg apaixonadamente tomou partido do sinfonista em nome da concepção comum da música como sendo aquilo que [Ernst] Bloch definiu por "explosivo do mundo" [Sprengpulver der Welt]. De uma maneira divinatória, o discernimento de Schönberg rompeu as diferenças estilísticas às quais se agarra um ouvido superficial – o ouvido superficial que nenhum compositor engana de maneira mais profunda do que Mahler. Mais

Theodor W. Adorno

tarde, a Marcha Fúnebre do *Ciclo orquestral opus* 6, de Webern, irá recordar Mahler — bem como os episódios de Marcha do movimento lento do *Quarteto* de Berg. Mas somente nas *Peças para orquestra* de Berg a solidariedade com Mahler é mobilizada para formar uma tempestade revolucionária.

Tal possibilidade é concedida pela posição que essas peças ocupam na história do estilo de Berg. Elas retomam o esforço para a construção da grande forma que se via no *Quarteto*. Mas a consciência do processo de liquidação ali executado não permite que as *Peças para orquestra* aceitem a existência autônoma e incontestável de temas — ou até mesmo de motivos — tal como já não o podiam as *Peças para clarinete*. É certo que as dimensões das *Peças para orquestra* não podem ser concebidas como música construída a partir do "nada" — tal como as *Peças para clarinete* —, mas tampouco lhes é dado de antemão aquele "algo" [Etwas], que era concedido a estas últimas. A mesma dificuldade está na origem da aparente banalidade dos temas mahlerianos. O funcionalismo berguiano forma a mais singular constelação com aquela aparente banalidade. Com efeito, as *Peças para orquestra* possuem temas que, embora não possam ser sempre considerados modelos do desenvolvimento por variação, constituem, em todo caso, figuras melódicas claramente inteligíveis. Estas, contudo, não são mais postas — seja somente como os motivos iniciais do primeiro *Quarteto* — para que depois a música se crie sobre elas. Pelo contrário, a tarefa formal das *Peças para orquestra* — e a sua principal dificuldade de compreensão — é a de deixar que os seus temas se originem a partir de si mesmos. Elas não apresentam a história, mas, por assim dizer, o nascimento pré-

417   -histórico do tema. // Todavia, a fonte da qual nascem os temas define não apenas a relação com Mahler, mas também a relação

Berg

de Berg com sua própria pré-história, com o mundo paterno do *Jugendstil* e com toda aquela aparência subjetiva que é pouco a pouco eliminada de seu estilo para — como um invisível e subterrâneo centro de força — alimentar a forma presente. Se Freud designou a matéria do seu conhecimento como "o resíduo do mundo da aparência" [Abhub des Erscheinungswelt], Berg reconhece a aparência das ferramentas musicais tradicionais como sendo tal resíduo, o qual ele destrói fielmente. Esse resíduo é o "nada", que se dissipa completamente nas relações; ele é o "algo" que a aparência estética ainda consuma de maneira ardente, na radical integralidade da construção. Isso se torna perceptível no início da terceira peça, onde quatro fórmulas de marcha antiquadas e diaceradas são remendadas, e a partir das quais a forma é reconstituída com a mesma violência que se tinha desintegrado aquelas fórmulas. A forma se constitui sem fraturas a partir da visão dos átomos motívicos contidos nestes fragmentos. Se o Stravinsky da *Histoire du Soldat* e o Satie das *Cinq Grimaces* apresentaram esses fragmentos de maneira nua, rígidos como máscaras, o elemento humano de Berg descobriu neles também a lei motriz de sua decomposição, e a reinterpretou como lei motriz da composição. Walter Benjamin descobriu nos salões burgueses aqueles pratos em que selos coloridos são montados sob uma placa de vidro, de modo a formar uma espécie de quadro irregular. Conhece-se bem o horror que emana deles; os selos, penosamente colados, parecem condenados a agonizar juntos por toda a eternidade, arrancados à força de sua função e, por isso, banidos como atroz alegoria dessa função. Tal montagem, tal alegoria, tal horror, são intensificados nas peças de Berg até se tornarem expressão da corporificação de um sonho. Sob o enorme prato de vidro da forma, no selvagem e enviesado colorido das superfícies orquestrais, os fragmentos despertam para um segundo e catastrófico significado: o significado do banal. O banal é a mercadoria como fenômeno [Erscheinung]. Se o desenvolvimento do jovem Berg, na qualidade de recapitulação do desenvolvimento romântico, se iguala a um caminho de fuga diante do banal – caminho este que conduz ao átomo, ao puro instante –, o conhecimento imanente à forma assinala uma virada, no sentido de que, no mundo das mercadorias, não é possível nenhuma fuga da mercadoria, toda tentativa acaba por nela se enredar de maneira ainda mais profunda – e que o átomo musical conquistado e, por fim, o puro som, revelam-se tão banais quanto // aquela superfície ilusoriamente coesa. Berg se submete a essa situação de duas formas: ao reconhecer sem reservas, por meio da sua forma, a banalidade do elemento mínimo; e ao superar [aufheben] essa banalidade no equilíbrio de um segundo todo. A expressão do caótico, a ameaça aterrorizante que está posta no tom dessas peças é produzida pela violência desmesurada de uma tal integração do banal. Enquanto a humanidade mediana se desintegra em uma aparência banal, a forma que a acolhe se amplia a proporções desumanas e terríveis. O martelo que cai, na terceira peça, indica justamente isso. Até então, o martelo tinha sido usado apenas duas vezes em música: na *Sexta sinfonia* de Mahler como demoníaca marcha triunfal do banal, e em *Die glückliche Hand*, de Schönberg, naquele momento cênico no qual a força do Homem se impõe, para ser imediatamente sufocada de novo no círculo do banal. Essas duas obras definem o cenário das *Peças para orquestra*. Com o medo do gigante, Berg as empilha uma sobre a outra. Medo é aquilo que elas difundem.

Berg

É possível fazer ainda uma outra abordagem de sua configuração. O alvo visado por essas peças — após a liquidação da forma sonata, e sem olhar na direção desta — é a grande forma. É por isso que a forma é determinada pelos "caracteres". Diferentemente de sua música anterior, essas peças possuem títulos que remetem a tais caracteres; tem-se a tentação de interpretar *Reigen* e *Marsch* como um raivoso jogo com aquela peça característica [Charakterstück] burguesa do século XIX, que é irmanada ao banal com uma intimidade tão mortal quanto a dialética que agora a cinde. Na obra posterior de Berg o "caráter" é aperfeiçoado pelo personagem dramático, pelo indivíduo repudiado: até que finalmente, na ópera *Lulu*, com grandiosa transparência, os caracteres dramáticos são associados aos caracteres da forma — sonata e rondó. No caráter, os tipos formais preestabelecidos são retomados, mas não sem fraturas. Eles são citados; a forma citada, ao reaparecer, transforma-se em expressão. É somente a "assinatura" citada que a transforma em caráter. Tais caracteres sob forma de citação delimitam o sinfonismo de Mahler: dilacerado, alegórico — por isso mesmo, desprezado por toda estética classicista, ainda que de modo latente. Mas a inserção de caracteres marca, ao mesmo tempo, uma crise na história da Nova Música. Não é por acaso que Berg, como professor, sempre mostrou a essência // do caráter musical em peças contrastantes, embora intrinsecamente unívocas, do *Pierrot* de Schönberg — aquele *Pierrot* no qual o expressionista da *Glückliche Hand* e das *Pequenas peças para piano* concebe uma construção musical — com a *passacaglia* e com o cânone em espelho, mas, sobretudo, com o imperscrutável manifesto que é "Mondfleck" — que se desenvolve a partir da liberdade. As *Peças para orquestra* são caracteres desse tipo; sua concreção é aquela do caráter unívoco no nome, e a denominação [Benennung] – não apenas nos títulos, mas, de maneira decisiva, na feitura interna – subtrai-lhe ao emudecimento sem palavras da subjetividade absoluta. Isso também as põe em relação com o palco cênico: os escombros folclorísticos das *Peças* esboçam a expressão do *Wozzeck*; o *Prelúdio* encontra o seu lugar na cena final do primeiro ato, e *Reigen*, na primeira cena da taverna; a *Marcha*, desde o rufar de tambor do primeiro acorde, vagueia como um espectro, com um silencioso ruído, ao longo de toda a partitura da ópera.

Se Berg coloca à prova todo o movimento dialético da sua música em modelos não apenas temáticos (no sentido da técnica de variação schönberguiana), mas também estilísticos – como se tudo o que há de novo naquilo que ele ousa tivesse resultado da variação total de algo recordado –, e se seu próprio princípio formal ainda guarda a memória do passado; então a primeira das peças, o *Prelúdio*, aponta claramente – do ponto de vista técnico – para o *Pierrot* (aliás, justamente para o caráter de "Mondfleck"). Como se se devesse encontrar uma alegoria para essa própria virada [Wendung], há no *Prelúdio* uma tendência à forma retrógrada, a qual, de agora em diante, será empregada continuamente nas arquiteturas de Berg até a *Lulu*, como paradoxal possibilidade da repetição do irrepetível. Essa estrutura, no entanto, é apenas esboçada no *Prelúdio*. Refere-se, de maneira imediata, à conclusão da última das *Peças para clarinete*. Se aquela conclusão – como explosão, a partir da forma, de um real desprovido de aparência – tinha sido associada ao dadaísmo; então, o início do *Prelúdio* pertence à esfera do bruitismo, como rigoroso correlato musical do dadaísmo linguístico-visual. O mero ruído é o valor-limite do átomo musical subjetivo adiante da realidade extramusical das mercadorias; a mais rigorosa — e, contudo, também a mais inexpressiva — figura do banal e, na qualidade de tal, a transformação da pura expressão em objetividade. O *Prelúdio* tem início com um mero ruído, e em mero ruído ele se dissolve como // pó; a música entre estes dois extremos é uma metáfora do modo pelo qual uma música se desvincula da condição de mutismo. Certas ideias de Mahler, sob uma vestimenta romântica, visavam a mesma coisa; por exemplo, no primeiro movimento da *Terceira sinfonia*. O *Prelúdio* inicia com um grupo de instrumentos de percussão de alturas indeterminadas (tam-tam, pratos, caixa clara, bumbo); cada instrumento com um ritmo tão diferente do outro, que o resultado é a aparência de um ruído casual, não formado. Unem-se dois pares de tímpanos, formando como que um acorde: o estágio intermediário entre ruído e som, em uma espécie de série tímbrica [*Farbreihe*]. O acorde dos tímpanos é retomado pelas cordas em *pizzicato*: o som das cordas pinçadas mantém sempre a ideia do ruído. A nota mais aguda do acorde, o mi bemol da oitava central, é sublinhada solisticamente pela flauta, com efeito de frullato, em um ritmo sincopado proveniente do ruído inicial. No sexto compasso, enquanto se modifica pela primeira vez a harmonia de base constituída por quartas, o fagote se sobrepõe — com o timbre desnaturado do seu lá bemol agudo — a essa sonoridade informe. A esse lá bemol junta-se — à maneira de uma apogiatura e, mais uma vez, como que por acaso — uma segunda nota da melodia, e depois uma terceira; assim, o motivo surge a partir do ruído, com o esforço que o registro instrumental exposto implica. Imitação do trompete e um *ritardando* completo; depois, como melodia, apenas a nota isolada, novamente num ritmo pontuado característico e como que desprovido de regras, que é dobrado por um pequeno gongo: a isto acrescenta-se um suave acorde de seis sons. A disposição desse acorde já realiza completamente a ideia da instrumentação reduzida aos instrumentos solistas – que transforma por meio da fantasia toda a pretensão do "material" – e, ao mesmo tempo, de uma transparência mahleriana, que constitui o estilo orquestral da maturidade de Berg [Exemplo 16].

Exemplo 16

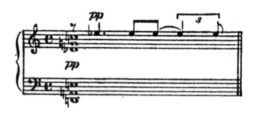

A nota mais grave é executada pela tuba-contrabaixo com surdina; a nota seguinte, pelos violoncelos com surdina; a terceira, pela trompa com surdina; a quarta, pelo trompete (sem surdina); a quinta, // pelo oboé; a sexta, pela viola solo com surdina: a nota melódica – o mi bemol acima da oitava central! – coerentemente com a ideia sonora empregando um registro extremo, é ousadamente executada pelo trombone contralto sem surdina, jamais conduzido a tais regiões. O princípio de instrumentação ao qual o acorde obedece, e que já tinha sido descoberto em *Erwartung*, é estreitamente aparentado a um princípio harmônico: assim como a nova harmonia evita a consonância no antigo sentido – como algo vago, como uma duplicação tautológica do som singular e, no fim das contas, como sendo "falsa" – também a instrumentação tende a evitar a homogeneidade vertical. Numa tal homogeneidade o som

Berg

singular seria supérfluo, casual e se esquivaria à estrita deter-minação construtiva. Dito sob a forma de regra técnica: na disposição vertical não se pode colocar em vizinhança imediata dois sons pertencentes à mesma família tímbrica. Todavia, essa regra contraria outros procedimentos na ampla prática berguiana da instrumentação; em primeiro lugar, no *opus* 6, a técnica mahleriana do reforço e do *tutti*. Após essa passagem do trombone, o pesado ataque de um acorde; alteração do acorde introdutório em quartas, o qual se acrescenta, como voz prin-cipal, um melisma das trompas e dos clarinetes, derivado do motivo do fagote. O impulso bruitista atua agora de tal modo que, em meio às entradas melódico-motívicas cada vez mais espaçadas, apresentam-se passagens de acompanhamento que giram no vazio, e que derivam rítmica ou timbristicamente do "ruído" inicial. Figura melódica no compasso quinze: os fagotes repetem de maneira inalterada o seu primeiro moti-vo de três notas (mi-sol-lá bemol) e o modificam com uma dupla rotação sobre o seu eixo [Achsendrehung]. A união de tais blocos motívicos mínimos, sem procurar produzir uma coesão temática superficial, determina a semelhança das *Peças* com Debussy. Como se a funcionalização do material tivesse finalmente rompido as conduções funcionais, os motivos – tal como "comas" [Kommata] ou, se se desejar, como aqueles selos anteriormente mencionados – são montados para formar su-perfícies; e somente a superfície inteira, e não mais a passagem de motivo a motivo, representa a unidade. Todavia, a técnica de transição permanece firmemente unida a isso. Dessa segunda rotação em torno do eixo do motivo inicial, os violinos derivam uma frase melódica [Exemplo 17], que subsequentemente irá fornecer uma espécie de modelo de desenvolvimento.

// Exemplo 17

O novo elemento motívico [17a] é inicialmente invertido pelas flautas e oboés (compasso 20) e alcança, assim, pela primeira vez, a configuração motívica que domina o "andante affetuoso" do *Wozzeck*; os primeiros violinos (compasso 22 e segs.) fundem o final de [17] e a inversão de [17a]; segue-se uma passagem vazia e, novamente, o motivo inicial na segunda rotação em torno do eixo; depois, um desenvolvimento do modelo [17] invertido se desdobra – sempre mais intenso e, todavia, detendo-se continuamente. A dicção declamatória da melodia do violino, que parece querer exceder seus limites, traduz a linguagem das vozes superiores mahlerianas para a linguagem multifacetada de Berg. Ponto culminante (compasso 36): múltipla combinação temática, o modelo do desenvolvimento contraponteado com a própria aumentação (nos trompetes e clarinetes) e diminuição (nos violinos) e, por dois compassos, até mesmo em dupla aumentação (nos segundos e terceiros trombones). Breve regresso, que dissipa em minúsculas ondas a alternância entre *ritardando* e *accelerando*, o caráter "ondulante" da peça. Reprise, começando com o acorde [16], agora – como expressão da cesura – instrumentado de modo homogêneo; a nota temática nas flautas e nos fagotes, todavia, novamente dobrada pelo gongo. Antecipação episódica do início da segunda peça (compasso 44 e segs.; cf. *Reigen*, compasso 4 e segs.); variante do motivo inicial no fagote (compasso 46), depois em aumentação nos violoncelos (compassos 47-48). Ideia do retrógrado: assim como o motivo dos compassos 6-8 tinha surgido a partir de uma única nota, ele agora retorna a uma única nota, no contrabaixo solo e, complementarmente, no trompete. O sistema de ruídos se restabelece, embora acompanhado até o fim pela nota do tímpano – mesmo depois da dissipação da música ressoante. Completo ocaso na situação inicial.

A segunda peça intitula-se *Reigen*, e seu caráter é o de uma valsa estilizada. Foi escrita como última peça do ciclo – portanto, depois da marcha conclusiva – e anuncia a reviravolta histórico-estilística que a *Marcha* obtém com força cega. Depois da extrema complexidade do aparato plenamente dominado [da primeira peça], e conhecendo as mais eficazes possibilidades abertas pela construção instrumental, projeta-se agora uma certa simplificação, até que essa construção possa acolher em si a cena, como comentário; pois em Berg é a cena que comenta a música, inversamente ao que acontece com os compositores da "Nova Escola Alemã" [Neudeutsche Schule]. O próprio Berg considerava *Reigen* um estudo orquestral para o *Wozzeck*. Longa introdução *alla breve*. Além da intenção arquitetônico-formal, ela cumpre um segundo (e mais secreto) propósito: como pequenas sementes e como que sob o vidro de uma estufa, ele expõe completamente os motivos que depois se tornarão vivos ao toque da varinha mágica do ritmo de valsa: as harmonias condutoras [Leitharmonien] citadas na primeira peça, antecipadas de modo alusivo por duas vezes, e depois enunciadas por inteiro, num encadeamento cuja voz superior logo se torna temática [Exemplo 18].

Exemplo 18

O tema de valsa posterior (cf. compasso 20), estreitamente aparentado ao tema do *Prelúdio*, no trompete e no fagote [Exemplo 19]:

Exemplo 19

A sua imediata continuação melódica nos oboés [Exemplo 20], a qual é imediatamente imitada pela trompa:

Exemplo 20

// A isso se acrescenta um discreto contraponto das violas, contendo os dois motivos [21] e [22], que serão depois de extrema importância. Em seguida, uma frase com caráter de consequente, executada pelos violoncelos [Exemplo 23].

Exemplo 23

Berg

Para concluir, uma combinação de [18] e [21] nos trompetes; e depois (a partir do compasso 14) uma seção de transição: um ritmo de ¾ é cristalizado, de maneira bastante hábil, a partir de um modelo melódico executado pelo violino, e através de ligaduras, que já tinham sido introduzidas no final de [23]. A valsa começa com a introdução do ritmo em ¾ ([23], variado), numa frase simples de quatro compassos, que é executada pelo trompete e pelo fagote; o contraponto que se acrescenta a isso nada mais é que a voz superior do segundo compasso de [18]. O consequente abandona imediatamente a simetria: era apenas um jogo com esta. As ideias contrastantes desse consequente encontram-se presentes já na introdução: os compassos 24 e 25 (flautas e oboés) são o motivo das violas [21], o compasso 26 é a tercina [22] ligada àquele motivo, que nesse meio-tempo já tinha sido repetida, e que é agora completada (compasso 27 e segs.) por uma variante de [23]. A frase de quatro compassos que se inicia no compasso 26 – embora abreviada e profundamente variada – é apresentada numa sequência com caráter de dança (a partir do compasso 30): a gestualidade da dança é, por assim dizer, reenviada ao inconsciente. O compasso final da sequência é referido, como resto – sob uma forma variada –, ao início do tema principal e empregado (a partir do compasso 31) como modelo de uma seção de transição; mais uma vez, profunda variação do modelo. Em vez de uma nova estrofe da dança, aparece de maneira inesperada, no compasso 42, um episódio sonoro bastante diluído, sobre um pedal triplo de harmônicos [Flageolett], *tremoli* e *glissandi*; a substância motívica [desse episódio] é dada pela terça maior do tema principal e pelo motivo [21]. Prosseguindo adiante, a música adquire novamente um contorno: "schwungvoll" [com ímpeto], "fast roh" [quase

Theodor W. Adorno

rude]. Novo modelo da valsa executado pelos violinos: trata-se do elemento inicial de [23]. Ele é desenvolvido melodicamente com grande liberdade, tal como uma variante mahleriana: a continuação da voz principal, executada pelos instrumentos de cordas graves (a partir do compasso 53), recorda a voz superior de [18]. O resto da longa melodia dos violinos conduz a um desenvolvimento consistindo em três seções (compasso 55).

425 // O primeiro modelo desse desenvolvimento é exposto inicialmente como um extenso solo de flauta, que une melodicamente entre si os elementos constitutivos originalmente separados, entre os quais [20] e o retrógrado de [22]. Ao longo de cinco compassos (a partir do compasso 60), elabora-se densamente um de seus segmentos; depois entram novamente os primeiros violinos (compasso 65) com o cerne melódico do modelo. O resto é variado por duas vezes; em seguida (compasso 68), nova entrada da valsa "derb bewegt" [vigorosamente movida] – correspondendo aparentemente, do ponto de vista formal, à entrada do compasso 48. Mas a valsa é imediatamente integrada ao desenvolvimento, cuja segunda parte – a qual aproveita um segmento do resto [Restglied] da primeira parte – repousa essencialmente sobre o motivo [22]. O desenvolvimento se dissolve inteiramente num jogo puramente sonoro, desliza e – novamente, de maneira imprevisível – interrompe-se de modo composicionalmente irracional, bastante raro em Berg, mas similar ao grande desenvolvimento da *Sinfonia de câmera* de Schönberg, antes da sua última seção. Também em Berg, uma cesura e pausa geral precedem a última seção (compasso 82). Esta é construída sobre um *ostinato* extraordinariamente rico e complexo, derivado do início do desenvolvimento (compasso 55 – flauta; ou compasso 56 – trombone), mas conserva a

Berg

substância de [22], até transformar-se gradualmente em uma reprise do início da valsa propriamente dita. Sua elisão com o desenvolvimento é assegurada pelo fato de que essa reprise – preparada por um intervalo de segunda menor das trompas – já tem início (compasso 93, trompas) enquanto a última parte do desenvolvimento termina de tocar, ainda com sua plena força. Quando a reprise da valsa se manifesta explicitamente como tal (compasso 95), ela já não passa de uma alusão reduzida a cinco compassos. A cômoda estrutura tripartite é remodelada graças ao hábil recurso à introdução, cujo tempo *alla breve* (a partir do compasso 100) é combinado com o tempo de valsa. Berg cria um contraponto (a partir do compasso 96) entre a melodia original da valsa e um tema em duínas do violino solo, que – seguindo um procedimento construtivo-instrumental que Berg cultivou até o *Concerto para violino*, passando pela *Suíte lírica* – "penetra [a textura] cada vez mais" [immer mehr durchdringt]. Esse tema é, contudo, a inversão da melodia original da voz superior de [18]. É a partir desse tema e de um recitativo logo a seguir, que se constrói a seção combinatória que, por fim (compasso 110), conduz à reprise explícita da introdução. As harmonias condutoras entram imitativamente; depois, a inversão da melodia de suas vozes superiores [18] no ritmo já estabelecido no compasso 53. *Stretto*, // completa redução a restos. O motivo [22], que estava na base da segunda e terceira seções do desenvolvimento, assume, nas trompas – sobre os "restos", que formam harmonias estáticas –, a função de cadência conclusiva.

Somente um livro – tal como aquele que Berg projetou sobre o *Quarteto em ré menor* de Schönberg – bastaria para dar uma ideia adequada da terceira das *Peças para orquestra*. As palavras constituem um sistema de coordenadas bastante complicado para a partitura que Berg, não sem um orgulho de artista, considerava a mais complicada de todas já escritas. Toda tentativa de análise cerrada – já em *Reigen* altamente problemática – deveria resultar, na *Marcha*, em uma confusão inútil. Mesmo na bibliografia publicada nesse ínterim, a *Marcha* permanece *terra incognita*. De qualquer modo, algumas indicações gerais e alguns rudimentos para uma orientação, poderiam ser úteis. A técnica de *Reigen* – que consiste em justapor em uma introdução, à maneira de Debussy, os motivos que somente no devir se explicitam com o seu verdadeiro "caráter" – é aplicada na *Marcha* de maneira ainda mais radical. Os temas se formam a partir de fragmentos motívicos, sem jamais conquistar o caráter do definitivo e, portanto, do reiterável. A tripartição do A-B-A não é nem ao menos esboçada; em compensação, as estrofes da *Marcha* se constituem a partir de configurações sempre novas do material inicial. Um modelo colossal é repensado criticamente: o Finale da *Sexta sinfonia* de Mahler. Ele se condensa e se intensifica até atingir uma tangibilidade da catástrofe que, tal como a poesia de Heym e de Trakl, parece conjurar a guerra que se aproxima. Mas a ideia de transferir a "exposição" para a introdução, antes de se proceder a um tratamento da seção principal – tratamento este que é bastante abreviado em Mahler, e que em Berg possui o caráter de um desenvolvimento radical –, é mantida em evidente relação com a liquidação da forma sonata. Por isso não há nenhuma configuração exterior à forma: o movimento [Satz] se dilata com uma rigorosa necessidade e, ao mesmo tempo, desprovido de regras – tal como uma cidade. É somente no detalhe ínfimo que a lei de sua grandeza tem ainda seu lugar. Tal como ocorreria mais tarde na música dodecafônica, os motivos são elaborados em variação contínua, como "formas fundamentais" [Grundgestalten]. Assim se passa sobretudo com o decisivo primeiro motivo, o fragmento de marcha dos violoncelos constituído pelos intervalos de segunda e de terça [Exemplo 24], e que domina o movimento com inúmeras variantes, // transposições, rotações em torno do seu eixo: o motivo do trilo dos clarinetes, logo no segundo compasso, é derivado a partir daí.

Exemplo 24

Schönberg e Mahler estão não apenas nos excessos contrapontísticos dos temas de marcha, mas também nos modos de proceder: na marcha constituída a partir dos escombros de fórmulas e na construção motívica baseada na variação – somados numa espécie de pânico [panisch addiert].

Primeira seção da introdução (até o compasso 15): ritmo de marcha, trilo dos clarinetes, repetição marcial de uma nota no corne-inglês, fanfarra dos oboés. Primeira entrada dos violinos: inversão do motivo fundamental [24]: formulação, à maneira de um tema, nos violinos e nas violas, a partir do compasso 11. Segunda seção da introdução, retornando a partir do compasso 15 – ao material amorfo do início; tensão criada pela percussão. No compasso 25, entrada "enganosa" do tema principal da *Marcha*, bastante comparável, por exemplo, à passagem do *Finale* de Mahler (no número 109); essa entrada é imediatamente revogada e completamente dissipada; importante ideia contrastante da viola solo. A ideia de marcha é retomada da mesma maneira fragmentada, tal como ocorrera com a ideia de

Theodor W. Adorno

valsa na segunda peça: inicialmente num "Tempo II" um pouco mais rápido (compasso 33). Pela terceira vez, mediado por um *ritardando*, o caráter da introdução se impõe, juntamente com a ideia contrastante executada *piano* (compasso 40). Retorna-se ao tom da segunda seção; mas a repetição das notas na *Marcha* precipita-se, por fim, no selvagem tema das trompas da seção principal (compasso 53). O motivo dos trombones derivado a partir daqui irá forçar depois a condução à catástrofe. Um episódio *grazioso* (compasso 62 e segs.) está na mesma relação que há entre um *solo* e um *tutti*, mas não pode mais atenuar o caráter de marcha, que imediatamente retoma sua violência de comando. Concentração homofônica (compasso 76), brevíssimo *Abgesang* dos violinos (compasso 77 e segs.); à guisa de rondó, há um retorno ao tom — mas de modo algum aos temas — da introdução; segundo a ideia formal, talvez seja algo análogo ao que ocorre no número 120 da peça de Mahler. Rápido *crescendo* que leva à segunda seção principal da *Marcha* — a qual, à maneira de desenvolvimento, desenvolve-se de forma extremamente expansiva. O ponto culminante é assinalado pelo golpe de martelo (compasso 126); somado a isso, temos o retrógrado da "forma fundamental" [Grundgestalt] // [24] nos violinos. O golpe [de martelo] possui, inicialmente, um efeito de atomização; porém, a marcha é retomada e a seção assume uma forma de retorno ao ponto de partida. Terceira entrada, compacta, da marcha (compasso 136); com o retorno ao tempo inicial, ela produz o efeito de uma reprise, mas já fortemente abreviada. A coda (compasso 149, "Tempo III") está entre as mais audaciosas concepções de Berg. A fanfarra do início se impõe, acompanhada por uma espécie de coral, em mínimas, dos sopros: angústia de dimensões telúricas. Segue-se um *diminuendo*, que é perturbado uma vez (compasso 160). *Ritardando* que se desfaz como epílogo, e mais uma vez o motivo contrastante no trombone contralto. Depois, "Tempo III" *subito*, ressoa o motivo dos trombones. Brevíssimo *crescendo* dos apenas nos metais: *mi* I e *mi* -I como ponto final, sobre o tempo fraco do compasso. No último som, o golpe definitivo do martelo.

Para uma caracterização do *Wozzeck*

No caso do *Wozzeck*, em que a exigência da obra musical equivale à do texto literário a ela vinculado, é preciso refletir sobre a relação entre ambas as estruturas. A música poderia parecer supérflua diante de uma tal poesia, uma mera repetição do seu conteúdo mais profundo, daquilo mesmo que a torna poesia. Para se compreender a relação entre a ópera infinitamente elaborada de Berg e o fragmento de Büchner, com seu proposital caráter de esboço; para se compreender o que os une em termos de organização estética, talvez seja oportuno recordar que, entre a poesia e a composição, transcorreram cem anos. O que Berg compôs nada mais é senão aquilo que amadureceu [na obra de] Büchner durante todas essas décadas de esquecimento. Ao mesmo tempo, a música que captura esse aspecto possui um traço secretamente polêmico. Ela diz: o que vós esquecestes, o que vós nunca experienciastes, é tão estrangeiro, tão verdadeiro, tão humano como eu própria o sou, e, ao apresentá-lo a vós, eu louvo esse outro. A ópera *Wozzeck* visa a uma revisão da história, na qual simultaneamente se reflita sobre esta; a modernidade da música acentua a modernidade do livro, // justamente porque este é antigo e foi renegado em sua época. Assim como Büchner fez justiça ao atormentado e confuso soldado Wozzeck — em sua humana desumanização, que se objetiva para além de todos os personagens –, assim também a composição deseja fazer justiça à poesia. O apaixonado cuidado com o qual a composição, em sua textura, reflete sobre o texto quase até a última vírgula, revela até que ponto, em Büchner, a estrutura aberta está fechada, até que ponto o inacabado está acabado. Esta é a sua função, e não a de fornecer um mero fundo musical psicológico, um estado de ânimo ou uma impressão – se bem que ela não desdenha tais elementos, desde que sirvam para trazer à luz os aspectos ocultos da obra. Hofmannsthal disse certa vez, acerca do texto do *Rosenkavalier*, que a comédia escrita para ser posta em música era destinada a esta, na medida em que ela não diz respeito ao que está *nos* personagens, mas *entre* eles. Com exatidão ainda maior do que para a ópera de Strauss, isso é válido para a ópera de Berg: uma espécie de versão interlinear do seu texto. Ela não expõe meramente os sentimentos dos personagens, mas aspira recuperar, pelos seus próprios meios, aquilo que esses cem anos fizeram das cenas de Büchner, transformando um esboço realista em algo crepitante em seus significados ocultos, no qual toda lacuna deixada pelas palavras assegura um ganho de conteúdo. Revelar esse ganho de conteúdo, essa lacuna entre as palavras – esta é função da música no *Wozzeck*.

Com mão indescritivelmente benévola, essa música desliza sobre o fragmento, apaziguando e polindo todas as suas arestas, como se quisesse consolar a poesia de seu próprio desespero. Seu estilo é de uma completa adequação recíproca, sem lacunas. Essa música também emprega a arte da transição, indo além do que Wagner alguma vez concebeu sob esse conceito, transformando-a em mediação universal. Ela não se intimida diante de soluções extremas, a profunda tristeza de seu som alemão-meridional/austríaco acolhe inteiramente em si a tragédia büchneriana – mas com uma completude e imanência da forma, graças às quais a expressão e o sofrimento se transformam em imagem, servindo assim, puramente a partir de si, como uma espécie de instância de apelação transcendente. Essa qualidade de junção e convergência da música, sua essência desprovida de saltos, tudo isso é de uma importância decisiva. Se a execução falhar nesse ponto apenas uma vez; se o tecido for rompido por apenas um segundo, então a imagem acústica se transforma em algo caótico. O que então vem à tona é, todavia, um momento da coisa mesma, aquele // desconcertado *espressivo* que necessita da máxima disciplina construtiva e sonora, para evitar que o todo caia no difuso. A música de Berg, em sua totalidade, opera nessa tensão entre as afluências do inconsciente e um senso arquitetônico quase visual para a coesão das superfícies. Ele mesmo dizia que *Wozzeck* era uma ópera mantida num nível de intensidade "piano", com explosões [ocasionais]. Somente a partir do momento que a partitura impressa passa a ser ampla-mente acessível, é que se pode avaliar completamente o quanto isso é verdadeiro.

Longas passagens – começando já na suíte com a qual se inicia o primeiro ato – são concebidas solisticamente e possuem um caráter verdadeiramente camerístico; apenas ocasionalmen-te colocam-se algumas passagens bastante complexas, e o *tutti* é inteiramente reservado para as poucas passagens dramáticas decisivas. Tal economia de sonoridade favorece ao máximo a densidade da textura, mediante a absoluta clareza e inequi-vocidade de cada acontecimento musical. A propósito dessa composição – que ainda hoje exige inúmeros e difíceis ensaios – pode-se afirmar, sem muito paradoxo, que ela é simples: porque não há uma única nota, uma única linha instrumental, que não seja absolutamente necessária para a realização do sentido musical, para a realização da coerência. Um procedimento composicional verdadeiramente objetivo desmente as mentiras daqueles que tagarelam sobre um suposto romantismo tardio pós-Tristão, a fim de relegar ao passado uma música que até hoje eles ainda não alcançaram.

O que se pode aprender com o *Wozzeck* é, antes de tudo, o que significa instrumentar integralmente [Ausinstrumentieren]. Justamente as ideias que ainda predominam a respeito de orquestração permanecem num estado acerca do qual um pintor, por exemplo, para o qual a cor é obviamente um elemento integrante de seu trabalho, só poderia balançar negativamente a cabeça. Por um lado, voltou à moda o repugnante conceito de um "tratamento orquestral brilhante" – um procedimento musical que se assemelha ao de um comerciante de cavalos, que coloca na música a rédea mais colorida e vistosa, a fim de ocultar sua mediocridade – como se a nova música, em seus mais significativos expoentes, não tivesse refutado de uma vez por todas semelhantes artifícios. Por outro, aqueles que desdenham a falsa riqueza esforçam-se por alcançar uma ascese que desejaria banir totalmente da música a alegria da cor, anulando assim a conquista da dimensão timbrística como um setor composicional essencial. A partitura do *Wozzeck* // corrige ambas as posições. A orquestra realiza a música no sentido cézanniano do *réaliser*. A estrutura composicional inteira, desde a subdivisão em larga escala até as mais finas nervuras da configuração motívica, revela-se em valores timbrísticos [Farbvaleurs]. Inversamente, não se emprega nenhuma cor que não possua uma função precisa para a representação da coesão musical. A

Berg

disposição orquestral corresponde completamente à disposição formal; combinações de conjuntos similares a um *concertino* são cuidadosamente equilibradas com os efeitos do *tutti*. A arte da união dos sons, do deslizar imperceptível de uma cor à outra, é incomparável. Todavia, a atmosfera dessa orquestra — que esquece de si e imerge nos espaços vazios por detrás das palavras büchnerianas — não é mero enfeitiçamento de estados de ânimo. Ela deriva da força que produz a nuance e que coincide com a instrumentação integral [Ausinstrumentieren], com a tradução do menor impulso composicional em seu equivalente sensível.

A melhor maneira de explicar a simplicidade da partitura é, talvez, comparando-a com Strauss. Em *Heldenleben* [Vida de herói], na *Salomé*, acontecem muito mais coisas sobre o papel do que se ouve depois na orquestra; uma grande parte daquilo que é escrito permanece ornamental, funciona como preenchimento. Em Berg, graças à completa subordinação da orquestra à construção musical, tudo parece de ser uma clareza quase geométrica, como em um desenho arquitetônico, e é somente na execução que se revela a plena riqueza da composição. Não há nada de supérfluo na partitura, esta não cria complicações inúteis, e as mais diferenciadas sonoridades — como a famosa impressão de um lago na cena da morte de Wozzeck — revelam--se, por vezes, tão simples como o ovo de Colombo. Aquilo que é omitido atesta uma capacidade de estruturação tão grande quanto aquela revelada por aquilo que está escrito: uma economia, que sozinha proporciona a vinculação [Verbindlichkeit] da forma à transbordante substância musical de Berg. Algumas cenas, que parecem extremamente complicadas na redução para piano — tal como a segunda cena do segundo ato: Fantasia e Fuga Tripla —, adquirem, na partitura orquestral, uma plasticidade e

Theodor W. Adorno

transparência, que a prática operística ainda está longe de alcançar (tendo sido Boulez aquele que as realizou pela primeira vez).

A coesão da estrutura – que apesar de toda a expressão dramática evita contrastes brutais e primitivos – é obtida // pela construção. *Wozzeck* foi a primeira obra cênica de longa duração em que se utilizou a linguagem da atonalidade livre. A eliminação da tonalidade obrigou ao desenvolvimento ainda mais enérgico de outros meios que pudessem produzir uma coesão de maneira convincente. Esses meios, porém, são aqueles de um trabalho motívico-temático, o qual provinha da tradição do classicismo vienense, e que foi tranferido para os palcos em toda sua extensão, tal como nunca havia acontecido anteriormente. Colocar esse trabalho em evidência é a tarefa da escrita [orquestral], a qual, desta vez, é de uma clareza mahleriana. Seria fazer uma ideia demasiado simplista dessa construção, se a confundissem com as formas da música absoluta – mencionadas com bastante frequência – que são utilizadas no *Wozzeck*. É certo que essas formas garantem a organização do decurso temporal sobre grandes superfícies; entretanto, elas não precisam nem devem ser percebidas como tais. Pelo contrário: elas são quase invisíveis – de maneira análoga ao que ocorrerá, mais tarde, com as séries em uma boa composição dodecafônica. Aliás, diga-se de passagem, que a coesão formal é reforçada por uma série de plásticos motivos condutores [Leitmotive], de caráter dramático-musical completamente wagneriano. A fuga tripla, na cena de rua do segundo ato, por exemplo, combina três dos mais importantes destes motivos (o do Capitão, o do Médico, e as tateantes tercinas do desamparo de Wozzeck). Muito mais importante do que tudo isso é, todavia, a construção interna da música, sua trama. Quando o *Wozzeck* foi escrito, muitos compositores – sobretudo

Berg

Stravinsky e Hindemith – tinham se esforçado em obter uma nova autonomia da música operística. Queriam libertá-la da dependência em relação à palavra poética. Também no *Wozzeck*, a música anuncia uma nova pretensão à autonomia na ópera. Mas o procedimento de Berg é exatamente oposto ao dos neoclássicos: uma imersão incondicional no texto. A composição do *Wozzeck* delineia uma curva extraordinariamente rica e multifacetada, que diz respeito à totalidade do desdobramento interior [do drama]: ela é expressionista, pois se desenrola inteiramente em um espaço anímico interior. Ela reproduz cada movimento dramático até o ponto do esquecimento de si. Justamente por isso, entretanto, ela é tão intrinsecamente organizada, articulada e desenvolvida por meio de variações, tal como acontece somente na grande música, tal como os movimentos instrumentais de Brahms ou de Schönberg. Essa composição conquista sua autonomia graças ao seu inexaurível desdobramento, que se renova a partir de si mesmo, ao passo que aquelas músicas de ópera que se emancipam da cena // e se desenvolvem sem controle, justamente por isso são ameaçadas pela monotonia e pelo tédio. Este é, talvez, o mais profundo paradoxo da partitura de *Wozzeck*, a saber: que ela obtém uma autonomia musical, não ao se contrapor à palavra, mas, sim, seguindo-a obedientemente, como sua salvadora. A exigência de Wagner, segundo a qual a orquestra deveria participar na execução do drama até as últimas ramificações e, com isso, tornar-se sinfonia, é realizada pelo *Wozzeck*, e isso finalmente elimina a aparente ausência de forma no drama musical. O segundo ato é, literalmente, uma sinfonia, com toda a tensão e toda a unidade da forma; e, todavia, ele é tão operístico em cada instante, que o ouvinte que ignorar aquele fato jamais irá pensar em uma sinfonia.

Não é inútil chamar a atenção, principalmente nos dias de hoje, para o fato de que *Wozzeck* é uma ópera e se autodefine como tal. Pois atualmente, no teatro destinado às casas de ópera, a música tende, cada vez mais, a se tornar mero acompanhamento cinematográfico, fundo musical radiofônico, mera música incidental. No *Wozzeck*, pelo contrário, onde a música absorve completamente o texto, ela se torna a coisa essencial, e toda a concentração — tanto em sua execução como em sua escuta — deveria ser-lhe consagrada. Com o mais exato instinto, o vanguardista Berg exigiu uma encenação "realista", sem dúvida para não subtrair o interesse voltado à música como elemento essencial. A música é temática; em cada cena ela expõe motivos ou temas plásticos, que ela modifica e carrega de história. E é também tematicamente que ela deve ser tocada — portanto, antes de qualquer coisa, deve-se executá-la de modo que os caracteres musicais sejam absolutamente reconhecíveis, como figuras de primeiro plano. Deve-se seguir os temas e aquilo que acontece com eles, quer sejam eles — tal como na cena dos brincos, no segundo ato — derivados a partir dos motivos mais mínimos, de maneira análoga a uma sonata; quer se trate do *scherzo*, na grande cena na taverna; ou das modificações do tema das variações, montado de maneira audaciosa, a partir de uma tonalidade fabulosa e da atonalidade que irrompe na cena da Bíblia, de Marie. Apesar de toda a fantasia sonora e dos efeitos orquestrais tão impressionantes — como o *crescendo* sobre a nota *si*, levado até o dilaceramento depois da morte de Marie ou o murmúrio das águas quando Wozzeck se afoga —, a sonoridade é sempre secundária, resultado dos acontecimentos puramente temático-musicais e gerados somente a partir destes.

Berg

Se nos concentrarmos sobre esses [acontecimentos temático-musicais]— tal como se faz, por exemplo, sobre as melodias em uma // ópera tradicional – todo o resto se esclarece por si, sobretudo o som berguiano: a angústia cristalina, sem escapatória, da cena no campo; a marcha, ao mesmo tempo estridente e obscura, que se passa atrás da cena; a canção de ninar, eco da natureza oprimida e cantante; o *Ländler* de indizível melancolia, na grande cena da taverna; a abismal pergunta de Wozzeck sobre as horas; o sono infeliz na caserna. A música vulgar, a felicidade pobre e danificada das criadas e dos soldados, é percebida e composta com sua própria estranheza de música reificada – porém, não com o sarcasmo stravinskiano, mas, sim, comportando-se de modo a exprimir uma compaixão ilimitada. Partindo da fantasia dramática, os meios composicionais são aí tão ampliados, a ponto de antecipar inúmeros procedimentos que só se realizarão trinta anos mais tarde: tal como a integração do ritmo na arte da variação temática, que foi redescoberta, depois, na música serial. A rápida e rústica polca para piano, nos primeiros compassos da segunda cena na taverna, fornece o modelo rítmico de tudo aquilo que, depois, acontece tempestuosamente naquela cena. A estrutura é tão perfeita, que ela só requer do ouvinte uma tensa disposição para acolher aquilo que ela dá prodigamente. O ouvinte não deve intimidar-se diante de um amor que, sem reservas, procura os homens onde eles estão mais necessitados.

Epilegomena ao *Concerto de câmera*

O *Concerto de câmera* para piano, violino e treze instrumentos de sopro (1925) – a primeira das composições de Berg que não recebeu o número de *opus* – marca novamente uma grande cesura em sua obra. Berg não teria sido o mestre da transição mínima se a nova vida, que começa com essa obra, se deixasse definir facilmente. Entretanto, esta é, sem dúvida, o arquétipo de tudo o que ele escreveu depois. A tendência à maior amplitude, à expansividade, move-se na direção oposta à concentração dramática do *Wozzeck*; poder-se-ia falar aqui de uma música épica, no interior da produção de um músico dramático por excelência.

435 O elemento jocoso na // disposição e no som está totalmente ausente no Berg mais jovem; é provável que, outrora, uma denominação como aquele "scherzoso" no tema das variações fosse desdenhada por ele. A mobilidade de grandes seções era, até então, estranha ao seu modo de proceder quase estático; não obstante, esse procedimento será depois novamente conservado em inúmeros aspectos. De acordo com Berg, a sugestão para que escrevesse um concerto teria partido originalmente de Schönberg. Permanece aberta a questão: se, do ponto de vista biográfico, a preocupação de não cair no maneirismo e de ficar fixado no estilo de *Wozzeck* não teria desempenhado um papel aqui. Todavia, é provável que, independentemente da vontade de Berg, uma tendência histórica da música tenha se comunicado à sua sensibilidade, de maneira análoga ao que se passou com Schönberg depois do *Pierrot*. Ambos devem ter sentido a mesma coisa: que não é possível deter-se no ponto-chave do expressionismo, na pura expressão do sujeito isolado. O problema espinhoso a ser resolvido é o de como conseguir superar essa situação sem precisar fazer empréstimos ilegítimos a uma linguagem de formas musicais que desmoronara irrevogavelmente diante da crítica daquela subjetividade. No *Wozzeck*, a alienação [Entäußerung] era preparada, até certo ponto, pela forma operística, pela *musica ficta* de personagens dramáticos; todavia, o caráter da figura dramática central, do anti-herói paranoide e literalmente alienado, favorecia o gesto expressionista no interior da forma operística (que, de outra forma, é oposta a este). Na música instrumental pura, que não dispõe de tal auxílio, a tarefa torna-se mais árdua. Por meio da escolha da forma concertante – que mais tarde será retomada também por Schönberg em duas ocasiões –, Berg procura a solução para essa tarefa, em um "como se" [als ob] ao modo do *Pierrot* e da *Serenata* de seu mestre. Por isso a jocosidade. Entretanto, no concerto desse compositor que avança de maneira tateante e cautelosa, as camadas mais antigas muitas vezes se sobrepõem às mais novas, fomando configurações complexas. Isso poderia dar uma ideia da excepcional dificuldade que o *Concerto de câmera* apresenta, em igual medida, tanto ao intérprete como ao ouvinte. Não se trata de uma mera frase feita, mas, sim, de algo que se mostra concretamente, quando se afirma que o *Concerto de câmera* é uma obra de transição; foi preciso esperar dez anos para que Berg, no *Concerto para violino*, destilasse retrospectivamente a sua essência, de maneira soberana.

A relação com o *Pierrot* – apesar da diferença entre // os seus temas comprimidos, contraídos, e os temas amplamente expandidos do *Concerto* – pode ser observada até mesmo no interior das células motívicas. Poder-se-ia considerar o interlúdio [Exemplo 25] logo após a "Enthauptung" [Decapitação], na segunda parte do *Pierrot*, como modelo para os caracteres do *Concerto*, cujo tema principal também está no compasso de 6/4. Entretanto, a peça de Berg – composta bem mais tarde, depois da Primeira Guerra – não mais possui o caráter dilacerado dos melodramas de Schönberg: trata-se de uma música mais despreocupada e, justamente por isso, mais "concertante". A tendência a uma espécie de retorno a uma arquitetura anteriormente proscrita – à qual Schönberg dá livre curso pela primeira vez no *Quinteto de sopros* – predomina no *Concerto de câmera*, que data aproximadamente da mesma época. O *Concerto* admite novamente temas no sentido pré-crítico; no conjunto, ele tem algo de uma retomada do idioma mais antigo, no nível do material empregado – aliás, também nisto ele se assemelha ao *Pierrot*. Todavia, apesar de seu título, a obra não é um simples concerto; para os dois instrumentos solistas, não se trata de um concerto propriamente dito. Eles são tratados com notável circunspecção, como se Berg tivesse medo de explorar as suas possibilidades de maneira imprudente. Certa vez, Steuermann queixou-se, de maneira meio jocosa, de que o piano, ao longo de toda a peça – com exceção de seu *solo* na primeira variação do *scherzoso* –, não tinha nenhuma oportunidade de se exibir plenamente; há, no máximo, a grande cadência, que faz o ajuste de contas com os solistas. No rondó, em particular, o piano nem sempre é empregado de maneira brahmsiana – como normalmente ocorre na escola de Schönberg – como um instrumento para duas mãos e com sua escrita correspondente; mas, em certas passagens, ele possui uma escrita vocal. É certo que, a isto, contrapõem-se passagens extremamente pianísticas; porém, considerando-se a sonoridade geral, é surpreendente o quão pouco estas aparecem em primeiro plano. Como Berg costumava dizer nesses casos: há aí simplesmente música demais para que isso seja possível.[10]

---

10 Berg inseriu algumas extravagâncias, que estão ocultas na disposição instrumental, tais como os *pizzicati* do violino nos compassos 111 e 112, sendo que em todo o restante do primeiro movimento o violino-solo se cala; ou os doze toques de sinos, executados de

// Exemplo 25 (extraído do *opus* 21 n.13, de Arnold Schönberg)

Theodor W. Adorno

438   // Entretanto, exige-se o máximo do conjunto de sopros que acompanha. Sobretudo os metais, num andamento veloz, são conduzidos aos limites do exequível. Berg fez uma alusão a isso na famosa carta de dedicatória a Schönberg: um concerto seria "precisamente a forma artística em que não somente os solistas [...] têm a oportunidade de mostrar todo o seu brilho e virtuosismo, mas na qual também o autor pode fazê-lo". Seria, portanto, um concerto para o compositor, e não para os concertistas. O solitário expressionista se afirma no primado desse Eu que compõe. Isso teria levado Berg ao paradoxo de fazer com que, por assim dizer, os personagens principais, os concertistas, passassem para o segundo plano; ou, em todo caso – para em-

---

maneira extremamente suave pelo piano sobre o dó♯ grave, no cerne do movimento lento, no qual, de resto, o piano se cala completamente; esta passagem pode ter sido inspirada pela [Sinfonia] *Domestica* de Strauss. Sem dúvida, essas passagens contradizem as tradicionais boas maneiras no ato de compor. Estas exigem que o compositor respeite as regras estabelecidas por ele mesmo – o *Tacet* do violino no primeiro movimento e do piano no segundo movimento, instrumentos que se unem somente na Cadência e no rondó. De maneira tão discreta quanto dotada de um gosto pelo proibido, foi sem dúvida deliberadamente que Berg transgrediu estas boas maneiras, suprimindo assim os limites estabelecidos. Como amigo do alvoroço, Berg se rebelou contra o apurado esquema A+B=C, que ele próprio esboçou graficamente. Ao mesmo contexto pertence a inserção de quartos de tom, como potencialização do cromatismo, no *adagio* (compassos 280 e 441) e nas passagens correspondentes do rondó. Já no *Wozzeck* ele tinha ousado empregar os quartos de tom. Todavia, a intenção não é, como em [Alois] Hába, a de obter uma ampliação do material musical, mas, sim, uma intensificação do princípio de composição infinitesimal. As consequências do cromatismo conduzem para além do território seguro dos doze semitons.

Berg

pregar novamente as palavras de Berg –, a não deixá-los "atuar solisticamente", no sentido tradicional. Queria, a seu bel-prazer, ser tão complicado como de fato o era, indiferente diante do ludibriante preceito estético posterior à Primeira Guerra, que exigia *clarté* e simplicidade de uma obra de arte – embora, na verdade, isso fosse apenas para evitar que o público, em plena regressão, tivesse de se esforçar demais. Essa propensão de Berg convinha à forma de concerto, na medida em que esta permitia que também o compositor participasse do jogo, dando vazão a todos os caprichos imagináveis. Porém, ao mesmo tempo, ele teve que conduzir a insaciabilidade composicional, o prazer em fazer combinações, para que o resultado fosse um todo organizado e coerente. O *Concerto de câmera* não coloca a questão acerca de como se poderia expor um sentido [Sinn], mas, sim, de como algo extremamente rico e desmedidamente luxuriante poderia adquirir um sentido pleno [sinnvoll]. Isso implica uma limitação do ideal de "rigorosa necessidade" professado por Berg. Com efeito, Kolisch assinalou certa vez, em uma conversa, a presença de traços não rigorosamente necessários em Berg, como algo essencial para se determinar a diferença deste em relação a Schönberg. Com isso ele estava se referindo // seja à formação dos temas – raramente os temas de Berg são levados à formulação mais extrema e pregnante, tal como os temas de Schönberg –, seja ao uso por vezes negligente de meios formais que, por si, não toleram a negligência: por exemplo, uma sobreposição aproximativa, contrapontisticamente inexata, de certos complexos musicais. Um exemplo dessa maneira de proceder é o consequente [Nachsatz], de extraordinária beleza inventiva, do tema das variações (*meno allegro*, compasso 25 e segs.), no qual Schönberg certamente teria evitado, no terceiro compasso, a repetição do motivo formado por uma colcheia e uma semínima e, sem hesitação, teria seguido adiante com a figura em colcheias. No entanto, justamente a hesitação do decurso motívico, o gesto de dar tempo a si mesmo, contribui mais uma vez para a expressão da passagem e, com isso, para a sua beleza [Exemplo 26].

Exemplo 26

Também o tema principal do Doktor Schön, na *Lulu*, contém em seu segundo compasso uma nota supérflua à primeira vista e, não obstante – ou justamente devido a isto –, característica. Foi também devido a fenômenos como este que a geração posterior à Segunda Guerra – que tinha em vista a composição integral – pôde revoltar-se contra Berg. Hoje em dia, sob um ponto de vista crítico mais elevado,[11] permanece em aberto se aqueles traços de Berg – os quais, juntamente com outros, // formam uma síndrome – são realmente defeitos. Se é verdade que em Berg

---

11 Cf. Theodor W. Adorno, *Klangfiguren*. Frankfurt, 1959, p.279.

Berg

nenhuma figura musical pretende ser absolutamente ela mesma; que cada uma delas aspira à sua própria liquidação, então ao menos o conceito de pregnância temática perde um pouco de sua autoridade. O niilismo dinâmico de Berg não poupa as normas — às quais, contudo, enquanto artista preciso e consciencioso que era, ele não podia renunciar. Ao mesmo tempo que Berg — tendencialmente, já no *Wozzeck*, e depois explicitamente, no *Concerto de câmera* — reforçava cada vez mais a construção, ele não podia deixar de se incomodar precisamente com aquele elemento rígido e heterônomo dela. Ele não teve, inicialmente, uma reação entusiástica diante da técnica dodecafônica. Se Berg, músico dotado de *désinvolture* austríaca, ainda levava a construção extremamente a sério — embora não com tanta seriedade —, ele procurava depois corrigi-la, atenuando humanamente a sua rigidez. Seu procedimento primordialmente estético opunha-se à pura irrepreensibilidade, sem temer os inconvenientes que isso implica — contudo, sem que ele (ou um outro) pudesse aplainar a antinomia entre aquilo que é rigorosamente necessário e aquilo que não o é. Trinta anos depois os jovens compositores tiveram que se defrontar com uma situação análoga ao reelaborar, com as mãos e os ouvidos, aquelas estruturas escolhidas, de acordo com seu propósito, exclusivamente a partir do material: em literatura procedeu-se de maneira similar com certos textos aleatórios. Somente se faz justiça a todas essas perspectivas se as considerarmos em relação ao "som" berguiano, a uma expressão que foge à obstinação e nega a autoafirmação. Com incansável autocrítica — e, no final das contas, em nome dessa autocrítica — a sua música não deseja ser tão precisa e refratária. Uma espécie de desconcentração em segundo grau, de deliberada lassidão, é o fermento de seu caráter. Sua natureza artística era mais forte que toda a sua formação técnica. Isso pode ter favorecido sua predisposição para uma extensão temporal imoderada, e também para o gênero concertante.

Se o *Concerto de câmera* tem sido um pouco negligenciado pela literatura especializada, isso se deve, talvez, àquela carta de Berg a Schönberg, que foi considerada uma análise, por assim dizer, autêntica. Não o é; embora esta carta trate de alguns detalhes intrincados, ela apenas fornece o enquadramento para uma tal análise ou, se quisermos, o delineamento da obra, que só é realizado pela própria composição. // As dificuldades concretas de compreensão não são superadas pela carta. A extensão de tais dificuldades aparece de maneira evidente por meio da escuta dos discos, nos quais a maior parte das coisas pode até estar correta no plano vertical, porém, em vez de manifestar as conexões musicais sucessivas, apresentam um discurso ininteligível [Galimathias].[12] Quem deseja penetrar no *Concerto de câmera* deve estudar a partitura e ter cuidado com as gravações. Mesmo a afirmação constantemente reiterada acerca da transparência camerística dessa obra baseia-se somente na disposição do conjunto, e não na escrita da peça. Esta é extraordinariamente complexa e difícil de se apreender auditivamente, sobretudo no rondó, cuja ideia consiste em apresentar simultaneamente as variações e o *adagio*, de uma maneira que o compositor da *Ariadne*[13] — que pretendia combinar a *opera seria* e a *opera buffa* — não con-

---

12 Uma exceção, segundo o julgamento de pessoas extremamente competentes, seria o disco de Harold Byrns, ao qual infelizmente não tivemos acesso.

13 Trata-se da ópera *Ariadne auf Naxos* (1912), composta por Richard Strauss, com libreto de Hugo von Hofmannsthal. [N. T.]

Berg

seguiu realizar. Num sentido tristaniano, pode-se dizer que a cisão da melodia vai bastante longe. A tarefa de reunificar aquilo que foi cindido é, para o regente, quase proibitiva.

O início do tema é constituído por uma melodia do corne inglês, acompanhado por dois clarinetes, que se expande segundo o procedimento descrito anteriormente com o exemplo do jogo sobre a palavra *Kapuziner*. Já no final do terceiro compasso essa melodia continua, no mesmo instrumento, com um motivo que começa com a nota *lá* contida no *Motto* – o qual consiste na representação musical das letras do nome de Schönberg.[14] A nota crítica, o *lá*, choca-se, num registro bastante próximo, com o *si* e o *sol* dos dois clarinetes, e depois até mesmo com um *lá♯* do clarinete em mi bemol, formando assim uma segunda menor. O motivo desse choque pode ser explicado pela construção: ao mesmo tempo que o corne inglês termina sua frase – e de uma maneira que já antecipa completamente um procedimento que seria utilizado inúmeras vezes mais tarde, na técnica dodecafônica desenvolvida –, os clarinetes que o acompanhavam entoam a conclusão do anagrama de Schönberg. Mas com esse *lá*, Berg abandona abruptamente o espaço sonoro solidamente definido dos primeiros três compassos, pelo qual a percepção se orientou; isso aumenta o desconcerto. A dificuldade agora coincide exatamente com a colisão que se produz entre o antigo procedimento composicional de Berg – que ainda predomina nos três primeiros compassos – e seu novo procedimento: pois

---

14 Berg utiliza a notação germânica para representar, no tema do primeiro movimento, os nomes de Schönberg, Webern e também o seu próprio nome: ARNOLD SCHÖNBERG (Lá-Ré-Mi♭-Si-Si♭-Mi-Sol), ANTON WEBERN (Lá-Mi-Si♭-Mi), ALBAN BERG (Lá-Si♭-Lá-Si♭-Mi-Sol). [N. T.]

o anagrama // do nome de Schönberg, como constatou Redlich, é empregado, ao longo de toda a peça, mais como uma série do que como tema. Os pontos críticos da obra são, na maior parte das vezes, aqueles nos quais seus princípios formais [Gestaltungsprinzipien] se chocam de maneira semelhante.

No compasso seguinte a nota *ré*, que conclui a frase do corne inglês, é retomada pelo trompete. De acordo com a instrumentação, isso deve ocorrer imperceptivelmente, apenas pela mudança tímbrica sobre uma nota que permanece idêntica. Mas só para realizar essa linha *lá-ré*, e depois a imperceptível mudança tímbrica sobre o *ré*, com clareza e sem confusão, seria necessário um tempo de ensaio muito maior do que aquele normalmente disponível. Para tornar possíveis execuções satisfatórias desta peça, o máximo dispêndio de tempo nos ensaios seria justamente uma medida de economia. A passagem citada é ainda, em certa medida, inócua – embora provoque danos ao ser colocada no início, pois tudo o que vem em seguida depende da apresentação clara do tema; no rondó, a dificuldade se multiplica incessantemente. Berg poderia ter simplificado as coisas se, já a partir do *lá*, tivesse dobrado o corne inglês com o trompete. Como ele ponderava cada detalhe da instrumentação da maneira mais exata possível e, além disso, acreditava que todo acontecimento composicional podia ser realizado instrumentalmente de diversos modos, pode-se talvez supor que não fez uso desta possibilidade a fim de enfatizar melhor, com o trompete, o ponto culminante da frase na nota *ré*. No conflito entre estrutura motívica e clareza tomou partido pela primeira e, como pioneiro de um novo procedimento composicional, incorporou também momentos aparentemente canhestros. Foi simplesmente um ato de integridade – e não uma derrota do grande regente – quando

Berg

Webern interrompeu os ensaios do *Concerto de câmera*. Aliás, isso correspondia inteiramente ao hábito do círculo de Schönberg, que preferia sabotar as execuções dos próprios trabalhos a deixar passar aquele tipo de interpretação que não apenas não compreende aquilo que executa, mas nem mesmo se dá conta dessa ausência de compreensão, perdendo assim o controle musical da situação. Pois assim a nova música soa literalmente daquela forma que os seus inimigos perfidamente desejam e imaginam que ela seja. Não obstante a capacidade adquirida no *Wozzeck*, de obter os efeitos mais diferenciados com meios relativamente simples, o mahleriano Berg não se empenhava // sempre em realizar uma instrumentação, por assim dizer, segura e desprovida de riscos, na qual nada pode dar errado; foi somente em suas últimas peças que ele prestou atenção a isto. No *Concerto de câmera*, pelo contrário, o risco é de que a instrumentação acabe por romper a linha, se a execução não for adequada. Isso, mais uma vez, está em concordância com o fato de que, em toda a obra de Berg, a dimensão harmônica, coordenada à dimensão tímbrica, permanece autônoma; enquanto em Schönberg, que é muito mais linear, a harmonia – de acordo com sua formulação – "não está em discussão no momento". É evidente que, com isso, não se facilita a realização sonora da melodia e do contraponto – que naturalmente dominam nesta peça para sopros. Por meio dessa falta de cuidado, o Berg maduro demonstrou ainda quão pouco a sua maestria estava disposta ao compromisso.

As dificuldades que o *Concerto de câmera* apresenta são, ao menos em uma dimensão, totalmente contrárias àquelas que o ouvinte da nova música geralmente espera. Tal como a partitura, também a imagem sonora e a estrutura nada revelam do dilaceramento; o concerto está no polo oposto ao do ponti-

Theodor W. Adorno

lhismo. O concerto não obedece àquela máxima espirituosa de Schönberg, que dizia que o compositor de música de câmera deve levar em consideração que as páginas precisam ser viradas; em outras palavras, ele deve sempre prever pausas. [O *Concerto de câmera*] é, seguramente, uma das obras mais pobres em pausas da nova música. Quando se escreve uma pausa geral — como no compasso 630, antes do desenvolvimento do rondó —, esta assinala uma das cesuras mais importantes. Todavia, justamente essa continuidade, da qual se deveria esperar uma facilitação da escuta — porque guia o ouvido e o libera da necessidade de criar pontes —, produz o efeito oposto no *Concerto de câmera*, assim como também em outros trabalhos de Berg. Raramente são concedidos sinais auditivos que permitam uma certa orientação. O peso da articulação deve, por assim dizer, ser carregado pelo ouvinte; é necessário um esforço de diferenciação perceptiva, para que ele seja capaz de fazer distinções em meio a esse entrelaçamento e sobreposição de elementos, e possa modelar o decorrer da forma. De maneira análoga ao classicismo vienense, as vozes que ressoam simultaneamente — por mais que cada uma das linhas contrapontísticas seja melodicamente completa — não possuem uma importância igual; ao contrário, elas possuem pesos diferentes como voz principal, voz secundária e acompanhamento. A arte // da recepção consiste, antes de tudo, em seguir a voz principal no seu caminho frequentemente bastante tortuoso; se se consegue fazer isso, as vozes secundárias e de acompanhamento — que estão sempre em função da voz principal, e são complementares a esta — tornam-se aparentes por si sós. Todavia, se a dignidade das vozes em suas mútuas relações não é inequívoca — tal como acontece na maior parte das execuções —, o ouvinte está perdido.

Muito pouco usuais são, além disso, as exigências próprias à combinação temática, cuja finalidade é de condensar as relações entre as vozes simultâneas [Exemplo 27].

Exemplo 27

O mesmo tema aparece simultaneamente em três diferentes valores de duração: o trompete e o trombone o executam em semínimas, as trompas e os clarinetes // em colcheias, o clarinete baixo e o fagote em semicolcheias. Além disso, o violino (compassos 304-305) executa o ritmo temático principal que havia sido gerado no *adagio*, de acordo com o princípio aplicado pela primeira vez no *Wozzeck*, e que mais tarde, na *Lulu*, será desenvolvido até a grande forma da monorrítmica. Naturalmente, excetuando-se talvez os especialistas, não se poderá esperar dos outros ouvintes que eles percebam imediatamente todas as relações. A função dos artifícios empregados aqui é a de configurar contrapontisticamente as relações harmônicas mais livres, de tal forma que elas se comuniquem de maneira impositiva. A ideia de um ritmo temático foi cultivada de maneira análoga no *Quinteto para sopros* de Schönberg, principalmente no rondó, provavelmente sem que um soubesse do outro. A transferência da dimensão intervalar para o âmbito pré-composicional do material da série acaba por limitar a capacidade que os intervalos possuem para configurar o tema. Com isso, a relevância temática da dimensão rítmica aumenta por si só.

O tema das variações, que ocupa os primeiros trinta compassos, define o modo pelo qual a obra inteira é constituída. Ele é bastante extenso, e está longe da ideia que tradicionalmente se faz acerca de um tal tema. Ele se distingue não apenas por sua extensão, mas também por seu caráter. Em sentido algum, por mais remoto que seja, pode-se atribuir a esse tema a característica de completude própria a um *Lied*. Pelo contrário, ele se desenvolve em si mesmo, dinamicamente e de maneira ricamente articulada, com uma seção central plena de ímpeto, que chega a um ponto culminante e logo se extingue, e com um inconfundível consequente [Nachsatz] que desempenha uma função quase de coda. Do ponto de vista de sua estrutura interna, o início e a seção central não são, de modo algum, antitéticos; mas, sim, ligados entre si por um período *scherzando* (a partir do compasso 8), que funciona como transição. A essência do tema, que é dinâmico em si, influencia o procedimento empregado nas variações. Berg não varia o tema como se ele fosse dado de antemão, mas, antes, repensa o desenvolvimento do tema. É certo que, após a primeira variação – a qual é, por assim dizer, uma espécie de *ritornello* não escrito do tema –, segue-se uma profunda intervenção, recorrendo à ideia de inversão, retrógrado e inversão do retrógrado. Com isso, Berg desejava que as três variações intermediárias, que se utilizam daqueles procedimentos citados, fossem compreendidas igualmente como variações propriamente ditas, e também como desenvolvimento // do movimento inteiro. Consequentemente, a última variação deve ter o efeito de uma reprise – todavia, extremamente modificada – e com figurações canônicas imensamente complicadas. Embora as três variações intermediárias formem um único conjunto, elas se diferenciam e contrastam no caráter: a segunda se baseia num ritmo de valsa e permanece similar a um *Ländler*, a terceira, *kräftig bewegt* [vigorosamente movida], apresenta frequentemente uma estrutura de acordes, a quarta, *sehr rasch* [muito veloz], possui claramente o caráter de um *scherzo*, com seu compasso de 6/8. A terceira expõe pela primeira vez um tipo de escrita que pode ser reencontrado no Berg tardio – no trecho central da ária "Der Wein", nas partes do Atleta na *Lulu*, e também em certas passagens dramaticamente críticas do *Concerto para violino* – a saber: o gesto de catapultar acordes [Akkordschleuder]. Provavelmente o papel desse tipo de escrita é o de formar um contrapeso ao princípio da transição mínima. Desde o início (cf., por exemplo, o compasso 128 e segs.) o princípio de catapultar acordes – ao qual é inerente um elemento de marcada aleatoriedade – liga-se com um procedimento que, vinte anos mais tarde, tornou-se bastante popular, mas que remonta a Debussy. Trata-se do procedimento do *cluster*

Theodor W. Adorno

sonoro, um dos meios com os quais Berg engenhosamente destrói o domínio sonoro, adaptando a ele o ruído.

O movimento central do *Concerto*, *adagio*, foi definido por Berg, em seu panorama geral, como uma peça "baseada sobre a forma tripartite do *Lied*" – evidentemente porque a primeira metade do movimento, que se desenvolve em direção retilínea, leva a uma reprise do primeiro tema a partir do compasso 331. Em sua maturidade, não era raro que Berg recorresse a tal procedimento para a articulação de formas amplas e ramificadas. Todavia, a ideia da tripartição não poderia descrever exatamente a natureza desse movimento; sua especificidade é a extraordinária riqueza de temas que se situam fundamentalmente sobre o mesmo plano. Mesmo sendo apresentados em intensidade variável e possuindo dimensões diversas, nenhum desses temas é meramente acessório. Embora o *adagio*, sobretudo em seu primeiro tema, apresente uma escrita bastante homofônica em comparação com o rondó, essa abundância de temas – à qual correspondem cinco diferentes tempos principais – ameaça desorientar [o ouvinte]. A desvantagem vinda do uso de um grupo de sopros se manifesta no tempo lento; mesmo com a máxima flexibilidade do tratamento composicional, e mesmo com a mais afetuosa execução, essa formação instrumental oferece maior resistência à intenção de Berg do que um grupo de cordas. A predileção de Berg // pela fusão de sonoridades – obtida por meio da diminuição de uma delas até o *pianissimo*, para então transpô-la, de maneira imperceptível, para um novo timbre – é prejudicada pelo fato de que nem todos os instrumentos de sopro dispõem do mesmo *pianissimo* (ou apenas do mesmo *piano*), de modo a não poderem ligar-se de maneira tão contínua e sem rupturas, como seria possível numa orquestra completa. Por exemplo, se a nota mais grave de um acorde de acompanhamento é acentuada pelo trombone, a ênfase natural desse instrumento é tamanha, que ele suscita quase automaticamente a impressão de estar tocando a voz principal, desviando a atenção da verdadeira melodia, sobretudo se ela estiver confiada a um clarinete num registro mais fraco. O *adagio* inteiro é dominado por problemas desse tipo. Todavia, embora também aqui prevaleça o princípio da transição, pode-se dizer que cada um dos temas singulares possui um perfil bem definido. O primeiro deles, enunciado por três vezes com um deslocamento métrico, prolonga-se amplamente sobre um acompanhamento de acordes; numa certa passagem, dois clarinetes e o clarinete baixo imitam um *tremolo* de cordas, assim como, mais adiante, acordes maciços das madeiras imitarão a plenitude sonora do órgão. O segundo tema difere do primeiro, sobretudo pelo tipo de escrita: vozes muito tênues, independentes, tocadas em registros muito distantes entre si. O terceiro tema, de uma importância central para o desenrolar do concerto inteiro, é exposto pelo clarinete: uma das mais belas ideias líricas de Berg [Exemplo 28].

Exemplo 28

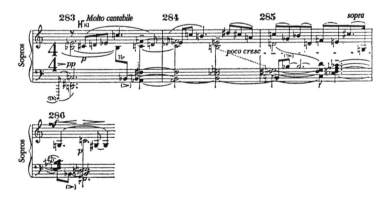

Theodor W. Adorno

448 O tema é desenvolvido de maneira ampla e intensificado sinfonicamente // até chegar ao seu ponto culminante (compasso 314). Ao rápido *diminuendo* segue-se um quarto tema, mais lento (*schleppend*, Tempo V, compasso 322 e segs.), e a reprise variada do primeiro (compasso 331 e segs.).

A concepção do *Concerto* como um todo impede, num primeiro momento, uma seção de desenvolvimento no *adagio* – além disso, o rondó funciona como desenvolvimento tanto do primeiro como do segundo movimento. Da mesma forma, se considerarmos o *adagio* por si só, perceberemos que a sua abundância de temas e o caráter de desenvolvimento do terceiro tema – que é quase um tema desenvolvido em si mesmo – excluem um desenvolvimento compreendido no sentido tradicional. O *adagio* também toma parte na liquidação da forma sonata. A repetição simples ou variada da exposição, sem desenvolvimento – solução escolhida por Berg no primeiro movimento da *Suíte lírica* –, não foi possível por causa da considerável extensão daquilo que, de acordo com o esquema formal, seria chamado de exposição (compassos 241 a 330). A repetição de uma estrutura tão complexa teria resultado em algo absolutamente desproporcionado à sua diferenciação. Essa situação – ausência de desenvolvimento e de reprise, e, contudo, a necessidade de estabelecer um equilíbrio formal e coerência – evocou, quase por si mesma, a ideia de recorrer ao retrógrado de toda a exposição. Tal como em certos movimentos de Mahler – no *adagio* da *Nona sinfonia* – a retrogradação da forma como um todo deve produzir aquela completude que não é mais garantida pelo esquema de uma música cuja fibra é inadequada a esse esquema. A técnica serial provém não apenas do microcosmo composicional, mas também do macrocosmo. Aquilo que o preconceito

Berg

considera cálculo e artifício possui um bom motivo artístico: a necessidade de evitar uma identidade enrijecida e, não obstante, sem acrescentar um desenvolvimento supérfluo àquilo que já foi desenvolvimento.

Ao girar em torno de si mesmo, o longo movimento consegue verdadeiramente, na sua segunda metade, realizar a não identidade do idêntico. A organização das partes em movimento retrógrado mostra até que ponto trata-se aí de uma realização artística, e não de uma concepção abstrata. Essas partes trazem à luz, no interior do *Concerto*, uma certa inautenticidade, algo de derivado, particularmente no magnífico terceiro tema. Pois em Berg, assim como em Schönberg, os temas conservam rigorosamente o caráter de ideia espontânea [Einfall]. Eles não são deduzidos da construção – ou o são apenas raramente. Esse caráter de ideia espontânea necessariamente // desaparece com a forma retrógrada. Esta [forma retrógrada] é de natureza secundária. Um procedimento composicional que seja objetivo (no sentido mais elevado) deve conservar esta qualidade secundária como aspecto objetivamente presente na estrutura, deve enfatizá-la e tornar as formas retrógradas reconhecíveis na qualidade de derivações. A falta de plasticidade, que é própria da forma retrógrada (comparada à forma original), deve ser elaborada, deve ser trazida à fala. É somente onde se compõe puramente com a série, sem temas ou motivos primários – como se procedeu posteriormente na escola serial – que a forma original e o seu retrógrado são fundamentalmente equivalentes. As vantagens e desvantagens se equilibram. Ao preservar o caráter de derivação [do retrógrado], Berg articula sua relação com o tema, e cria diferentes níveis de presença das totalidades parciais [Teilganzheiten], distinguindo entre sua composição [Setzung] e a sua essência funcional. O procedimento posterior, mais coerente, não mais tolera tais distinções. Contudo – como o próprio Berg enfatizou acerca da segunda metade do *adagio* –, a inversão de um texto musical inicialmente carregado de sentido, mas que originalmente não havia sido concebido visando a sua retrogradação, só adquire sentido se esse princípio de retrogradação não for aplicado de maneira estrita, mas, sim, segundo as palavras de Berg: "em parte numa configuração livre do material temático retrógrado, em parte, porém, de acordo com a exata imagem em espelho". Aos ouvidos do purismo dodecafônico e serial, a sensibilidade estética que requer esta solução acaba por obscurecer a construção, por meio de decisões subjetivas contingentes.

Dois detalhes da obra merecem uma atenção particular. O primeiro deles é a transição do movimento lento para a cadência – a qual, por mais selvagem que seja o seu gesto, deriva nota por nota dos dois primeiros movimentos. Após o *adagio* ter se extinguido num *pppp* do violino, o início da cadência – com o *fff* do piano – estabelece o único contraste abrupto do concerto – contraste necessário para assegurar a plasticidade do decurso formal. Mas é como se o cuidado de Berg em estabelecer mediações seguras, ao mesmo tempo mal pudesse suportar o contraste do qual também tinha necessidade. Berg desejava reconciliar até mesmo esse contraste com a arte wagneriana da transição. Ele próprio colocou-se a tarefa, literalmente paradoxal, de fazer com que um extremo *pianissimo* e um extremo *fortissimo* se sucedam de maneira rude, com um efeito de surpresa; mas, ao mesmo tempo, produzindo algo como um *continuum* dos graus de intensidade – a quadratura do círculo. // De maneira hábil e engenhosa, ele tornou possível o impossível. Enquanto o violino e o conjunto de sopros tornam-se inaudíveis, no final do *adagio*, o piano inicia de maneira imperceptível, em anacruse, quatro compassos antes, e a partir da figura do *attacca*, sobre a última colcheia do *adagio*, ele se intensifica até o *fortissimo*, de modo que a explosão do piano é preparada por um contínuo *crescendo*. Este, todavia, acontece como que por trás dos bastidores. O piano, que se cala ao longo do segundo movimento, é quase imperceptível nesses compassos preparatórios. Na verdade, percebe-se certo rumor no registro mais grave do instrumento; para o ouvinte, no entanto, mesmo que estejam em constante diminuendo, o *piccolo* e o violino permanecem em primeiro plano como acontecimento melódico principal. De tal modo, o extremo contraste é, de fato, realizado, e, ao mesmo tempo — para a percepção subcutânea — atenuado: um *tour de force*, um pouco como se Berg quisesse zombar de si mesmo. Pois, evidentemente, o efeito total está subordinado à lei lógica da contradição. Para esse efeito, a figura determinante permanece sendo o esvanecer do som, enquanto o *crescendo* do piano é mero pano de fundo. Berg compõe para diversos níveis de percepção, tanto conscientes como inconscientes.

Segue-se a conclusão da peça, a qual pode ser definida, sem exageros, como única na Nova Música. Desde o fim da tonalidade e dos tipos formais a ela ligados, o problema mais difícil — similarmente ao que acontece no drama — é o de como se deve concluir. O esquema não garante mais nenhuma conclusão necessária, e a interrupção baseada simplesmente no contexto composicional individual está quase sempre dominada pela sombra do acaso, como se o ato de interromper ou prosseguir com a peça fosse indiferente. A *Suíte lírica* — que renuncia a um final e descobre a forma do fim [Gestalt des Endes] a partir da própria impossibilidade deste — mostra o quanto a imaginação de Berg deu voltas em torno desse problema. O *Concerto de câme-*

ra, pelo contrário, aspira a um autêntico *fine* – e o alcança. Para isso não basta forçar um ponto final harmônico, embora não se possa concluir sem algo desse gênero (compasso 780). Mas aqui, tal como em suas demais obras, Berg não se contenta com a violência: segundo a antiquada expressão usada pela escola de Schönberg, é preciso que os temas "vivam até o fim", que eles sejam liquidados. Todavia, é necessário que haja uma sensação convincente de conclusão. // Com a máxima força, indo do registro mais grave ao mais agudo, o piano amontoa uma sucessão de sons (compasso 780), que trazem em si o caráter do definitivo e produzem a reviravolta decisiva. Enquanto esse complexo de acordes ressoa ao longo de seis compassos de 4/4, o violino e os sopros trazem de volta alguns motivos do *motto*, entre os quais, o anagrama sobre o nome de Schönberg (trombone) e aquele sobre o nome de Berg (trompete). Por meio de fermatas cada vez mais longas separam, após cada compasso, os fragmentos melódicos – os quais são divididos uns dos outros, tornando-se cada vez mais curtos, até reduzirem-se a nada. A conclusão como um todo forma uma espécie de paralelo com a introdução da cadência; o retumbante acorde conclusivo, com seu caráter muito bem definido, é mantido; mas ao mesmo tempo a vitalidade motívica se desfaz, as linhas se esvaem. Para que esse efeito se realize, contudo, é necessária uma interpretação que saiba fundamentar esse final como resultado do desenvolvimento precedente do rondó, particularmente de seu *stretto*.

Suíte lírica

De todas as obras de Berg, a *Suíte lírica* para quarteto de cordas é aquela que, depois do *Wozzeck* e do *Concerto para violino*, obteve a maior notoriedade. Se aquela doutrina de Kierkegaard, segundo a qual a verdade se impõe pela sedução, possui alguma legitimidade, isso é provado pela *Suíte lírica*. É impossível imaginar uma música cuja maestria saiba dar forma a seu material com maior força de sedução sem, contudo – por meio da inautenticidade do material ou através da imposição de restrições externas –, fazer a mínima concessão ao esplendor e à eufonia. A fidelidade à aparência é intensificada até tornar-se a lei formal do próprio rigor. Tão inexorável é a demanda pela consistência da aparência, pela eficácia de tudo aquilo que aparece [alles Erscheinende] que, justamente a partir daí, configura-se um novo cânone da composição – tão necessário [verbindlich] como o é apenas aquele que é proveniente da coerência do material, e com o qual ele termina por coincidir. É por isso que a *Suíte lírica* conduz ao mundo da *Lulu* e ao estilo tardio de Berg, como a um estilo de uma "sensualidade segunda". O sucesso – que se deve, em primeiro lugar, à atividade incessante do // Quarteto Kolisch – remete de volta ao centro da *Suíte*; mas o seu maior e mais paradoxal sucesso, todavia, permanece sendo o fato de que ela não precisa envergonhar-se desse sucesso.

Entretanto, tal sucesso é bastante surpreendente. Pois esta obra – fruto da maestria mais madura e dotada da mais desenvolta superioridade – é uma virtuosística obra-prima do desespero. Não há nenhum compasso na *Suíte lírica* que renegue o compositor das duas tragédias, no intervalo entre as quais esta obra foi escrita. Desprovida de qualquer intenção ilustrativa, esta obra certamente não pode ser considerada um poema musical, no sentido adotado pela Escola Neo-alemã. Em compensação, trata-se de uma ópera latente. Na introdução que escreveu para esta partitura, Erwin Stein definiu-a como uma suíte lírico-dramática. Tal denominação é legítima, se a compreendermos naquele sentido especificamente berguiano, assinalado nas *Peças para clarinete*. O próprio eu lírico, que se exprime livre de qualquer reificação programática, é dialético em si: deve apenas cantar aquilo que sente e, graças à autêntica humanidade que lhe é inerente, é já um fragmento do mundo acerca do qual ele canta. Um mundo doloroso, um mundo que permanece inacessível ao Eu [Selbst] e que, todavia, está nostalgicamente ligado a ele. O fato de que Tasso e Antonio – como eu lírico – sejam uma só pessoa, não impede que o primeiro – como eu dramático – fracasse diante deste último. A *Suíte*, assim como o *Tasso*, conclui sem poder concluir, infinitamente aberta; desesperada, porque o personagem musical de referência – Wozzeck e Alwa são também "personagens de referência" [Bezugspersonen] – não pode dominar pelo amor o mundo que lhe é estranho; infinitamente aberta, porque o desespero o faz retroceder à fantasmagoria de si mesmo, da qual não existe fuga.

Esse mundo do indivíduo liricamente solitário – mundo que o saúda somente como que em despedida – estava já no *Lied von der Erde*, de Mahler: obscura é a vida, obscura é a morte. É a essa obra que a *Suíte* deve a sua indecisa forma intermediária – a qual, todavia, é capaz de cristalizar os tipos [formais] originários sobre os quais se baseia de maneira mais pura do que as obras que ambicionam diretamente ser *Lied*, ou sinfonia, ou quarteto. Um longo olhar aprisiona a realidade fugidia; completamente inspirado, sem resíduo de matéria irresoluta e, todavia, suficientemente real para acompanhar o eu lírico ao longo de seis etapas. É por isso que a *Sinfonia lírica* de Zemlinsky – que aspirava a essa mesma forma intermediária – é citada no quarto movimento. Mas é, sem dúvida, o *Segundo quarteto* de Schönberg, com o

Berg

acréscimo de sua parte vocal, que oferece o mais antigo modelo de uma tal forma. // Que Berg tenha pensado novamente nessa obra ao compor a *Suíte lírica* – seu segundo quarteto – é algo que pode ser considerado fora de dúvida. Toma o meu amor, dá-me a tua felicidade: este é o pensamento que aqui vagueia como em sonho, e o *adagio* [da *Suíte*] está para os demais movimentos, assim como a "Litanei" está para [o *Segundo quarteto de*] Schönberg.

Todavia, o título da obra não é "Segundo quarteto", mas, sim: "*Suíte lírica para quarteto de cordas*". O minucioso senso formal de Berg mostra-se até mesmo na escolha do título. Na qualidade de ópera latente, a *Suíte* possui o caráter de acompanhamento de um percurso que, por assim dizer, é deixado em branco. Mas esse percurso não requer a presença sinfônica da forma sonata, realizada nos traços lineares de quatro vozes autônomas. O reflexo lírico da ação dramática é confiado à sonoridade do quarteto. Todavia, essa sonoridade tende para a de uma orquestra. Isso não se deve apenas ao fato de que a riqueza das nuances líricas somente pode ser reproduzida por meio da riqueza de timbres diferenciados. Na *Suíte lírica* predomina uma homofonia dramático-expansiva, como que a retomar o ar depois da indomável polifonia do rondó do *Concerto de câmera*. Muito frequentemente, a *Suíte* não admite um desenho linear e se concentra em um fluxo de acordes. Como acompanhamento ideal, ela traz consigo uma orquestra virtual. Por isso a *Suíte* é escrita simplesmente "para" quarteto, sempre disposta a transformar-se em orquestra. O fato de Berg ter editado os três movimentos centrais em uma versão para orquestra de cordas significa algo mais do que um simples capricho de um virtuose da composição: ele próprio revelou a ambiguidade da obra, fiel à incondicional vontade de nada esconder. Se a essência lírica da *Suíte* é protegida com a máxima segurança na versão para quarteto, a essência dramática é mais bem protegida na versão para orquestra de cordas: somente nesta última os contornos se dissolvem tão completa e profundamente quanto o exige a concepção da sonoridade como acompanhamento; além disso, é somente aqui que a explosão adquire uma violência plenamente catastrófica.

De tal modo contrária ao espírito da forma sonata — uma *Suíte* de instantes lírico-dramáticos, mais do que uma articulação objetiva de um decurso temporal — essa obra exige, a partir do próprio conteúdo e senso formal, a liquidação da forma sonata e consuma essa tarefa em conexão com toda a obra de Berg. O primeiro movimento resume, mais uma vez, o processo de liquidação; os outros movimentos não empregam mais a forma sonata. Todavia, se a *Suíte* pressupõe a liquidação da sonata — e, sobretudo, os resultados obtidos pelo *Primeiro quarteto* e // pelas *Peças para clarinete* — é, ao mesmo tempo, justamente graças a esses resultados que ela dispõe de uma nova liberdade com respeito às formas preexistentes. A técnica do desenvolvimento tornou-se total; não há mais nenhuma nota que não seja resultado do desenvolvimento como rigoroso trabalho motívico. As formas mais extensas, todavia, requerem justamente aquela articulação que, anteriormente, resultava do próprio trabalho motívico — o qual, agora, desapareceu no "material". Assim, constrói-se um *novo* nível de articulação sobre esse material, e que, ao mesmo tempo, o controla. À "sensualidade segunda" submete-se, docilmente, uma segunda região formal. As formas tradicionais são aplicadas ao material já predisposto por meio do trabalho motívico: eis o que, apesar de toda a obscuridade da expressão,

Berg

produz a superior liberdade de um desenvolto virtuosismo. Há um rondó e dois *scherzi*; entretanto, há também movimentos que zombam dos esquemas formais, mas sem perder completamente o contato com estes. Mais ainda: novamente – assim como no *Concerto de câmera* – há aqui temas frequentemente bastante expandidos e amplas superfícies de exposição. Tudo isso é reminiscente dos resultados da técnica dodecafônica schönberguiana, que permite uma similar evocação das formas tradicionais, ao mesmo tempo que essas formas, transmitidas de maneira direta, dissolveram-se inteiramente no material. De fato, foi na *Suíte lírica* que Berg adotou, pela primeira vez, a técnica dodecafônica. Esta, porém, não tem predomínio absoluto, mas é ligada ao material da atonalidade livre, a partir do qual desenvolve-se de maneira imperceptível. Assim, até mesmo a paleta é preordenada: os movimentos extremos são dodecafônicos, enquanto nos dois *scherzi* a oposição das ideias contrastantes determina o agenciamento dodecafônico: no "allegro misterioso", o *scherzo* é rigoroso, e o Trio é livre; o contrário acontece no "presto delirando" com os seus dois Trios. Ao evitar a técnica dodecafônica, os movimentos propriamente líricos atestam a sua livre subjetividade. Mas mesmo quando essa técnica é utilizada, ela se liga sem rupturas ao estilo da liberdade. Berg alcança este resultado por meio de uma astuciosa simplificação daquela técnica. A combinação simultânea de diversas formas da série é sistematicamente evitada, a fim de preservar a atitude fundamentalmente homofônica. Em compensação, a série é repartida entre as diversas vozes que se completam reciprocamente, e que produzem a série de maneira dinâmica. As próprias séries são construídas de modo a permitir acordes tonais, // os quais estão presentes na *Suíte lírica*, assim como em outras obras de Berg, e que tornam possível até mesmo a citação do *Tristão*. Por fim, o pensamento funcional de Berg apodera-se do próprio material serial: este não é fixado de maneira idêntica, mas é continuamente modificado, de uma seção dodecafônica a outra. A série original, que está na base do primeiro movimento (fá-mi-dó-lá-sol-ré-lá♭-ré♭-mi♭-sol♭-si♭-si), interessou a Berg mais de uma vez: ela foi empregada na segunda versão do *Lied* sobre o texto de Storm *Schließe mir die Augen beide* [Feche-me ambos os olhos]. Em um esquema analítico para o Quarteto Kolisch, Berg a definiu como "a série encontrada por F. H. Klein, que contém todos os doze intervalos".[15] Com uma mudança na quarta e na décima notas, essa série é introduzida no segundo movimento — que, no mais, permanece "livre" (viola, compassos 24-28 e segs.) — e, sob essa nova forma, ela serve de base para as seções dodecafônicas do terceiro movimento. Submetida a modificações mais complexas, ela reaparece nos Trios do quinto movimento e é mantida no *Finale* sob sua última forma: fá-mi--dó-fá♯-lá-dó♯-sol♯-ré-mi♭-sol-si♭-si.

Assim como o seu material, também os seis movimentos, enquanto tais, são encadeados entre si. O princípio da transição mínima foi introduzido na arquitetura de uma tal forma que, como indica [Erwin] Stein, "um tema, uma ideia ou uma passagem de um movimento constantemente reaparecem no movimento seguinte". Mas isso não basta, de modo algum, para satisfazer o plano arquitetônico do todo. A misteriosa compulsão pela segurança da construção, que predomina no

---

15 Ela pertence ao tipo das "séries que contêm todos os intervalos" [All-Intervall-Reihen], das quais Ernst Krenek trata mais detalhadamente em seu livro *Über die Neue Musik* (Viena, 1937).

Berg

Berg tardio a partir do *Concerto de câmera*, quase como se o compositor temesse que a violência centrifugadora pudesse romper em pedaços até mesmo as estruturas mais rigorosas, fez com que ele a exorcizasse por meio de uma multiplicidade de formas simultâneas — as quais, tal como um poderoso sistema delirante [Wahnsystem], assumem, por vezes, elas próprias, a expressão do caótico. Essa mítica compulsão por uma imanência formal completamente segura está em operação também na *Suíte lírica*. Se no *Concerto de câmera* as variações e o *adagio* estavam combinados contrapontisticamente no rondó, na *Suíte lírica* — assim como em uma passagem crítica do *Concerto* — a insaciável paradoxalidade de Berg une o mínimo deslocamento e o máximo contraste, por meio da disposição formal geral. O esquema de uma tal paradoxalidade tem o aspecto de um leque, cujas // hastes encontram-se próximas umas das outras no ponto inicial, para depois se expandirem em direção aos extremos. Os movimentos da *Suíte lírica* estão ordenados em forma de leque; sua expansão é a intensificação da ópera latente. O primeiro movimento, com função introdutória, denomina-se "allegretto gioviale". O "andante amoroso" que se segue contrasta com este mais pelo som do que pelo andamento. Seguem-se o "allegro misterioso" e o "adagio appassionato" como movimentos centrais. A catástrofe e o epílogo requerem andamentos extremos: "presto delirando" e "largo desolato".

O primeiro movimento apresenta, em seu sentido mais agudo, a liquidação da forma sonata. Ele mantém o esquema da exposição da forma sonata. Como peça dodecafônica, ele é um desenvolvimento da primeira à última nota. A partir desta constelação, Berg tira consequências cujos pressupostos estavam já na *Sonata para piano*, na qual a seção de desenvolvimento era tratada como simplificação. Agora, o desenvolvimento – força motriz dialética da forma sonata – é totalmente eliminado. A forma sonata sucumbe como vítima da universalidade de seu próprio princípio construtivo. A experiência formal do *opus* I aparece também em outros aspectos no interior da peça; a ponte se funde com o tema principal, os caracteres temáticos emergem a partir uns dos outros, sem rupturas; somente um deles, o tema inicial [Exemplo 29], comporta-se com maior plasticidade.

Exemplo 29

A reprise encadeia-se imediatamente à exposição (compasso 36), quase como se quisesse assumir a função de sinal de *ritornello*, integralmente composto, tal como tinha acontecido na cena dos brincos no *Wozzeck*. Uma das últimas cartas de Berg revela o significado desse procedimento. "A ausência de um caráter de sonata não é desmentida pelo fato de o primeiro movimento, formalmente falando, estar escrito em rigorosa – embora breve – forma sonata; pois esta não é percebida de forma alguma como caráter, mas como uma leve introdução ao que se segue." Nestes 69 compassos introdutórios, dotados de dissonante vivacidade, a forma sonata é enterrada viva, para que a construção da *Suíte* possa ser consistente.

Se o prelúdio, como cena latente de ópera, desenrola-se ao ar livre, o cenário do segundo movimento é o interior de uma casa. Esse movimento é completamente lírico, // de uma ternura tão desesperada como, mais tarde, somente o será a música de

Berg

Alwa – na verdade, esta última é de uma paixão mais intensa; mas retorna, de modo comovente, a uma contida ternura. Concisa como um poema, essa peça é, todavia, ricamente articulada e apresenta uma profusão de figuras temáticas; compreendê-la significa, sobretudo, coexecutar a articulação por meio da escuta. Trata-se de um rondó com três temas. O primeiro tema introduz o caráter fundamental, suavemente hesitante, com uma melodia em duas partes, na voz superior. No nono compasso, uma repetição parece ter início. Mas esta é já elaboração, ao aproximar entre si os dois motivos iniciais do antecedente e do consequente, prosseguindo este último com "rotações em torno do eixo" [Achsendrehungen]. A trama se conclui de maneira simples, por meio de acordes em escalas descendentes. Estes aparecem em momentos-chave, ao longo de todo o movimento, e unificam a forma. Inicialmente, eles conduzem ao segundo tema do rondó. Este entra em cena de maneira mais enérgica do que o primeiro tema e contrasta com sua refinada articulação por meio de uma marcada simplicidade: comporta-se como *Ländler* em compasso de 3/8 (compasso 16). Com desenvoltura, prossegue em sequência até a primeira reprise do tema principal (compasso 41), a qual é preparada, a partir do compasso 36, por meio da identificação do início diminuído do segundo tema com o motivo inicial do consequente do tema principal. A reprise da primeira "elaboração" do tema principal é ampliada para um "episódio" de rondó, que se desenvolve brevemente (a partir do compasso 48). Um *ritardando* faz a mediação para a entrada do terceiro tema do rondó (compasso 56). Seu início é marcado por um pulsante *dó* na viola. Como que imerso no despontar da infância, o tema toca para si mesmo; um momento musical inesquecível. Seu consequente (compasso 65) perde-se completamente em sonhos, até o palpitante retorno daquele *dó* (compasso 73); "assim como quando se ameaçam as crianças": foi assim que Berg caracterizou esta passagem em um ensaio. Então, como que do começo, tem início a segunda reprise do tema principal (compasso 81). Em seguida, recorre-se a um motivo de acompanhamento da conclusão do tema principal, o qual, até este ponto, tinha tido escasso relevo [Exemplo 30].

Exemplo 30

// Esse motivo força um desenvolvimento do som e do caráter rítmico do segundo tema, porém, com a inversão do motivo inicial do tema principal como "modelo" melódico (compasso 91, com anacruse), que apenas de maneira gradual é convertido em material motívico do segundo tema. Por fim, chega-se à reprise do segundo tema (compasso 101), a qual, entretanto, já depois de quatro compassos (*subito poco meno mosso*) é interrompida pelo terceiro tema. Mais uma vez, o segundo (compasso 110) e o terceiro temas (compasso 113) aparecem lado a lado, formando uma espécie de nova estrofe, enquanto um contraponto da viola (compasso 114) anuncia timidamente – *senza espressione* – o primeiro tema. Mas agora a música insiste obstinadamente sobre motivos do segundo tema; mesmo o sonhador consequente do terceiro tema não mais consegue tranquilizá-la. O segundo tema permanece como voz principal na viola até aquele momento de ruptura, em que acima de todos os acontecimentos, acima do motivo do *Ländler*, bem como da endurecida e ameaçadora nota *dó*, uma melodia do violino (com surdina) – muito paulatinamente e como que vindo de muito longe – eleva-se ao primeiro plano, numa ampla curva melódica (compasso 131). Porém, essa melodia nada mais é do que o consequente (em aumentação) do tema principal: o início da última reprise. Enquanto a nota *dó*, mergulhando no registro grave, se detém sobre a corda solta da viola, aparece o início do tema principal em sua forma fundamental. Impetuoso gesto em obstinado êxtase, como o do final do *Primeiro quarteto*. Todavia, trata-se apenas da inversão do início do tema principal. Depois, a veloz escala de acordes descendentes prepara o fim: o *dó* grave, *pizzicato*, sem atenuação, é repetido pela última vez.

O leque do sentimento se abre rapidamente: o "allegro misterioso" forma um completo contraste com o segundo movimento, tanto por seu andamento como por sua concepção fundamental. Trata-se menos de um jogo de temas entrelaçados, do que de um poema sonoro arquejante, inteiramente composto por valores sufocados, irreconhecivelmente alienados, na maior parte das vezes *sul ponticello* ou *col legno*, e sempre com surdina. Aqueles que apreciam as associações poéticas poderão pensar em uma cena desesperadamente apaixonada, mas contida numa espécie de sussurro: apenas uma única vez a música ousa irromper, para novamente esconder-se num sussurro febril. Sua forma é a de um *scherzo*. A parte que corresponde ao *scherzo* propriamente dito, construída a partir de uma série dodecafônica engenhosamente subdividida, não deixa perceber praticamente nenhuma figura melódica; // transcorre como um extravagante rumorejar, e o seu curso é um contínuo desagregar-se, cada vez mais precipitado e impetuoso. O "trio estatico" assinala o momento da explosão: uma melodia no registro agudo em intervalos amplos e tempestuosos [Exemplo 31], logo seguida pela escala de acordes do segundo movimento, que somente aqui revela sua força afetiva.

Exemplo 31

A repetição do *scherzo* atesta, mais uma vez, a vontade berguiana de assegurar a forma por meio da combinatória. O uso do retrógrado de uma forma fundamental [Grundgestalt] é um dos componentes da técnica dodecafônica empregados no *scherzo*. Porém, sua repetição é, ao mesmo tempo, o retrógrado de sua forma original, seguindo o modelo do prelúdio das *Peças para orquestra* e do *adagio* do *Concerto de câmera*. A inversão do decurso temporal é fiel, começando com a última nota e terminando com a primeira; somente uma seção central é suprimida. O artifício se justifica a partir da ideia; nada poderia realizar de maneira mais drástica do que esta forma circular fechada o caráter de um aprisionamento sem caminho de saída.

O quarto movimento, "Adagio appassionato", concentra o conteúdo expressivo da obra inteira; revela de modo decisivo aquilo que até este momento tinha sido calado ou sussurrado. Ele tem a função de um desenvolvimento e como tal é construído: densamente conciso e absolutamente uniforme. A sua substância é fornecida por um único tema, formado por transformações dos motivos do "trio estatico" e estruturalmente similar ao modelo das variações da "Litanei" [Exemplo 32].

Exemplo 32

Já desenvolvido em sua primeira aparição, o tema em *stretto* livre a quatro vozes emerge, de maneira impetuosa, a partir de um movimento agitado. Em vez de ideias contrastantes, encontram-se ideias dos movimentos precedentes – sob forma de citações –, ou desenvolvimentos livres do tema principal, tratados à maneira de "episódios". Seguindo o modelo da última das *Peças para clarinete,* a forma é articulada por meio do retorno do agitado motivo inicial, de modo que as ideias // de um modelo de desenvolvimento e de um rondó rudimentar são, por assim dizer, sobrepostas. Uma breve combinação do motivo em tercinas [32a] com o motivo inicial intensifica-se até chegar à primeira explosão: uma citação explícita do início do Trio [cf. Exemplo 31]. Depois disso, em intensidade sempre crescente, os três compassos de conclusão do tema principal são desenvolvidos, até que, como primeira reprise do rondó, em diminuendo, o tema principal e o agitado motivo inicial reaparecem sobre uma onda de acordes tonais (compasso 24). Novo episódio (compasso 27), novamente baseado sobre a melodia do Trio e sobre o motivo [32a]. Imperceptivelmente, esse motivo se converte no tema principal do segundo movimento, ao qual se segue, repetido literalmente, o motivo de seu consequente (compasso 31). A citação de Zemlinsky conduz ao ponto culminante em *fff* sobre um mi bemol sincopado pelo violoncelo (reminiscência daquela nota *dó*, carregada de presságios funestos, ouvida no segundo movimento). O caráter da "appassionata" é impulsionado até uma nova explosão (compasso 40, violoncelo), com um motivo aparentemente novo, e que será dominante a partir daqui: é a transposição do retrógrado do início do "allegro misterioso" (si-fá-lá-si♭ = ré♯-lá-dó♯-ré). Um episódio *molto tranquillo*, de caráter recitativo (compasso 45), funciona como cesura desse movimento; depois, como reprise do rondó, uma terceira entrada do motivo agitado do início (compasso 51). Porém, a explosão e o recitativo abalaram a densa estrutura; aquele motivo agitado não é mais incorporado ao tema principal. Interrompe-se com acentos intensos e gestuais. Em seguida, com indicação *flautando*, o violino (compasso 59) entra com o "novo" motivo, como início da coda. Esta retoma, em aumentação, as partes do tema principal que foram omitidas na última reprise. O movimento termina em *pianissimo*, sem dissolver-se, mas, sim, com uma sonoridade concentrada, como que com os lábios firmemente fechados. O final da *Lulu* é concebido dentro desse mesmo espírito.

461   // Por mais selvagem que seja o desvario do "presto delirando", este é o movimento mais simples da *Suíte*: *scherzo* e *trio* que se alternam por duas vezes, de maneira bastante clara – tal como Mahler apreciava tratar essa forma, seguindo o modelo de Beethoven. O movimento inteiro é concebido numa homofonia rítmica, tal como raramente ocorre em Berg. A seção do *scherzo* é composta por duas ideias principais: a primeira em 3/8, a segunda (compasso 15) em duínas de colcheias ou em compassos inteiros. No compasso 36 o violoncelo dá início a

Berg

uma breve seção conclusiva, que estabelece uma relação entre os acentos binários e o ritmo em 3/8. O Trio ("Tenebroso", compasso 51), dodecafônico, é construído sobre a ideia dos "acordes alternantes" [wechselnden Akkords] – sobre o efeito puramente tímbrico produzido pela entrada imperceptível das harmonias, inicialmente *flautando* e, depois, com *tremolo sul ponticello* – logo, possui uma concepção completamente vertical. Ele é mantido em movimento apenas por meio de uma habilíssima disposição rítmica das entradas dos acordes, que primeiramente se estreitam e depois se separam completamente. A primeira repetição do *scherzo* reúne as duas ideias principais, que antes estavam disjuntas. O retorno do Trio possui um contorno mais preciso, os acordes se juntam melodicamente, e em certo ponto reaparece o 3/8 da seção principal. A conclusão do Trio prepara a segunda ideia do tema principal, que aparece em primeiro lugar por ocasião dessa nova repetição (compasso 321). Esta reprise desempenha uma função de desenvolvimento. As duas ideias principais são ricamente combinadas e os prolongamentos melódicos do segundo Trio tornam-se temáticos. A coda, retomando a primeira ideia conclusiva, gira obstinadamente em torno de si mesma; o modelo das duínas é inserido por três vezes nesse meio-tempo, forçando uma conclusão como catástrofe.

Depois disso, o *largo desolato* é somente epílogo da tristeza e, todavia, também sua explosão mais poderosa. O velho problema de como finalizar a peça torna-se uma paradoxal ideia formal – tal como era o problema da forma sonata, no primeiro movimento. Se depois de Beethoven nenhum *finale* podia mais concluir afirmativamente, o final desta peça faz do mau infinito [schlechte Unendlichkeit] a sua lei, como expressão de sua negatividade. Rememora-se, com isso, a liquidação da forma sonata. Ele se emancipa de toda tipologia preexistente; Stein o qualifica como "rapsódico". Contudo, existem relações com os movimentos precedentes, aproximadamente como em "Entrückung", de Schönberg. A articulação se faz de maneira estrófica, na maior parte por meio das entradas – de caráter amplo e declamatório – de uma voz de acompanhamento no ritmo [33a]. Seis compassos de introdução em *pizzicato*, ao mesmo tempo constritivos e // retardadores, interrompendo-se dessa forma. Em seguida, uma breve melodia do violino [Exemplo 33], extremamente distendida, que relembra o *trio estatico* – se não nas notas, ao menos no som.

Exemplo 33

Essa melodia é retomada livremente pelo violoncelo, com o ritmo [33 a]; em seguida, ela é imitada fielmente, como tema, pela viola (compasso 13, com anacruse). Um modelo de um compasso (*col legno*) fornece a base para um episódio de caráter contrastante (compassos 16 e 17). A estrofe se reduz muito rapidamente e desaba sobre o *si* grave do violoncelo (cuja corda *dó* está afinada meio tom abaixo). Terceira entrada da estrofe (compasso 22): a unidade desta seção é produzida por um ritmo de colcheias, tratado de maneira quase imitativa; ela conclui com a citação do *Tristão* (compassos 26-27). Ao longo de três compassos a intensidade cresce de maneira impetuosa, a qual será primeiramente diluída pelo ritmo [33 a] (compasso 28), e mais adiante, será referida a um motivo do tema principal do segundo movimento. Pausa geral antes do ponto culminante. Em seguida, o acorde em segunda inversão arpejado, que neste contexto é mais penetrante do que a dissonância mais extrema. A harmonia se obscurece e tudo desmorona, de modo análogo ao compasso 21 (compasso 32); retorno declamatório do segundo violino. Coda (compasso 36): partindo do ritmo em colcheias da terceira estrofe; porém, do ponto de vista motívico, recorrendo ao início do terceiro movimento – ou ao "novo motivo" do quarto movimento. Nova entrada do violoncelo com o ritmo [33 a], produzindo um decidido efeito conclusivo. Com o compasso 40, todo o contorno rítmico se dissolve nas colcheias que se perdem progressivamente. Um após o outro, os instrumentos se calam. Somente a viola permanece, mas a ela não é permitido extinguir-se: nem mesmo a morte lhe é concedida. Ela deve tocar para sempre; somos apenas nós que não a ouvimos mais.

// A ária *Der Wein*

Claudel sobre o estilo de Baudelaire: "C'est un extraodinaire mélange du style racinien et du style journaliste de son temps".[16] É pouco provável que Berg conhecesse este excerto do *Buch der Freunde* [Livro dos Amigos], de Hofmannsthal. Todavia, não se poderia pensar numa epígrafe mais exata para a ária de concerto *Der Wein* [O vinho], que reúne três poesias do ciclo baudelairiano em uma grande forma vocal. Alegórica melancolia

---

16 "É uma extraordinária mistura do estilo raciniano e do estilo jornalístico de seu tempo." [N. T.]

Theodor W. Adorno

e trivial frivolidade; o espírito das garrafas, penosamente evocado e a mercadoria musical do tango, atrevidamente importuna; o som meditativo da alma do solitário e a alienada sociabilidade do piano e do saxofone numa orquestra de jazz ou de música de salão: a partir disso tudo, a ária forma um enigma [rébus] pleno de significado mortal, tal como a linguagem e a metáfora de Baudelaire, e somente a *Lulu* – para a qual esta ária parece constituir os prolegômenos – irá resolvê-lo completamente.

Berg, o vanguardista, foi atraído pela ideia de modernidade que chegou à consciência de si, pela primeira vez, na lírica e nos escritos teóricos do poeta. Em Baudelaire, o novo ocupa uma posição central, não somente em "O mort, vieux capitaine", mas também no ensaio sobre Constantin Guys, que ele eleva a "pintor da vida moderna". A *nouveauté* une, em Baudelaire, a experiência artística com a infância, em exata concordância com a obra de Proust, escrita cinquenta anos depois. "L'enfant voit tout en nouveauté; il est toujours ivre. Rien ne ressemble plus à ce qu'on appelle l'inspiration, que la joie avec laquelle l'enfant absorbe la forme et la couleur... Le génie n'est que l'enfance retrouvée à volonté, l'enfance douée maintenant, pour s'exprimer, d'organes virils et de l'esprit analytique qui lui permet d'ordonner la somme de matériaux involontairement amassée."[17] Poesias de tal um espírito tinham de atrair Berg, so-

---

17 Charles Baudelaire, *L'art romantique*. Paris, 1868, p.62. ["A criança vê tudo como novidade; ela está sempre embriagada. Nada se parece mais com aquilo que é chamado de inspiração, do que a alegria com a qual a criança absorve a forma e a cor... O gênio nada mais é que a infância reencontrada voluntariamente, a infância dotada agora, para se exprimir, de órgãos viris e do espírito analítico que lhe permite ordenar o conjunto de materiais involuntariamente acumulado" – N. T.]

Berg

bretudo a conjunção eminentemente estética – estranhamente ignorada tanto por Bergson como por Proust – de recordação involuntária e de disposição consciente. Profundamente enraizada na fisionomia de Berg está a vontade baudelairiana de objetivar numa obra as inervações irracionais, inconscientes, // com a força racional do Eu. Poucas coisas chamam tanta atenção em Berg quanto a união do imponderavelmente sutil com um planejamento quase maníaco, que se estende até os jogos com os números. A obra de seu contemporâneo Valéry girava em torno dessa polaridade; ela está presente, pela primeira vez, em Baudelaire e o faro de Berg para os fenômenos originários que antecipavam suas próprias ideias levou-o naquela direção, tal como ocorrera em relação a Büchner e Wedekind.

A concepção baudelairiana da modernidade, porém, não é simplesmente aquela do procedimento artístico mais avançado, mas ela inclui também a realidade extraestética e social, nas quais aquele procedimento é posto à prova. Para Baudelaire, a modernidade é – segundo seu aspecto objetivo – o mundo das mercadorias. Segundo a concepção baudelairiana, o artista deve tanto se abandonar ao mundo das mercadorias, quanto afirmar a própria autonomia frente a ele. Neste contexto surge já com ele, há cem anos, a alegoria da *tour d'ivoire*, da torre de marfim. Enquanto o *pathos* de Baudelaire se instala naquele edifício – que nesse meio-tempo tornou-se superpovoado – ele sente já a dúvida sobre a sua solidez histórica: "Je connais plusieurs personnes qui ont le droit de dire: 'Odi profanum vulgus'; mais laquelle peut ajouter victorieusement: 'et arceo?'",[18] escreve

---

18 Baudelaire, op. cit., p.30. ["Conheço muitas pessoas que têm o direito de dizer: 'Odi profanum vulgus'; mas qual delas pode acrescentar vitoriosamente: 'et arceo?'" – N. T.]

em homenagem a Delacroix. Sua intenção era a de elevar, por meio da construção formal, o mundo das mercadorias ao nível do estilo ou, como ele exprimiu de maneira classicista: "pour que toute modernité soit digne de devenir antiquité".[19] Isso vem diretamente ao encontro da viciada tolerância de Berg pelo decadente século dezenove. A paixão de Guys, ou antes, de Baudelaire, "d'épouser la foule", de unir-se à multidão, deve ter-lhe sido tão familiar quanto o desejo de transfigurar em imagem o mundo desprovido de imagens – inimigo das imagens – da grande cidade, tal como o poeta afirma elogiosamente a respeito de Guys: "Il contemple les paysages de la grande ville, paysages de pierre caressés par la brume ou frappés par les soufflets du soleil... Le gaz fait tache sur la pourpre du couchant".[20] // Para o compositor o mundo das mercadorias é representado pelo idioma da música ligeira [leichte Musik], pelas novas danças daqueles anos. Foi somente bastante tarde, em 1925,[21] que Berg pôde conhecer o jazz, e sempre manteve a máxima reserva com relação a este – de modo profundamente diverso de seus versáteis contemporâneos, que pensaram em adaptá-lo à música de arte [Kunstmusik], para encontrar em seu caráter falsamente originário o corretivo para uma *décadence*, da qual, todavia, esses atentos senhores foram os últimos a suspeitar. Berg era

---

19 Idem, p.70. ["para que toda modernidade seja digna de se tornar antiguidade" – N. T.]

20 Idem, p.65 e segs. ["Ele contempla as paisagens da grande cidade, paisagens de pedras, acariciadas pela bruma ou fustigadas pelos sopros do sol... o gás faz manchas sobre a púrpura do poente" – N. T.]

21 A quem duvidar dessa data, o autor deve opor a mais precisa lembrança da noite em que isto ocorreu, num bar em Viena.

Berg

completamente imune a essa tentação — bem como à tentação oposta a ela, de caráter filisteu: de usar o jazz como fácil emblema de uma depravação que eles conhecem somente a partir de sua imaginação. Berg, porém, não se subtraiu completamente à experiência do jazz: sem esta teriam sido inconcebíveis a sonoridade da orquestra de *Lulu* e a cena do *garderobe* no primeiro ato. Ponderou durante anos a respeito do saxofone, o qual ele imediatamente esteve disposto a adotar. Mas não tinha intenção de se submeter ao jazz. A consequência que ele tira, põe fim a todo gracejo. Como se diria numa terminologia brechtiana: aqueles momentos são distanciados e contrabalanceados por meio da construção. Em *Der Wein*, Berg não apenas utiliza pela primeira vez a técnica dodecafônica em uma peça inteira, mas também a organiza como unidade rigorosamente tripartite: ele constrói o primeiro *Lied* como uma exposição na forma sonata; o segundo como uma espécie de *scherzo*, como substituto para o desenvolvimento, mais uma vez omitido; o terceiro como reprise. Ao mesmo tempo a obra se esforça por um certo distanciamento, quase como se quisesse pagar o seu tributo ao dandismo. Por ser uma ária [de concerto], ela pertence ao mesmo tipo de forma virtuosística que os outros concertos de Berg. A parte vocal é já tão habilmente desnaturada, tão distante da essência direta do *Lied*, como as coloraturas da *Lulu*. Também nisto ele é fiel a um motivo da estética de Baudelaire: ao dizer que, aos olhos da maior parte dos contemporâneos — e, sobretudo, para os homens de negócios —, a natureza não existe, ele dificilmente se excluiu desse modo de percepção da multidão. Algo desse pensamento é absorvido pela ária de concerto virtuosística e artificial. Seu comportamento é mais aquele de quem aponta para a poesia, do que o de um sujeito composicional que se exprime *tel quel*; // sem entraves. Ao ouvinte compete adaptar-se de antemão a esse gesto musical.

O jazz é ilusório como fantasmagoria[22] da modernidade: liberdade falsificada. Musicalmente, essa ilusão reside no ritmo: na lei dos compassos ilusórios [Scheintakte]. Todo o jazz obedece a essa lei no sentido mais preciso. A ideia técnica do jazz poderia ser definida da seguinte forma: tratar uma métrica fundamental invariável de tal modo, que ela se constitua a partir de metros aparentemente diferentes dela, sem, contudo, renunciar em nada a seu rígido e violento comando. Na passagem em estilo de tango da ária *Der Wein* [Exemplo 34], Berg segue fielmente o clichê: o compasso de 2/4 é obtido por meio da síncopa e do deslocamento de acento, a partir da soma de dois compassos de 3/16 e de um compasso de 2/16.

Exemplo 34

O compasso de 3/16 no interior do compasso de 2/4 é que produz ali o efeito característico de tango. Berg insiste nesse efeito no momento crítico. O primitivo hábito do jazz, que consiste em paralisar o compasso ilusório por meio dos acentos rítmicos do bumbo e do contínuo, desmorona perante a crítica por meio da intenção composicional. Se o compasso de 2/4 é

---

22 Cf. Baudelaire, op. cit., p.67.

Berg

respeitado pela divisão métrica, as três semicolcheias, que no tango são mero ritmo de fachada, exigem uma consequência. Isso é efetuado, na disposição polifônica do todo, por meio de um contraponto rítmico. Berg incorpora as três semicolcheias no acompanhamento de tal modo que, renunciando ao efeito de contínuo, após uma pausa de duas semicolcheias ele acrescenta duas notas, *sol♯* e *lá*, no valor de três semicolcheias cada uma [Exemplo 34 NB].

Portanto, o grupo melódico 3/16 + 3/16 + 2/16 é contraposto simultaneamente // ao retrógrado do próprio ritmo: 2/16 + 3/16 + 3/16, e, com isto, o compasso ilusório é completamente construído por meio de um rigoroso desenvolvimento do seu princípio. Mas, ao mesmo tempo, o mecanismo do jazz — a falsa integração de subjetividade impotente e da objetividade desumana — é transformado. Berg infringe a sua lei ao cumpri-la; os tempos contados mecanicamente se calam e a própria lei se transforma em expressão: como que com os olhos vazios do crânio de um defunto, o tango olha para fora da música, a mostrar que a sociabilidade do ébrio, bem conhecida pela poesia de Baudelaire, nada mais é do que a figura alegórica de uma estranheza mortal [tödlicher Fremdheit]. Até mesmo a loucura — o *spleen* de Baudelaire — é forçada a abrir mão de sua verdade, como o *idéal*. O *kitsch* não é rechaçado em nome do bom gosto, pelo contrário, ele é impulsionado adiante segundo a própria lei, e se transforma em estilo nas mãos do compositor. Assim, o banal se revela como aparição da mercadoria e, com isso, como a situação social dominante: mas, ao mesmo tempo, revela-se como o sinal de seu declínio. Aniquilamento e salvação — que ocorrem no tango-kitsch do *Der Wein*, assim como ocorria nos vestígios do folclore em *Wozzeck* — são o modelo daquilo que

Berg, um dialético tal como todo grande artista da sua posição histórica, por fim deixará ocorrer à mercadoria humana: *Lulu*.

Ao traduzir insistentemente a trivialidade em estilo, a ária se coloca na mais estreita relação com a tradução como um todo. O fato de Berg, que jogava com as combinações, ter composto essa ária como um único *ossia*, que pode ser cantado tanto sobre o original de Baudelaire como sobre a tradução de George, revela uma perspectiva essencial. A escola simbolista, para qual a ária recita o necrológio, fazendo-a desmanchar a pose no Letes do canto, não é compreensível — desde as traduções de Poe feitas por Baudelaire até a transcriação poética de George para as *Fleurs du mal* — sem o cânone da tradução. Ela procura salvar a própria língua da maldição do banal, observando-a a partir da perspectiva de uma língua estrangeira e paralisando a sua trivialidade sob o olhar de Górgone do estrangeiro. No que diz respeito à forma de sua linguagem, cada poema de Baudelaire, assim como o de George, deve ser medido de acordo com o ideal da tradução. Todavia, ao assumir a dialética entre estilo e banalidade — que é assinalada como rota de fuga segundo o procedimento dos simbolistas —, Berg comunga // com o ideal da tradução. Com a própria tradução, o *kitsch* se torna efetivamente estilo. Berg não apenas combinou texto original e tradução, mas a música como tal soa como se fosse traduzida do francês; *Lulu* permanece fiel a esse procedimento. É certo que na situação de conhecimento em que Berg se encontra, a tradução caminha na direção oposta à dos neorromânticos. Estes procuraram exorcizar o banal da própria língua, do *style journaliste*, deixando-o congelar sob a pressão da língua estrangeira, ao passo que Berg salva a aparência banal da língua estrangeira, ao traduzi-la para o seu próprio rigor construtivo e ao chamá-la pelo nome. A ária é

Berg

uma composição dodecafônica montada a partir de fragmentos do idioma musical francês. A tolerância diante das infiltrações tonais torna-se coqueteria com a politonalidade; a transição mínima torna-se fusão das sonoridades e *laissez vibrer* debussyano – de modo exemplar na entrada da voz nos compassos 15 e 16; grandes explosões ocorrem por três vezes sobre o acorde de nona, como panaceia harmônica do impressionismo.

Mas a forma, embora talvez mais fluida do que nunca em Berg, não abandona nem o firme contorno, nem uma tendência a um desenvolvimento harmônico gradual, que dominará depois a técnica da *Lulu*. Essa forma penetra habilmente no esquema do *Lied* tripartite. Introdução razoavelmente longa: que alia de maneira incomparável, no tom baudelairiano, melancolia profunda e mania. O tema principal da primeira parte da canção a seguir, "L'âme du vin" [A alma do vinho], baseia-se numa figura melódica em colcheias e sobre uma figura à maneira de um "parlando" em semicolcheias. O episódio de transição – que inicia no compasso 31 –, seguindo o princípio diferencial, prepara de modo imperceptível, por meio de deslocamentos de acento, as síncopes do compasso ilusório. Estas são reveladas pelo som pianístico que salta da textura no segundo tema do tango (compasso 39, cf. Exemplo 34), o qual é derivado inicialmente de uma diminuição do ritmo da transição. Porém, na continuação, a fim de controlar toda a banalidade que atravessa o movimento, ele encadeia inúmeras figuras secundárias contrastantes: cada uma destas é, por sua vez, o derivado de uma fórmula do tango. No compasso 64 abandona-se o ritmo de tango e se constitui um grupo temático conclusivo, o qual recorda a figura melódica em colcheias do tema principal. A intensidade cresce até o primeiro ponto cul-

Theodor W. Adorno

469 minante // sobre o acorde de nona (compasso 73), após o qual o tema caminha calmamente em direção ao fim. Mais uma vez o desenvolvimento é omitido, tal como no primeiro movimento da *Suíte lírica*. Em seu lugar, entra o segundo *Lied*, "Le vin des amants" [O vinho dos amantes], como um *scherzo*. Seus traços distintivos são o motivo pontuado de trítono na entrada da voz e a catapulta de acordes triádicos, ao modo da terceira variação do *Concerto de câmera*. Uma ideia contrastante é formulada pela voz em mínimas suspensas, desprovidas de acento. Ela alterna com a seção do *scherzo* propriamente dita e, em sua segunda aparição (compasso 114), é cuidadosamente liberada – por meio de entradas sincopadas – das partes fortes do tempo do compasso: a acentuação é completamente suspensa. No compasso 123 clara repetição do *scherzo*. Depois (compasso 141 e segs.) interlúdio orquestral: toda a segunda metade do *scherzo* é retomada sob forma retrógrada. Seu movimento em tercinas se transforma gradualmente nas colcheias da introdução da ária. O terceiro *Lied*, "Le vin du solitaire" [O vinho do solitário], é a reprise fortemente variada e abreviada do primeiro. O tema principal é substituído por uma combinação entre a introdução – com a melodia do tema de conclusão (a partir do compasso 64) – e a figuração "parlando" em sua forma originária. O tema é concentrado em seis compassos, o grupo de transição é reduzido a dois compassos. Em compensação, o episódio do tango retorna em toda a sua extensão. O grupo temático conclusivo começa imediatamente com o acorde de nona (que na exposição tinha acompanhado somente o ponto culminante). No compasso 202, provocando um efeito de simplificação, inicia-se a coda sobre um movimento de acordes repetidos em colcheias, provenientes do episódio do tango. Um poslúdio orquestral se estende para além da voz emudecida. Conclusão sem diminuição.

A lírica de Baudelaire, que domina seu século, não encontrou até hoje composições musicais que estivessem à sua altura. As mais conhecidas, de Henri Duparc, conduzem as *Fleurs du mal* — com um abominável sucesso — à esfera da música de salão. As cinco canções de Debussy sobre textos de Baudelaire certamente não se incluem entre os seus *chefs d'oeuvre*. O frescor da primeira canção nada possui do caráter mórbido do texto, a canção inteira soa como a redução para piano de um fragmento orquestral; a suavidade da última é inconciliável com o comportamento de esgrimista que Baudelaire privilegiava: inteiramente adequada e magistral é, provavelmente, apenas "Le jet d'eau". Mesmo a // ária [de concerto] de Berg não aplacará todas as dúvidas. Seria de se perguntar se a causa não estaria no próprio Baudelaire. Embora aquela expressão de um autor anônimo acerca de um "astro sem atmosfera"[23] possa ser aplicada a Baudelaire, permanece ainda incerto se um tal astro tolera a música em sua órbita ou se ele a paralisa. Em todo caso, a posição dialética de Baudelaire em relação ao romantismo torna bastante difícil compor a partir de seus textos; qualquer tentativa neste sentido irá, quase que inevitavelmente, colocar-se em contradição com um ou outro de seus impulsos opostos. O neoclassicismo florescente na época de Berg procurava executar

---

23 Citado a partir de Walter Benjamin, *Schriften I*. Frankfurt, 1955, p.467 [Nota da edição alemã: A citação é proveniente da primeira das *Considerações Extemporâneas* de Nietzsche; cf. Benjamin: "Über einige Motive bei Baudelaire", in: *Zeitschrift für Sozialforschung 8* (*1939/40*), p.89].

um veredito de Baudelaire: escrever uma música "desprovida de aura". Essa tentativa fracassou: a modernidade tinha que pagar o preço de sua modernidade imanente. Berg não cedeu a essa tentação. A longa introdução instrumental captura magnificamente a mortal melancolia de Baudelaire. Em compensação, Berg nem sempre resistiu a uma intrépida romantização; como nenhuma outra de suas composições, o segundo *Lied* possui o *élan vital* da nova escola alemã, resvalando o familiar – se não nos meios composicionais, pelo menos no efeito. É também inegável certa discrepância entre os versos baudelairianos finamente esculpidos e o fundir-se dos elementos da feitura composicional; Berg jamais foi tão longe nesta fusão – a fim de incorporar o idioma francês impressionista ao seu próprio idioma – como na *Ária de concerto*. Apesar disso, a peça se impõe de maneira mais do que suficiente.

"Le regard singulier d'une femme galante/ Qui se glisse vers nous comme le rayon blanc/ Que la lune onduleuse envoie au lac tremblant"[24] – assim começa a última poesia. A esse olhar singular, que traz lágrimas desenfreadas aos olhos de quem o encontra desarmado, Berg retribuiu absorvendo-o longamente. Todavia, tal como para Baudelaire, o olhar venal tornou-se arcaico para ele. A lua de lâmpada de arco da cidade grande parece-lhe pertencer à época hetérica. Baudelaire definiu a modernidade, que é uma das metades da arte, como "le transitoire, le fugitif, le contingent",[25]

---

24 "O olhar singular de uma mulher galante/ Que desliza para nós como o raio branco / Que a lua ondulosa envia ao lago trêmulo." [N. T.]

25 Baudelaire, op. cit., p.69. ["o transitório, o fugitivo, o contingente" – N. T.]

// enquanto a outra metade é a objetivação concebida de acordo com o modelo do classicismo: isso se aproxima bastante da compleição musical de Berg. A frase de Baudelaire "Le rien embellit ce qui est"[26] poderia lhe servir de mote. Foi sob esta insígnia que Berg musicou a *Lulu* – cuja composição se sobrepõe cronologicamente à dos poemas de Baudelaire. Era preciso apenas a faísca da inspiração para fazer resplandecer aquilo que já se encontrava na ária *Der Wein*.

Experiências com *Lulu*

Não sendo possível realizar aqui a única coisa que se impõe e que seria necessária, a saber, uma análise detalhada da *Lulu*, adiante da qual o conceito usual de análise teria de ser inteiramente modificado, iremos nos limitar a fixar algumas experiências referentes a essa obra. O intervalo de tempo que separa os dois textos a seguir é de 33 anos. O primeiro texto é composto a partir das impressões suscitadas pela execução da *Lulusymphonie* em Londres, sob a regência de *Sir* Adrian Boult, em 1935. Foi o último trabalho literário do autor que Berg pôde ler. O segundo texto trata da ópera propriamente dita, que o autor, nesse ínterim, teve a oportunidade de ouvir muitas vezes e em diferentes execuções, e que ele estudou com a partitura em mãos e com os discos de [Karl] Böhm. Não se fez nenhuma tentativa de atenuar as diferenças entre a primeira reação espontânea e o resultado de um longo e continuamente renovado estudo da obra. Por meio da reflexão, o autor procurou recuperar e colocar em contexto aquilo que o havia impressionado tão fortemente.

---

26 Idem, p.99 ["o *nada* embeleza aquilo que é" – N. T.]

A diferença entre os dois textos pode indicar um pouco daquilo que se passou com a obra e com a consciência musical durante esse intervalo de tempo.

// I

Deve-se renunciar a falar das peças sinfônicas da ópera *Lulu* numa exposição sistemática, pois a obra está ligada ao palco cênico e à palavra poética de uma maneira tão íntima que, isolada, ela não se revela inteiramente. Não se deve entender, com isso, que Berg tenha feito a mínima concessão no que diz respeito às exigências puramente composicionais. Qualquer um que conheça algo do seu estilo esperará de sua segunda ópera uma música completamente construída, autônoma – em termos tradicionais: música "absoluta" –, e terá tal expectativa recompensada de maneira ainda mais rica do que no próprio *Wozzeck*. Mas essa construção, que não é mera ilustração da palavra e do drama, está ordenada em torno da literalidade desse drama como se estivesse em torno de um obscuro núcleo, do qual ela se nutre a cada instante. Desprovida de palavras, ela se apresenta como construção perfeita, mas, ao mesmo tempo, impenetrável. Penetrar em seu segredo meramente a partir da música pressuporia bem mais do que a presença no ensaio geral e na execução, além do conhecimento da partitura: exigiria anos de imersão. Em vez de uma tal pretensão convém registrar com quais meios a obra se dirige ao ouvinte no primeiro encontro – um primeiro contato cuja importância só será novamente igualada pelo conhecimento perfeito da obra. Deve-se observar, antes de tudo, aquilo que *Lulu* significa de *novo*, mesmo em confronto com a produção precedente de Berg.

Berg

***

Em comparação com o *Wozzeck*, o que chama a atenção é uma nova *simplificação* do estilo de Berg – uma simplificação do tipo mais memorável: simplicidade da plenitude. Não se renuncia a nada com respeito à diferenciação do método composicional berguiano; não se faz a menor concessão às tendências neoclássicas e tardo-românticas. A sonoridade é mais rica, certamente mais resplandecente e colorida do que a sonoridade obscurecida de *Wozzeck*, a harmonia é mais nuançada, o contraponto é mais vibrante. Todavia – e bastante paradoxalmente –, a impressão de simplificação permanece dominante, pois na nova partitura a exigência de *clareza* é levada ainda mais adiante. Essa clareza situa Berg em uma nova constelação com respeito às suas origens: Mahler e Schönberg. Do Mahler tardio – com o qual a *Lulu* possui tantos // pontos de ligação quanto o *Wozzeck* possuía com a profunda tristeza de soldado do primeiro Mahler –, desse Mahler da *Sétima* e da *Nona sinfonia* provém a exigência de não se escrever nenhuma voz, nenhum dobramento, nenhuma nota, que não seja compreensível com perfeita clareza apenas por meio da escrita da passagem. Desaparece assim o jogo de luz e sombra dos fenômenos parcialmente claros, parcialmente presentes; aquilo que a música contém é totalmente perceptível, sem resíduos; tudo o que é vago e crepuscular é banido – ou, se quisermos, trazido à evidência. Nada há que não possa ser percebido pelo ouvido cuidadoso, e é essa presença completa de toda a música que dá a aparência de simplicidade. Se Krenek, partindo da relação com o texto, acentuou o caráter de conhecimento [Erkenntnischarakter] da ópera *Lulu*, isso se comprova não somente na escolha de um assunto literário que joga mais com conceitos do que com imagens, mas também na estrutura de uma música que, assim como sua amada Lulu, "jamais desejou parecer outra coisa aos olhos do mundo", senão aquilo pelo qual a tomavam. Porém, justamente por isso ela jamais é tomada por outra coisa, senão por aquilo que ela é, a saber, aquela [música] que possui a sua substância em sua aparência [Erscheinung], tão perfeitamente como o seu objeto mesmo: a beleza.

Isso significa uma evolução da *técnica* em todos os planos. A partir do princípio mahleriano de instrumentação obtém-se um princípio da construção como um todo. Este possui o seu corretivo no procedimento dodecafônico de Schönberg, que foi adaptado por Berg de maneira extremamente original e que se transformou no contato com a expressão dramática. Para uma orientação aproximada, poder-se-ia dizer que a *Lulu* se relaciona com o *Wozzeck* assim como as *Variações opus 31* de Schönberg se relacionam com as *Peças orquestrais opus 16* ou com *Erwartung*. Porém, sua força construtiva age na direção exatamente oposta à de Schönberg. Em Schönberg, ela arrebata devoradoramente toda aparência para dentro do em-si da estrutura, como que para dentro da sua verdade. Em Berg, pelo contrário, a aparência absorve quase com avidez o em-si construtivo, e transfigura em sua própria verdade aquilo que aparece [das Erscheinende]. Que nos seja permitido dar um exemplo disso: no *Harmonielehre* de Schönberg, na passagem que trata das novas sonoridades, encontra-se a indicação de que as pretensas dissonâncias perderiam seu terror se fossem dispostas em disposição larga [weite Lage] ou se ao menos // fossem evitados choques de segunda menor. Schönberg praticamente não pensou mais nessa frase e efetuou a escolha da posição do acorde e da ordenação das dissonâncias sem levar em conta a sua "aparência" [Erscheinen] – apenas de acordo com a construção e sua conformidade a leis, como a que requer a mudança constante da posição do acorde. Em Berg, todavia, justamente a aparência torna-se princípio construtivo e, assim, a observação incidental de Schönberg adquire um significado canônico para *Lulu*. Mesmo na escrita coral, Schönberg não recua diante do choque de segunda menor, ao passo que, na *Lulu*, ele é sistematicamente evitado, até mesmo nos movimentos instrumentais – embora seja usado ocasionalmente com intenções expressivas particulares. A consequência dessa forma de escrita é uma imagem sonora de completo frescor: de uma harmonia extremamente complexa, que espera constantemente pelo seu acorde de doze sons, e até mesmo o atrai para si, assim como *Lulu* atrai o seu assassino – e que, contudo, produz um efeito de ausência de dissonância e de tamanha eufonia que, em Londres, até mesmo as cores do *Daphnis e Chloë* de Ravel empalideceram em comparação com ela.

O princípio da disposição larga dos acordes domina em toda parte, e produz os mais extraordinários efeitos instrumentais. Por vezes parece que a arte da composição triunfou sobre a força de gravidade da orquestra. Por exemplo, em um dos pontos culminantes do rondó – a música de Alwa –, nos compassos 128 e 129, os violinos e três flautas são conduzidos ao *sol* agudo, em *fortissimo*. Como se, em sua exuberância, a música se estendesse para além si mesma, este ponto culminante é ainda superado e a ele se sobrepõe o *sib* imediatamente mais agudo. Essa nota é tocada pelos três clarinetes em uníssono. Poder-se-ia pensar que essa nota extremamente aguda desaparecesse nesse difícil registro e contra a intensidade luminosa das cordas. Mas a disposição instrumental do trecho todo – e sobretudo o dobramento à oitava abaixo pelos oboés – é tal, que o *si♭* dos três instrumentos *solo* reluz não apenas sobre o *sol* dos violinos e das flautas, mas acima do *tutti* orquestral inteiro. De forma similar, o efeito do acorde da morte de Lulu – impossível de ser reproduzido por palavras – é alcançado por meio da instrumentação. A clareza e a transparência da sonoridade orquestral tornam-se fermento da expressão: nunca antes um acorde de doze sons foi sentido de modo tão fisicamente penetrante. Pois jamais, até então, um acorde esteve tão evidente enquanto multiplicidade na unidade.

475 // O poder da aparência, como clareza e arte da composição, caracteriza tanto a expressão do belo sensível [sinnlich Schönen], como também o método *composicional*. As vozes, por assim dizer, expostas em plena luz, reivindicam o espaço sonoro que foi criado para elas. É no interior desse espaço que elas querem se mover: elas se elevam em longos arcos e cantam até o fim. Aquilo que no estilo do *Wozzeck* pode ser chamado, em sentido preciso, de expressionista – a saber, a sonoridade singular como fator expressivo – perde importância em *Lulu*: justamente a maestria no tratamento da sonoridade é aquilo que a integra completamente à estrutura composicional; sua transparência deixa surgir a voz autônoma: como *melodia*. Tudo se tornou mais ágil, mais delgado, mais linear. Somente uma das peças sinfônicas – o *Lied der Lulu* – é uma peça vocal. Todavia, a julgar por essa peça e pelas linhas conclusivas da condessa Geschwitz ao fim do *adagio-finale*, a linha vocal na *Lulu* ocupa uma posição absolutamente central – é sobre a voz humana que repousa a ação da ópera. Pela primeira vez, pode-se encontrar o novo estilo vocal de Berg, que havia sido prefigurado na canção de ninar de Marie e na peça central da ária *Der Wein*. É um tipo de melodia,

Berg

por assim dizer, pairando em êxtase. Não há mais ruptura entre o *melos* instrumental e o vocal; os violinos cantam da mesma maneira que a voz de soprano de Lulu executa suas coloraturas. Com uma segurança infalível, o estilo vocal de Berg nega aquele clichê que deseja fazer da Lulu uma espécie de "ser elementar" [Elementarwesen], e apreende aquele aspecto infantil e artificial da personagem, no qual sua beleza e seu caráter mortal encontram-se unidos. Numa marcação de cena, Wedekind exige que Lulu beije Alwa "*mit Bedacht*" [com ponderação]; e esta tentadora ponderação resplandece sobre a música de *Lulu*, sobre a frágil coloratura como imagem enigmática de uma beleza cuja natureza se realiza sob a forma mais artificial. A seu redor ajustam-se os contrapontos, tão transparentes como aquelas vestes que o Marquês von Keith[27] sonha para a sua amada. Poder-se-ia quase supor que a relação entre esta música e o texto seja como a que existe entre a vestimenta e o corpo: a veste na qual o corpo se revela mais belo do que ele seria nu, encoberto pela sua verdade.

É na *harmonia* que a evolução técnica – e nisso ela ultrapassa a mera técnica – mostra-se de maneira mais clara. Aqui, a agilidade do estilo de *Lulu* conduz a resultados imprevistos. Em suas primeiras obras, a arte de Berg // consistia em modificar sem cessar a harmonia profundamente estática, de modo a mantê-la, apesar de tudo, em movimento. Não é por acaso que, no *Wozzeck*, uma cena inteira seja construída sobre um pedal, e uma outra cena, sobre a alternância de três acordes. Em *Lulu*, porém, irrompe o elemento do *tempo*; olhando retrospectivamente, a

---

27 Trata-se de uma referência ao drama "Der Marquis von Keith" (1901), de Wedekind. [N. T.]

conquista da dimensão temporal aparece como a verdadeira meta também do *Concerto de câmera* e da *Suíte lírica*. A harmonia avança; à plasticidade melódica agrega-se uma consciência extremamente clara do fundamento [harmônico].

Externamente, isso se torna claro — assim como no Schönberg tardio — por meio de um sistema de acompanhamento à guisa de contínuo, constituído por harpa, piano e vibrafone. *Wozzeck* era ouvido, por assim dizer, quase com a respiração suspensa: eterno e instante, ao mesmo tempo, como se diz nas grotescas palavras do Capitão; *Lulu* segue em frente, tal como a vida. Isso pode ser visto da maneira mais profunda por meio daquela indicação de andamento que Berg prescreve para o *Lied* de Lulu, a saber: *"Tempo des Pulsschlages"* [tempo da batida do coração]. Em todos os momentos, essa música sente na própria pele qual é a verdadeira situação das coisas. Todavia, deixar a obra de arte entregue incondicionalmente ao fluxo temporal seria algo incompatível com o senso formal de Berg e com o seu conhecimento da aparência. Assim como Berg, também aqui, rejeita o contraste grosseiro e expande o [organismo] vivo na mais completa riqueza de relações, da mesma forma, o tempo é interpretado segundo o sentido daquilo que nele acontece, segundo o destino [Schicksal] ascendente e descendente, e que é mantido unido pelo ritmo do destino. É por isso que a forma do *ostinato*, da música de filme — cesura da obra e sua imagem mais íntima —, é rigorosamente retrógrada [krebsgängige]: o tempo passa e revoga a si mesmo, e nada aponta para fora de si, senão o gesto daqueles que amam sem esperança.

É praticamente desnecessário dizer que esse senso formal impõe uma forma até mesmo à publicação fragmentária desses cinco fragmentos sinfônicos. Estes respondem pela forma do todo como apenas um grande torso poderia fazer. Agrupam-se de modo a constituir uma *sinfonia*: e é sob o nome de *Lulusymphonie* que essa primeira forma publicada se tornará familiar à consciência. Em parte alguma a relação com o Mahler tardio é mais clara do que aqui. Cinco movimentos: os dois movimentos extremos, // de caráter inteiramente sinfônico – tal como, por exemplo, a *Nona* de Mahler – agrupam três breves movimentos centrais de "caracteres" bem definidos – similares, talvez, à *Sétima*. O movimento inicial é – novamente, de maneira quase mahleriana – um rondó ricamente articulado, de uma grande amplidão e de um extremo rigor arquitetônico; ele possui um tom exuberante – que já estava prefigurado no "andante affetuoso" do *Wozzeck* e no "trio estatico" da *Suíte lírica*, mas que somente agora se mostra de maneira inteiramente livre e irrestrita. Ao se procurar pelos detalhes, não se poderia citar nada de mais belo que o próprio início, os oito compassos de introdução, de uma tristeza e bem-aventurança presentes somente na promessa da própria beleza. Assim como o tom de Schumann dá voz à solidão em meio às grandes festas, algum dia esses compassos serão considerados a expressão definitiva da dor que não pode ser mitigada, a qual se apodera de nós quando vemos o belo. Segue-se então a "música de filme", vertiginosamente concisa, virtuosística como uma corrida a galope, fugaz como um fogo de artifício, com um momento de parada no meio. Como peça central, o *Lied* de Lulu, de vítrea luminosidade e clareza, prosa do conhecimento e rima do corpo entrelaçando-se na melodia. As breves variações que se seguem são de um autêntico surrealismo musical. A decadência de Lulu é ilustrada de maneira estridente, por meio de uma música decadente; uma canção de saltimbanco de Wedekind é, não propriamente variada, mas, sim, sobrecarregada de vozes, tal como se faz com ornamentos em gesso sobre o revestimento da cúpula de um salão; a putrefação da cançoneta de 1890 ilumina, como um triste lampião de gás, a última fuga de Lulu. O *adagio-finale* é a cena da morte. De maneira bastante singular, justamente esta peça – que, à primeira audição, é a mais imediata e acessível de todas – rompe os limites da sinfonia e reclama imperiosamente o palco cênico. Porque o horror que vive em torno da música – de modo mais atroz, talvez, na passagem das trompas do compasso 91[28] – só poderá ser suportado quando o olho armado se defrontar conscientemente com a trama a partir da qual surge a música. Mas aí então ela se libertará da trama: para se voltar àquela mortal reconciliação que se exprime nas últimas palavras da condessa Geschwitz.

478

// II

A ópera *Lulu* faz parte daquele tipo de obras que tanto mais revelam a sua qualidade, quanto mais longa e profundamente imergimos nelas. A ideia de desenvolvimento que Berg possuía originalmente também foi, ela própria, objeto de um desenvolvimento. Em primeiro lugar, a música não mais conduz de uma sonoridade a outra, de uma frase à próxima – tal como a respiração contida, o instante intensificado conformes ao expressionismo – mas ela se desdobra por longos trechos. As grandes formas são capturadas pela dinâmica berguiana, para

---

28 Todos os números se referem à antiga partitura das *Cinco peças sinfônicas*.

Berg

muito além de tudo o que era possível nas situações comprimidas do *Wozzeck*, sem que os detalhes perdessem a sua expressividade. Certa vez, durante uma aula, Berg elogiou a seção de desenvolvimento de uma música de câmera, devido ao modo pelo qual ela tomava ímpeto. Este elogio – quer ele fosse ou não merecido – poderia ser interpretado como expressão de um interesse composicional que, no Berg maduro, predominou sobre qualquer outro, e que se realizou totalmente na *Lulu*. Aqui, "música dramática" significa que as estruturas musicais, como algo inteiramente em devir, preenchem-se com aquela tensão que, no *Wozzeck*, era reservada às passagens-chave. Todavia, seus primórdios encontram-se já ali. A *Passacaglia* do médico – a qual, não obstante, ocupa uma posição um pouco extraterritorial em relação ao restante – é o modelo mais próximo do procedimento composicional posterior. Se, no *Wozzeck*, a primeira cena possui uma estrutura bastante solta como suíte – sendo que apenas o segundo ato é completamente configurado no grande estilo sinfônico –, há em *Lulu* algo de análogo: a primeira cena com Alwa é como uma soma de elementos curtos, como se o *Recitativo accompagnato* tivesse se tornado uma forma dramático-musical autônoma. Aproximadamente por volta da mesma época, Schönberg retomara o recitativo intermitente na sua ópera cômica *Von heute auf morgen*. A textura bastante complexa de ambas as óperas – que, no entanto, do ponto de vista dramatúrgico, eram verdadeiros dramas musicais – exigia em nome de sua própria transparência o restabelecimento daquele dualismo entre recitativo e – como se dizia antigamente – número, que a ditadura estilística de Wagner havia abolido. Ao mesmo tempo, o recitativo – com suas interrupções, com sua ausência de continuidade – recebe de Berg uma função

expressiva: na primeira cena, dotada de uma extrema timidez.
479 // O senso formal de Berg retorna na ideia do recitativo, no início do segundo ato, no momento da entrada da condessa Geschwitz; seu caráter expressivo é semelhante [ao do primeiro recitativo].

Dentre as qualidades que se desejam de um autor de dramas musicais, a capacidade de invenção de novos caracteres expressivos, de conquistar para a música regiões afastadas desta − tal como Wagner conseguiu pela primeira vez na música de Beckmesser − certamente não é a menos importante. Talvez o modelo mais próximo para as peças fragmentárias, na *Lulu*, tenha sido a magnífica cena introdutória das criadas, na *Elektra*. A economia na explicação musical − que se mostra contida e que só se configura, por assim dizer, diante do ouvinte − é um dos meios de dinamizar o todo; de uma sucessão de elementos passa-se a grandes movimentos contínuos. No primeiro quadro, as partes em *recitativo* são seguidas por peças relativamente breves e fechadas em si mesmas, mas que são muito bem definidas por meio de seu caráter fundamental. Assim, a exposição em forma sonata na primeira cena entre Lulu e o Doutor Schön (compassos de 533 a 668) − a palavra "cena" entendida aqui em seu duplo sentido − é já uma grande forma dinâmica; a ela segue-se imediatamente a cena do suicídio do pintor − a qual se desenrola, por assim dizer, quase como um evento fatal. Todavia, essas "formas em desenvolvimento" são contrabalanceadas por números breves e claros − ou são interrompidas inúmeras vezes, tal como ocorre com a sonata do Doutor Schön. Uma das polaridades de *Lulu* reside no fato de essa obra, apesar de ser muito mais ampla que o *Wozzeck*, modelar peças singulares de maneira muito mais distinta do que a primeira ópera de Berg.

Berg

Algo particularmente digno de admiração é o modo pelo qual Berg — embora se exprima musicalmente sem qualquer restrição na *Lulu* — mostra-se sempre atento para que as formas dinâmicas não achatem sob si as exigências dramáticas dos momentos singulares. Assim ele construiu o primeiro quadro do segundo ato — que é talvez a *scène à faire* da ópera inteira — de modo que o rondó (o dueto de amor de Alwa e Lulu) seja sempre perturbado por meio de episódios (do Doutor Schön, que os observa incógnito, e das figuras do submundo) e também por meio de parênteses composicionais, tais como aqueles que, mais tarde, seriam cultivados por Boulez na *Terceira sonata* para piano. Na *Lulu*, esses parênteses contribuem para o efeito grotesco, colocando a cena de amor sob uma forte ironia. Nenhum daqueles que se comprazem com o uso de formas tradicionais — por mais relevante que seja o papel desempenhado por estas — conseguirá ir muito longe com a *Lulu*; essas formas servem apenas para libertar a fantasia formal, produzindo continuamente novas estruturas. // Tal como no *Wozzeck*, as formas são asseguradas por meio de um tradicional recurso do drama musical, a saber: o uso dos *Leitmotive*. A maior parte dos motivos — como, por exemplo, a escala que se inicia com um mordente, e que é associada ao coquetismo de Lulu — é tratada de maneira extremamente flexível e profundamente variada, funcionando mais como uma espécie de elemento de ligação, do que como algo que deva se impor drasticamente à consciência.

As inovações estruturais pesam mais do que as de detalhe — que, aliás, são bastante numerosas. As sonoridades isoladas raramente são tão carregadas de significado como no *Wozzeck* — mas, quando o são, isso ocorre de maneira drástica, tal como o acorde de doze notas da morte de Lulu. Em compensação, a sonoridade do todo é absolutamente original, fruto da estratificação de um esplendor fantasmagórico por sobre um horror subjacente. A fama de *Lulu* como ópera centrada no canto é justificada – em comparação com *Wozzeck* – pelas vibrantes linhas melódicas das vozes. Mas as execuções não podem decair na obstinada inversão de valores da antiga praxe, enfatizando apenas os cantores em detrimento da orquestra. Se a execução não concede volume e profundidade espacial à orquestra, a obra perde seguramente também a sua profundidade espiritual. Os detalhes apresentam menos dificuldades de escuta do que muitas peças anteriores de Berg. Isso não apenas porque o ouvido pode ater-se mais àquilo que lhe pareça ser uma melodia. As próprias melodias se aproximam da forma tradicional de escrita melódica – nesse sentido, à maneira de Berg, elas se assemelham às melodias das peças dodecafônicas de Schönberg escritas naquela mesma época. Isso é condicionado pelo princípio da expansão [Prinzip des Ausspinnens], o qual não apenas permite a repetição de elementos melódicos, mas também a requer – ao passo que tal repetição constituía um tabu no idioma expressionista. A tendência a trabalhar, na microestrutura, sempre com elementos contrastantes – característica da escola de Schönberg, mas à qual Berg jamais aderiu completamente – é reprimida em favor da grande linha; apenas alguns dos "números" de menor importância utilizam esse procedimento. Da mesma forma, também a harmonia é atenuada: não apenas por meio da utilização das posições largas [weiten Lagen], mas também por meio de um caráter francês, de uma suavidade proveniente da intenção de "cantar o teu louvor até que percas os sentidos". Dentre as mais importantes *trouvailles* da *Lulu* – e que provavelmente apenas no futuro se revelará em todo seu alcance — estaria o fato de que essa obra redescobre a dimensão harmônica que, devido à dominação total do contraponto, havia se tornado insignificante na técnica dodecafônica // — pois a obra, apesar de toda a riqueza contrapontística, não é composta de modo absolutamente polifônico, mas aspira a um equilíbrio entre a dimensão vertical e a horizontal, à maneira do classicismo vienense. Não se deve exultar diante daquele *trouvaille*, como se se tratasse de uma retomada camuflada da tonalidade — embora, na *Lulu*, as infiltrações tonais sejam ainda menos raras do que nas obras precedentes de Berg. Também o conceito da politonalidade, tal como estava em voga no início do "Grupo dos Seis", não basta para definir um procedimento composicional que é diferenciado demais para se deixar satisfazer com a simples técnica de acoplamento de duas tonalidades muito distantes. No melhor dos casos, poder-se-ia falar de uma politonalidade potenciada. Os acordes e encadeamentos de acordes são, muitas vezes, análogos e dominantes, construídos por sobreposições de terças, como que recordando os acordes de nona. Porém, eles são muito mais dissonantes que estes e, embora já comportem menos choques de segunda, eles apresentam seus equivalentes transpostos para outras oitavas; além disso, as formações em terças são, no mais das vezes, rompidas — sobretudo por meio de contracantos contrapontísticos. As partes de Alwa representam, de maneira paradigmática, aquele tipo de composição dotada de uma harmonia que novamente adquire autonomia. Uma das tarefas principais de uma análise que se mova pacientemente, compasso por compasso, seria de investigar essa nova harmonia.

A simplificação dos caracteres melódicos é exigida não apenas pelo estilo composicional, mas também pela dimensão expressiva específica da *Lulu*. Assim como um *regisseur* que deva realizar a encenação dessa ópera atualmente, também Berg não poderia ficar indiferente ao fato de que os dois dramas de Wedekind tivessem sido escritos nos anos noventa do século anterior. A distância temporal se traduz na escolha de um material distanciado, estranho à composição. Isso vale não apenas para a canção de saltimbanco de Wedekind e, presumivelmente, para grande parte do terceiro ato, ainda não publicado: também os dois primeiros atos evocam, em alguns detalhes, a música de salão, de maneira similar às fotomontagens de Max Ernst a partir de material gráfico do século XIX. Assim, o tema do *duettino* estrófico entre Lulu e do pintor, na segunda cena do primeiro ato (compasso 416 e segs.), é fraseado e declamado como uma *chanson*. O tema de gavota – inserido como tema secundário na sonata do Dr. Schön e que assume sua forma definitiva no **482** dueto da carta // (indicado pela primeira vez nos compassos 561 e segs., e depois elaborado nos compassos 586 e segs.) – soa como um eco de todas as gavotas provenientes da música de entretenimento da classe alta do mesmo período. Esse tipo de reminiscência, por meio do contraste, acaba dando relevo às passagens sombrias. Estas, por sua vez, nem sempre são complicadas; por volta do fim da cena do assassinato no segundo ato, aproximadamente a partir do compasso 587, a escrita se baseia sobre dobramentos de oitavas e outros movimentos paralelos – talvez pensando no procedimento de Beethoven, por volta do fim do longo desenvolvimento do primeiro movimento da *Eroica*. O *adagio* final – a morte de Lulu – é apresentado de modo lapidar. Em momentos como o grande arrebatamento de *O Freiheit* [Ó liberdade] (segundo ato, compasso 1000 e segs.) – o momento mais resplandecente da ópera – Berg sim-

Berg

plifica [seu estilo], tal como se afirmou certa vez a respeito de Schreker.[29]

As reminiscências da música de salão, que, naturalmente, em momento algum vêm à superfície e estão sempre entrelaçadas à fibra musical – o motivo inicial da gavota torna-se um dos mais importantes *Leitmotive* da ópera inteira, a saber: o da irresistibilidade de Lulu, e se estende para muito além do complexo temático do Dr. Schön –, são impostas pelo *principium stilisationis* da *Lulu*. Trata-se do princípio do circo. O atroz quadro do assassinato do Dr. Schön é um *sketch* com excêntricos *clowns*, que se acocoram atrás de todos os objetos de cenários possíveis, para executar os seus saltos tão logo corram o risco de ser descobertos. No prólogo, Wedekind qualificou suas duas peças como "arte corporal", assim como o circo; a montagem dirigida por [Günther] Rennert (Frankfurt, 1960) fez bem ao ambientar a ação em uma arena de circo. Musicalmente, o circo desempenha um papel análogo ao do ambiente militar do *Wozzeck*; a fanfarra, com a qual *Lulu* tem início, intensifica assustadoramente o papel do pregoeiro de uma trupe de saltimbancos. Há na obra sonoridades similares a engenhosas orquestrações daqueles órgãos mecânicos, realejos oniricamente aumentados, cujo ruído metálico se ouvia outrora nos carrosséis; foi aí que se buscou inspiração para o tratamento dos metais. Os trompetes fre-

---

29 É provável que esta seja uma referência ao livro sobre Franz Schreker escrito por Rudolf Stephan Hoffmann (1878-1939), um dos mais ativos colaboradores da *Musikblätter des Anbruch*. Ao tratar da ópera *Die Gezeichneten* no quarto capítulo ("Der Komponist: der eigene Stil") de seu livro, Hoffmann a caracteriza justamente como "o fruto mais valioso" de uma simplificação estilística de Schreker. Cf. Rudolf S. Hoffmann *Franz Schreker*. Leipzig: E. P. Tal & Co., 1921, p.121. [N. T.]

quentemente executam a melodia em um tom similar, às vezes sentimentalizante. Berg integrou à composição e à instrumentação aquilo que circunda as sonoridades semibárbaras do submundo musical, sua atmosfera social triunfal e triste. Ele toma o submundo *à la lettre*, frequentemente o relega às regiões mais graves da orquestra, como uma correnteza melancolicamente rumorejante. Nas mãos de Berg // tais sonoridades tornam-se alegorias da catástrofe permanente e, ao mesmo tempo, do anseio por aquilo que escapou à repressão cultural.

483

O estilo circense permite a Berg exteriorizar uma tendência que já se fazia sentir no *Wozzeck*: a propensão ao grotesco. Alguns episódios da música de Schönberg podem ter permanecido em sua memória, tal como a citação de "O du lieber Augustin" no Trio do *Quarteto em fá# menor* e alguma coisa do *Pierrot* — no qual esse aspecto desagradável estava mais presente no texto; mas esse forte e bizarro *penchant* de Berg não pode ser explicado por meio de modelos. O século XIX, de cujas salas de máquinas subterrâneas emergem eventos e personagens, tornou-se um assustador mundo primitivo. O Doutor Schön, o déspota desamparado, poderia ter saído de uma foto de família de outrora, vestido com um antiquado traje, então na última moda. As pessoas suspeitas e ridículas que povoam seu salão — e que se lhe assemelham muito mais do que ele desejaria — são excreções do inconsciente em interiores abarrotados. A composição difunde o reflexo de putrefação em torno do passado recente; nas variações esqualidamente exuberantes sobre a canção de Wedekind, no terceiro ato, materializa-se a quintessência da ópera inteira. Não se pode negar a ligação latente com Kurt Weill, de cuja música Berg não gostava; Weill provavelmente aproveitou ideias melódicas de Brecht em algumas ocasiões, tal

Berg

como Berg procedera com as de Wedekind. As suas bizarrices requereriam uma explicação: por exemplo, o fato de achar cômica a falta de ar do Capitão, no *Wozzeck*, e até mesmo a asma (sua própria doença) de Schigolch – personagem que, em geral, foi bastante poupado por ele. Há, nisto, algo de pueril: uma infantilidade que se suprime no momento em que se expõe. Pintam-se imagens arquetípicas do *clown* de circo. As caricaturas à maneira de Daumier que atormentavam Wozzeck eram já da mesma estirpe. Nesse nível, apesar de toda a expansiva plenitude, o ponto de partida expressionista – a saber: a situação do sujeito desprovido de objeto – afirma-se fielmente na *Lulu*. Se esse sujeito, como que por meio de uma fissura, admite em si, na qualidade de personagens, os homens alienados, estes, contudo, se debatem em estranhamento, não estão completamente vivos – são "homens feitos às pressas [flüchtig hingemachte Männer]", segundo a genial formulação de um doente mental, o *Senatspräsident* Schreber.[30] A solidão absoluta e o mundo das mercadorias, inconciliavelmente divergentes, são correlatos. Para o sujeito que está voltado para sua interioridade, // os homens no exterior, que lhe impõem a sua lei de maneira heterônoma e incompreensível, tornam-se marionetes – na *Lulu*, ninguém é mais realista do que o surreal atleta do circo. Para poder suportá-los, o solitário regride, como se aniquilasse a si mesmo, aos anos da

---

30 A respeito do chamado "caso Schreber", cf. S. Freud "Psychoanalytische Bemerkungen über einen autobiographisch beschriebenen Fall von Paranoia (*Dementia Paranoides*)", publicado pela primeira vez em 1911, no *Jahrbuch für psychoanalytische und psychopathologische Forschungen 3 (1)*, p.9-68. [Notas psicanalíticas sobre um relato autobiográfico de um caso de paranoia (*dementia paranoides*). In: *Obras psicológicas completas*. Ed. Standard Brasileira. Rio de Janeiro: Imago, 1980, v.VII.] [N. T.]

existência pré-individual, e ri justamente daquilo que lhe causa pânico. A situação expressionista como um todo possuía algo dessa qualidade, que é conservada em títulos como "homem de circo" [Zirkus Mensch] e que foi objetivada por Berg.

Lulu, em torno da qual tudo gira, é contraposta a isso. Ela representa a natureza oprimida, sua incomensurabilidade em relação à civilização, a sua culpa nisso e a sua vingança por causa dissto. Mas Berg não seria um artista autêntico, se tivesse copiado a antítese entre natureza e não natureza, sempre aprovada pela burguesia. Com efeito, o Eu, a partir de cuja perspectiva se escreve a música, não é o de Lulu, mas, sim, o de Alwa, que a ama. Isso afeta a atitude da música em relação ao seu tema. A dimensão cínica [do texto] quase não é levada em consideração por Berg: ele se aproxima de Wedekind tal como Schumann o fez com os poemas de Heine. Problemática, para o compositor, é a técnica wedekindiana do diálogo por equívocos, os quais, pelo seu lado discursivo, são refratários à música — muito embora essa técnica seja uma das situações de estranhamento a partir das quais a música é concebida. A música nunca pôde, propriamente falando, assumir a forma de diálogo ou, com uma frase, responder à precedente; mas ela pode, ao mesmo tempo, alinhar e unir elementos disparatados — e isso é familiar ao modo de compor berguiano. As numerosíssimas interpolações são marcadas por essa intenção. O amor de Alwa — e não a alma da heroína, que não a possui — é o lugar da música, que se entrega a esse amor, tal como o artista fadado à morte se entrega à bela mulher. Em parte alguma Berg é tão baudelairiano como no fato de que, na totalidade da modernidade que tudo devora, nada é poupado e exaltado como natural. Envolta por essa música, a vítima é, ela mesma, um fragmento do mundo reificado. Somente pela reificação, e não como uma

contraimagem abstrata desta, é que a obra de Berg conhece a utopia. Lulu, na qualidade de corpo absoluto, torna-se igualmente
a *imago* da felicidade sem limites, tal como a alma só se constitui
no olhar dos seus "grandes olhos de criança". Tal como um sonâmbulo que vaga durante o dia, e sem nenhuma reflexão sobre
a filosofia da história, Berg encontrou o meio adaptado para representar musicalmente // essas características, escolhendo a voz
de soprano coloratura para o papel de Lulu. As curvas melódicas
de seu canto pairam como pássaros ou deslizam como lagartixas,
como se a subjetividade ainda não estivesse desperta; aquela que
é entregue a todos os homens é um instrumento, assim como
as suas melodias, inspiradas pela flauta, são instrumentais. A
irresistibilidade de Lulu e a sua natureza inumana, pré-humana,
são uma coisa só; a sua relação com Schön na cena do camarim,
no primeiro ato, lembra aquela do imperador e da feiticeira em
Hofmannsthal; salvo que desta vez, no fim, vence a feiticeira.
Talvez a expressão mais perfeita desse caráter não se encontre nas
coloraturas propriamente ditas, mas, sim, nos *staccati* de boneca
que soam como os da Olympia, de Offenbach; eles aparecem
pela primeira vez sobre a palavra *tan-zen* [dan-çar] (Primeiro Ato,
compasso 102). Se o domador promete ao público que este verá
a criatura sem alma "domada pelo gênio do homem", a música,
numa extrema culminação dialética, realiza esse ato do domar — o
adestramento de Lulu no canto ornamental — e o revoga, na medida em que o som supremamente artificial torna-se alegoria do
prazer sem limites que o mundo, simultaneamente racionalizado
e irracional, recusa aos seus infelizes habitantes.

A *imago* de Lulu percorre o seu luminoso caminho acima do
abismo, a fim de nele se afundar. O velho reacionário não pôde
deixar de utilizar contra a temática [da ópera] palavras como

Theodor W. Adorno

"esgoto" e "sarjeta", que estavam bastante em voga no uso linguístico da época guilhermina para se referir contrariamente à modernidade de então. A música de Berg também é salvadora ao incorporar ao seu próprio conteúdo aquilo que tais injúrias denunciam. O elemento caótico de Berg e da sua música é liberado, na *Lulu*, como uma dimensão que é mais do que meramente psicológica. A fervilhante região do inconsciente se agita como o sedimento da sociedade, pronta para devorá-la. A empatia de Berg se voltou para esse estrato – a saber, a classe dos oprimidos – assim como, anteriormente, o tinha feito em relação à mania de perseguição do soldado abandonado à mercê de seus superiores. Esse estrato é, em si mesmo, deveras ambíguo: o reprimido, que traz na sua forma social os estigmas de toda a mutilação que ele sofreu ao longo dos séculos, mas também a violência, que contém em si a possibilidade destrutiva que atinge todos os personagens da ópera, inclusive Lulu. Ela própria faz parte daquela esfera e a transcende. Mas esta é também a esfera da revolta, da esperança de que uma cultura que está enredada na repressão esteja chegando ao fim. // *Lulu* é catártica não no sentido aristotélico, mas, sim, no sentido freudiano do termo: ela traz à tona o que foi reprimido, olha no fundo dos seus olhos, torna-o consciente e lhe faz justiça ao igualar-se a este; é a mais alta instância, diante da qual se realiza a revisão do processo civilizatório. O esplendor da obra, que compartilha do eclipse da arte contemporânea – na qual ela ocupa uma posição ímpar –, é o casamento entre o oprimido e a esperança.

As resistências contra a *Lulu*, mesmo entre aqueles que eram próximos a Berg, são provocadas, sem sombra de dúvida, por aquele imponente elemento de "sarjeta"; este é sentido como uma mácula na ideia do artista puro, que Berg incorporou como poucos de seus contemporâneos. Evita-se colocar a questão de saber se aquela pureza não se comprova justamente por evitar fechar-se em si mesma, preferindo voltar-se na direção daquilo que a tradição da cultura afirmativa considera o seu contrário. Daí, talvez, a veemência das objeções contrárias a que se conclua a instrumentação da ópera. Embora seja extremamente desejável que se inclua a *Lulu* no repertório dos teatros de ópera como uma peça completa e acabada, deve-se, todavia, respeitar e levar seriamente em consideração os motivos alegados pelos amigos de Berg, que obstinadamente desejam ver conservada a forma fragmentária dessa ópera. A objeção mais importante afirma que se deve respeitar metafisicamente o inacabado; que seria cometer um sacrilégio deixar de obedecer ao veredito decretado pelo destino, segundo o qual Berg teria que morrer enquanto trabalhava no terceiro ato; a sua morte teria um significado que se manifesta sob a forma desse gigantesco torso. Além disso, coloca-se em dúvida a atualidade de *Lulu* depois do tão proclamado afrouxamento dos tabus sexuais; hoje em dia, o que está em jogo é a ordem social em seu conjunto. Acredita-se que ninguém teria o direito de tocar na concepção de Berg — até mesmo na concepção instrumental —, pois nenhuma outra pessoa poderia estar à altura da tarefa. A obra póstuma deve permanecer tal como está, embora não se possa dizer o mesmo acerca das atuais execuções do terceiro ato. Afirma-se ainda que os esboços do último ato não permitiriam que ele fosse completado de maneira satisfatória, e que a obra seria capaz de sobreviver sob a forma como tem sido executada há anos; alguns chegam até mesmo a considerar uma vantagem a sua forma involuntariamente abreviada.

Tudo isso parece ser tão plausível quanto respeitável. Mas há
487 // respostas convincentes para essas objeções. O argumento que
procura encontrar um sentido para o fato de Berg não ter podi-
do concluir a instrumentação certamente abre uma perspectiva
metafísica; a questão, todavia, pode ser decidida objetivamente,
e não deve ser deixada a cargo da escolha pessoal, tão em voga,
feita de acordo com a visão de mundo de cada indivíduo. A esse
respeito basta dizer o seguinte: "O sentimento que depois de
Auschwitz considera toda afirmação da positividade da existência tagarelice e injustiça para com as vítimas, e que se opõe
à tentativa de extrair do destino destas um sentido qualquer,
por mais exíguo que seja, tem o seu momento objetivo depois
de acontecimentos que tornaram ridícula a construção de um
senso da imanência que se irradie de uma transcendência posta
afirmativamente. Uma tal construção afirmaria a negatividade
absoluta e colaboraria ideologicamente para a sua sobrevivên-
cia, a qual, de todo modo, reside efetivamente no interior do
princípio da sociedade existente, até a sua autodestruição. O
terremoto de Lisboa bastou para curar Voltaire da Teodiceia
Leibniziana, e a catástrofe da primeira natureza, que ainda podia ser abarcada com a vista, foi insignificante em comparação
com a segunda, social, que se subtrai à imaginação do homem,
enquanto prepara o inferno real a partir da maldade humana".[31]
Categorias teológicas, como a da vontade divina – que são váli-
das para as criaturas –, absolutamente não se deixam transpor
para as obras de arte, para os artefatos. Nenhuma ópera é um
texto sagrado – nem mesmo uma do mais alto nível. O nível da
ópera de Berg e seu conteúdo de verdade [Wahrheitsgehalt]

---

31 Theodor W. Adorno, *Negative Dialektik*. Frankfurt a. M., 1966, p.352.

Berg

requerem que se assuma uma atitude diversa daquela que agradava à religião da arte do século XIX, e que a obra não seja considerada uma revelação.

Tampouco se pode acusar a *Lulu* de inatualidade. A liberação sexual foi conseguida somente na fachada de uma sociedade que ainda permanece não livre e patriarcal. Quando se afirma que a chamada "questão sexual" (como se dizia antigamente) seria algo antiquado, isso nada mais é do que a dor ainda não mitigada da velha ferida, que se opõe a que toquem nela. Ninguém sabia disso melhor do que o santo padroeiro de *Lulu*: Karl Kraus. A sexualidade permaneceu sendo o ponto sobre o qual a sociedade, qualquer que seja o sistema político, não permite brincadeiras, e isso marca a experiência artística de maneira indelével. Na verdade, Lulu não é — tal como, certa vez, uma comunista dogmática // presumiu devotamente — a jovem proletária explorada pela burguesia, que sustenta com seu corpo a sua família miserável. Mas a repressão social se concentrou por milênios numa relação ambivalente com a sexualidade feminina. Ali onde essa sexualidade, sem consciência política e sem motivo social visível, colide com a sociedade, justamente então ela se torna, objetivamente, um fato político *par excellence*.

Tampouco é válida aquela objeção estética, expressa por amigos como Hermann Scherchen, a saber, que *Lulu* estaria superada como ópera tradicional. Se *Lulu* é uma ópera tradicional, certamente ela é também a última do gênero, juntamente com o *Moses und Aron*, de Schönberg. Porém, isso significa que ela realiza uma inversão completa. Em *Lulu*, a ópera [como gênero] se vê tal qual em um espelho, tomando a si mesma como tema, tal como no século XIX, quando a forma operística, juntamente com a do romance, ocupava uma posição-chave; não por acaso,

Theodor W. Adorno

um dos personagens principais, na versão do texto redigida por Berg, é um compositor, e uma das cenas centrais se desenvolve nos bastidores de um teatro – todavia, sem que a obra recaia na fatal série de "óperas de artistas". O completo controle da linguagem da ópera faz com que ela alcance a consciência de si, e se desfaça daquela ingenuidade tímida e conformista que, historicamente, havia condenado a ópera tradicional.

No que concerne à vontade subjetiva de Berg, ou à questão acerca de qual atitude ele teria assumido em relação a uma instrumentação póstuma, pode-se apenas formular suposições. Não obstante, ele estava profundamente convencido da objetividade de uma criação artística, e sabia distinguir entre verdadeiro e falso de uma maneira rigorosa demais, para não ter se colocado a questão da conclusão, por outras pessoas, de uma obra já tão adiantada, independentemente de sua existência de compositor. Seu anseio por completar a obra deve ter sido tão grande quanto o terrível golpe do destino, que o apanhou repentinamente durante a fase final do trabalho; é o que indicam os relatos sobre suas últimas fantasias febris, nas quais a instrumentação ainda o ocupava.

O mais forte argumento que pode ser apresentado por aqueles que se opõem à orquestração daquilo que existe somente sob a forma de redução [Particell] é o de que importantes compositores, amigos de Berg: Schönberg, Webern, Krenek e provavelmente até Zemlinsky, recusaram-se a assumir aquela **489** tarefa. Contudo, // numa questão artística de tal envergadura, a autoridade pessoal não poderia ter a última palavra. A recusa de Schönberg não teve razões musicais, mas, sim, motivações que, embora compreensíveis e que devem ser incondicionalmente respeitadas, estavam fundadas sobre um equívoco acerca do modo de pensar de Berg: aquela recusa exprime, antes, a desoladora confusão objetiva que reinava durante os anos de Hitler – não se trata de algo obrigatório a ser seguido mesmo depois de tantas décadas. Aquilo que Schönberg desaprovava poderia ser facilmente remediado. Webern, provavelmente, evitou tanto a responsabilidade como também o fardo que teria que assumir. Quando lhe sugeriram – depois do genial arranjo da *Fuga* (*Ricercata*) – que completasse e instrumentasse a *Arte da fuga*, ele respondeu que, neste caso, seria obrigado a renunciar à composição pelo resto de sua vida; no caso da *Lulu*, ele não deve ter pensado diversamente. De Krenek pode-se imaginar – sem conhecer as suas razões – que ele considerava o próprio estilo, mesmo na instrumentação, diferente demais do estilo de Berg para poder aproximar-se da *Lulu*. Zemlinsky, por fim, era um compositor tão pré-schönberguiano que, apesar de toda a solidariedade, devia, com razão, considerar-se inapto a tal trabalho. A partir da distância temporal, que permite uma visão de conjunto mais livre, a questão toda poderia apresentar-se de maneira diversa.

Mesmo sem ter visto a redução [Particell], a conclusão da obra não me parece ser algo fora de qualquer possibilidade. Cerca de um terço do ato já está completo em partitura; a redução provavelmente contém também indicações de instrumentação, tal como os compositores costumam anotar como auxílio para a memória. Depois de Berg ter relatado que a composição em si estava terminada, seria bem estranho que a estrutura musical estivesse incompleta na redução – uma vez que se trata de uma composição dodecafônica, cuja continuidade pressupõe, a cada momento, a utilização do *continuum* serial inteiro; é difícil prosseguir a composição de uma peça dodecafônica enquanto o compasso precedente não tiver sido completamente composto dodecafonicamente. Entretanto, se efetivamente faltam algumas vozes secundárias e de acompanhamento – uma possibilidade que não pode ser totalmente excluída, considerando a liberal aplicação daquela técnica por Berg –, elas estariam necessariamente em função da estrutura dodecafônica do material disponível, e deveriam poder ser acrescentadas de modo convincente por alguém que possua uma meticulosa familiaridade com Berg. // A própria *Lulu* – em particular a prática da variação instrumental levada a cabo na música de Alwa – fornece os modelos para se definir o princípio segundo o qual dever-se-ia instrumentar o restante da obra. Algumas passagens repetidas quase literalmente tinham sua instrumentação completamente modificada por Berg. Seria necessário proceder da mesma maneira. Aqueles que estão satisfeitos com a solução atual ouvem, juntamente com ela, o destino biográfico do compositor. A obra, todavia, é algo diverso de seu autor. Na versão à qual as pessoas se habituaram nesse meio-tempo, essa obra apresenta uma insuficiência interna. Se há uma forma musical que não pode ser imaginada independentemente de um público, tal forma é a ópera – até mesmo por conta do grande espaço acústico que sua sonoridade necessita. Um público que venha ao teatro sem estar a par da situação ficará inevitavelmente frustrado com o terceiro ato sob sua forma atual, e perceberá esse expediente como se o tivessem privado de algo. Isso vale também para a quebra de estilo, para a desproporcional preponderância da parte instrumental sobre a vocal na cena do sótão, assim como para a lacuna dramatúrgica causada pela omissão da cena de Casti-Piani. Porém, o mais importante: *Lulu* é rigorosamente construída, não apenas como peça dodecafônica, mas na totalidade de sua forma; Willi Reich notou certa vez, com razão, que a qualidade ineludível de certas peças de Berg é causada, em parte, pelas suas proporções geométricas. Se essas proporções são ignoradas, por meio da execução de uma obra incompleta, tudo acaba resultando desequilibrado: o respeito à obra tal como ela se encontra danifica a própria obra, a saber: a unidade da estrutura. As comparações com a *Sinfonia em si menor* [de Schubert] são equivocadas.

Completar essa instrumentação requereria, sem dúvida, um esforço extraordinário: a perfeita equivalência entre a fidelidade e uma fantasia requerida por essa própria fidelidade. Provavelmente, isso só seria possível a um coletivo; os autores da instrumentação deveriam criticar-se e corrigir-se reciprocamente; o ideal seria que essa cooperação ocorresse num mesmo lugar, numa espécie de "ateliê de composição". Isso deveria acontecer logo: enquanto a tradição berguiana ainda está presente, e enquanto ainda estão vivas algumas pessoas que, graças ao ensinamento recebido e à própria experiência, sabem qual deveria ser a aparência provável e como deveria soar a *Lulu* completa. Caso isso acontecesse, seria dada à música a maior das obras de Alban Berg.[32]

---

32 A partitura foi completada por Friedrich Cerha e teve sua primeira execução completa em Paris, sob a regência de Pierre Boulez, em 24 de fevereiro de 1979. [N. T.]

// Catálogo das obras[1]

Sem *Opus* – *Sieben frühe Lieder* [Sete canções de juventude], para voz e piano, publicadas em 1928.

Im Zimmer (Schlaf), 1905
Die Nachtigall (Storm), 1905/06
Liebesode (Hartleben), 1906
Traumgekrönt (Rilke), 1907
Sommertag (Hohenberg), 1908
Nacht (Carl Hauptmann), 1908
Schilflied (Lenau), 1908

Opus 1 – *Sonate für Klavier* [Sonata para piano], 1907/08.

Sem *Opus* – *Schließe mir die Augen beide* (Storm), para voz e piano, 1ª versão, 1909.

Opus 2 – *Vier Lieder nach Hebbel und Mombert* [Quatro canções sobre textos de Hebber e Mombert], para voz e piano, 1909/10.

Schlafen, schlafen (Hebbel)
Schlafend trägt man mich (Mombert)

---

1 As obras completas foram publicadas pela *Universal Edition*, de Viena, que cordialmente permitiu a reprodução dos exemplos musicais.

Nun ich der Riesen stärksten (Mombert)
Warm die Lüfte (Mombert)

Opus 3 — *Streichquartett* [Quarteto de cordas], 1910.

Opus 4 — *Fünf Orchesterlieder nach Ansichtskartentexten von Altenberg* [Cinco canções com acompanhamento de orquestra, sobre textos de cartões-postais de Altenberg], 1912.

Seele, wie bist du schöner
Sahst du nach dem Gewitterregen
Über die Grenzen des All
Nichts ist gekommen
Hier ist Friede

492 // *Opus* 5 — *Vier Stücke für Klarinette und Klavier* [Cinco peças para clarinete e piano], 1913.

Opus 6 — *Drei Orchesterstücke* [Três peças para orquestra], 1914, revisadas em 1930.

Opus 7 — *Wozzeck*, ópera em três atos baseada no Drama de Georg Büchner, 1917/21.

Sem *Opus* — *Drei Bruchstücke für Gesang und Orchester aus* Wozzeck [Três fragmentos do *Wozzeck*, para canto e orquestra], publicado em 1924.

Sem *Opus* — *Kammerkonzert für Klavier und Geige mit 13 Bläsern* [Concerto de câmera para piano e violino, com treze instrumentos de sopro], 1924/25.

Sem *Opus* — *Trio für Geige, Klarinette und Klavier* [Trio para violino, clarinete e piano], (Arranjo do segundo movimento, *adagio*, do *Concerto de câmera*), 1935.

Berg

Sem *Opus* – *Schließe mir die Augen beide* (Storm), para voz e piano, 2.ª versão, 1925.

Sem *Opus* – *Lyrische Suite für Streichquartett* [Suíte lírica para quarteto de cordas], 1925/26.

Sem *Opus* – *Lyrische Suite für Streichorchester* [Suíte lírica para orquestra de cordas], (Arranjo do segundo, terceiro e quarto movimentos da *Suíte lírica para quarteto de cordas*), 1928.

Sem *Opus* – *Der Wein, Konzertarie mit Orchester* [O vinho, Ária de concerto com orquestra] (Baudelaire, traduzido por George), 1929.

Sem *Opus* – *Lulu*, ópera em três atos baseada nas tragédias *Erdgeist* e *Die Büchse der Pandora*, de Wedekind, incompleta, 1929/35.

Sem *Opus* – *Lulu-Symphonie* [Sinfonia *Lulu*], publicada em 1935.

Sem *Opus* – *Violinkonzert* [Concerto para violino], 1935.

// Sobre o texto

"Som" é um ensaio ligeiramente reelaborado, já publicado em Viena, no ano de 1955 em *Kontinente*; depois, foi lido na Rádio de Stuttgart em 24 de abril de 1960, durante as "Jornadas de Música Contemporânea" e apareceu novamente nos *Beiträge 1967* publicados pela Sociedade Austríaca de Música.

"Recordação" foi reescrito em 1968, tomando como base o artigo "Erinnerung an den Lebenden", publicado pela revista *23*, na edição dedicada a Berg (em 1936; sob o pseudônimo Hektor Rottweiler), e de numerosas anotações inéditas de 1956.

"Análise e Berg" foi escrito em 1968 para o capítulo "Sobre as obras". Das contribuições ao volume sobre Berg, organizado por Willi Reich em 1937, o autor retomou: as análises da *Sonata para piano*, dos *Lieder opus 2*, dos *Sieben frühe Lieder*, do *Quarteto de cordas opus 3*, das *Peças para clarinete opus 5*, das *Peças para orquestra opus 6*, e da *Suíte lírica*. Esses textos foram retocados exclusivamente naquilo que pareceu absolutamente necessário ao autor: o caráter permaneceu intacto, e nada de essencial foi acrescentado.

O que o autor havia escrito a respeito da ária *Der Wein*, no livro editado por Willi Reich, não mais o satisfazia em termos teóricos. Além disso, ele ponderou sobre a crítica que Walter Benjamin fizera àquele capítulo, numa conversa em 1937. Por isso, ele o transformou completamente, conservando as partes puramente musicais. Ele quis evitar, sobretudo, certas pretensões que a antiga versão formulou, sem ter conseguido satisfazê-las.

Naquela época, foi Ernst Krenek quem se ocupou dos *Altenbergelieder*; por isso, o autor preparou um capítulo próprio a respeito dessa obra.

"Para uma caracterização do *Wozzeck*" tem sua origem num ensaio para o caderno de programas do teatro da cidade de Colônia, temporada 1958/59. // Foram inseridos e reelaborados alguns trechos de um artigo de abril de 1956, na *Frankfurter Allgemeine Zeitung*, em que se anunciava a publicação da partitura de *Wozzeck*.

Inteiramente novos são os "*Epilegomena* ao *Concerto de câmera*" (1968).

A Parte I das "Experiências com *Lulu*" é, novamente, um ensaio ("Zur Lulusymphonie") assinado com o pseudônimo de Hektor Rottweiler, e publicado naquela edição [dedicada a Berg] da revista "23", no ano de 1936; a Parte II, escrita por último, é do ano de 1968. Foram inseridos alguns motivos da conferência que o autor proferiu por ocasião da *première* de *Lulu* em Frankfurt, regida por Georg Solti em 1960.

Não se discutiu a respeito do *Concerto para violino*, pois o livro *Der Getreue Korrepetitor*, do mesmo autor (Frankfurt, 1963), contém uma pormenorizada análise interpretativa da obra, na qual os problemas estruturais e composicionais, bem como as particularidades da obra são tratados detalhadamente.

// Anexo

A ária de concerto *Der Wein*

Versão de 1937

"Claudel sobre o estilo de Baudelaire: C'est un extraodinaire mélange du style racinien et du style journaliste de son temps".[1] É pouco provável que Berg conhecesse este excerto do *Buch der Freunde* [Livro dos Amigos], de Hofmannsthal. — De Hofmannsthal, que ele via apenas como o parceiro de Strauss e de Reinhardt. Todavia, não se poderia pensar numa epígrafe mais exata para a ária de concerto *Der Wein* [O vinho], que reúne três poesias do ciclo baudelairiano em uma grande forma vocal. Alegórica melancolia e trivial frivolidade; o espírito das garrafas, penosamente evocado, e a mercadoria musical do tango, atrevidamente importuna; o som meditativo da alma do solitário e a alienada sociabilidade do piano e do saxofone numa orquestra de jazz ou de música de

---

1 "É uma extraordinária mistura do estilo raciniano e do estilo jornalístico de seu tempo." [N. T.]

salão – a partir disso tudo, a ária forma um enigma [rébus] pleno de significado mortal, tal como a linguagem e a metáfora de Baudelaire, e somente a *Lulu* – para a qual esta ária parece constituir os prolegômenos – irá resolvê-lo completamente.

Mas aqui está em jogo a dialética da aparência, que a obra toda de Berg escolheu como cenário para si. A ária *Der Wein* foi escrita segundo a instrumentação dos *Frühen Lieder*; e a fidelidade à aparência – que impele essas canções de juventude ao nível da transparência – é completamente elevada, na ária, à consciência de si. Com efeito, ela é aquela imagem reversa da fidelidade, que havia sido pensada nos *Lieder opus* 2. A natureza subjetiva da região original tardo-romântica de Berg revela essa região como aparência – falando concretamente: como trivial –, como a solitária embriaguez da alma, para a qual o vinho contribui; como aquele desespero que mantinha seu último som na *Suíte lírica*, e para o qual não há nenhum consolo, a não ser o conhecimento da própria aparência. Todavia, a música concede esse consolo por meio da construção.

510 // Em parte alguma isso se mostra de maneira mais clara do que na relação com as novas danças. Foi somente bastante tarde, em 1925, que Berg pôde conhecer o jazz, e sempre manteve a máxima reserva diante deste – de modo profundamente diverso de seus versáteis contemporâneos, que pensaram em adaptá-lo à música de arte [Kunstmusik], para encontrar em seu caráter falsamente originário o corretivo para uma *décadence*, da qual, todavia, esses atentos senhores foram os últimos a suspeitar. Berg era completamente imune a essa tentação – bem como à tentação oposta a ela, de caráter filisteu: de usar o jazz como fácil emblema de uma depravação que eles conhecem somente a partir de sua imaginação. Berg, porém, não se subtraiu completamente à experiência do jazz: sem esta, a sonoridade da orquestra de *Lulu* teria sido inconcebível.

Ponderou durante anos a respeito do saxofone, o qual ele imediatamente esteve disposto a adotar. Mas não tinha intenção de se submeter ao jazz. A consequência que ele tira da aparência do jazz põe fim a essa aparência.

Tal aparência reside no ritmo: na lei dos compassos ilusórios [Scheintakte]. Todo o jazz obedece a essa lei no sentido mais preciso. A ideia técnica do jazz poderia ser definida da seguinte forma: tratar uma métrica fundamental invariável de tal modo, que ela se constitua a partir de metros aparentemente diferentes dela, sem, contudo, renunciar em nada a seu rígido e violento comando. Na passagem em estilo de tango da ária *Der Wein* [Exemplo 35], Berg segue fielmente o clichê: o compasso de 2/4 é obtido por meio da síncopa e do deslocamento de acento, a partir da soma de dois compassos de 3/16 e de um compasso de 2/16.

Exemplo 35

O compasso de 3/16 no interior do compasso de 2/4 é que produz ali o efeito característico de tango. Berg insiste nesse efeito no momento crítico. O primitivo hábito do jazz, que consiste em paralisar o compasso ilusório por meio dos acentos rítmicos do bumbo e do contínuo, desmorona perante a crítica por meio da intenção composicional. Para o compasso de 2/4 é o bastante colocar as barras de compasso; porém, as três semicolcheias, que no tango são mero ritmo de fachada, exigem uma consequência. Isso significa, na disposição polifônica do todo: consequência como contraponto rítmico. Berg incorpora as três semicolcheias no acompanhamento de tal modo que, renunciando ao efeito de contínuo, // após uma pausa de duas semicolcheias ele acrescenta duas notas, *sol*♯ e *lá*, no valor de três semicolcheias cada uma [Exemplo 35 NB]. Portanto, o grupo melódico 3/16 + 3/16 + 2/16 é contraposto simultaneamente ao retrógrado do próprio ritmo: 2/16 + 3/16 + 3/16, e, com isto, o compasso ilusório é completamente construído por meio de um rigoroso desenvolvimento do seu princípio. Justamente com isso, porém, o mecanismo do jazz – a falsa integração de subjetividade impotente e da objetividade desumana – é transformado. A intenção infringe a sua lei ao cumpri-la; os tempos contados se calam e a própria lei se transforma em expressão: como que com os olhos vazios do crânio de um defunto, o tango olha para fora da música de Berg, a mostrar que a sociabilidade do ébrio, bem conhecida pela poesia de Baudelaire, nada mais é do que a figura alegórica da estranheza mortal mesma. Se Wedekind caracterizou o *kitsch* como o Gótico ou o Barroco de seu tempo – e, portanto, o seu estilo —, a música de Berg – apontando nessa direção e deixando reconhecê-lo – o segue, segura de si mesma, até o reino da fatídica ambiguidade, e força até mesmo a loucura – o *spleen* de Baudelaire – sua verdade dialética – como o *idéal*. O *kitsch* não é rejeitado em nome do bom gosto, pelo contrário, ele inteiramente construído segundo a própria lei, e se transforma em estilo em suas mãos; assim, o banal se revela como aparição da mercadoria e, com isso, como a situação atual da realidade: mas, ao mesmo tempo, revela-se como o sinal de seu declínio. O aniquilamento e salvação que

Berg

ocorre no tango e no *kitsch* do *Der Wein*, assim como ocorria nos vestígios do folclore em *Wozzeck*, é o modelo daquilo que Berg, um dialético tal como todo grande artista com seu nível de consciência, por fim deixará ocorrer à mercadoria humana: à prostituta Lulu.

Ao traduzir insistentemente a trivialidade em estilo, a ária se coloca na mais estreita relação com a tradução como um todo. O fato de Berg, que jogava com as combinações, ter composto essa ária como um único *ossia*, que pode ser cantado tanto sobre o original de Baudelaire como sobre a tradução de George, permite uma visão do interior de sua característica mais central. A escola parnasiana, para qual a ária recita o necrológio, fazendo-a desmanchar sua atitude no Letes do canto, não é compreensível – desde as traduções de Poe feitas por Baudelaire até a transcriação poética de George para as *Fleurs du mal* – sem o cânone da tradução. Ela procura salvar a própria língua da maldição do banal, // observando-a a partir da perspectiva de uma língua estrangeira e paralisando a sua trivialidade sob o olhar de Górgone do estrangeiro; no que diz respeito à forma de sua linguagem, cada poema de Baudelaire, assim como o de George, deve ser medido unicamente de acordo com o ideal da tradução. Todavia, ao assumir a dialética entre estilo e banalidade – que é assinalada como rota de fuga segundo o procedimento dos parnasianos –, Berg comunga com o ideal da tradução. Com a própria tradução, o *kitsch* se torna estilo. Assim, Berg não apenas combinou texto original e tradução, mas a música como tal soa como se fosse traduzida do francês. É certo que na posição de conhecimento em que Berg se encontra, a tradução caminha na direção oposta à dos parnasianos. Estes procuraram exorcizar o banal da própria língua, do *style journaliste*, deixando-o congelar sob a pressão da língua estrangeira, ao passo que Berg salva a aparência banal da língua estrangeira, ao traduzi-la para o seu próprio rigor construtivo e ao chamá-la pelo nome. A ária é uma composição dodecafônica montada a partir de fragmentos do idioma musical francês. A tolerância diante das infiltrações tonais torna-se coqueteria com a politonalidade; a transição mínima torna-se fusão das sonoridades e *laissez vibrer* debussyano – de modo exemplar na entrada da voz nos compassos 15 e 16; grandes explosões ocorrem por três vezes sobre o acorde de nona, a fórmula mágica da harmonia do impressionismo.

Mas a forma, embora talvez mais fluida do que nunca em Berg, não abandona nem o firme contorno, nem uma tendência a um desenvolvimento harmônico constante, que dominará depois a técnica da *Lulu*. Essa forma penetra habilmente no esquema do *Lied* tripartite. Introdução razoavelmente longa: que alia de maneira incomparável, no tom baudelairiano, melancolia profunda e mania. A primeira parte da canção a seguir, "L'âme du vin", articula-se como uma exposição em forma sonata. O tema principal se baseia numa figura melódica em colcheias e sobre uma figura à maneira de um "parlando" em semicolcheias. O episódio de transição – que inicia no compasso 31 – prepara por meio de deslocamentos de acento – de modo bastante imperceptível, como uma "transição mínima" – as síncopes do compasso ilusório. Estas são reveladas pelo som pianístico que salta da textura no segundo tema do tango (compasso 39, cf. Exemplo 35), o qual é derivado inicialmente de uma diminuição do // ritmo da transição; porém, na continuação, a fim de controlar toda a banalidade que atravessa o movimento, ele encadeia inúmeras figuras secundárias contrastantes: cada uma destas é, por sua vez, o derivado de uma fórmula do tango. No compasso 64 abandona-se o ritmo de tango e se constitui um grupo temático conclusivo, o qual recorda a figura melódica em colcheias do tema principal. A intensidade cresce até o primeiro ponto culminante sobre o acorde de nona (compasso 73), após o qual o tema caminha calmamente em direção ao fim. Mais uma vez o desenvolvimento é omitido, tal como no primeiro movimento da *Suíte lírica*. Em seu lugar, sem rupturas, entra o segundo *Lied*, "Le vin des amants", como um *scherzo*. Seus traços distintivos são o motivo pontuado de trítono na entrada da voz e os acordes triádicos catapultados de maneira díspar. Uma ideia contrastante é formulada pela voz em mínimas suspensas, desprovidas de acento; ela alterna com a seção do *scherzo* propriamente dita e, em sua segunda aparição (compasso 114), ela é cuidadosamente liberada — por meio de entradas sincopadas — das partes fortes do tempo do compasso: a acentuação é completamente suspensa. No compasso 123 clara repetição do *scherzo*. Depois (compasso 141 e segs.) interlúdio orquestral: toda a segunda metade do *scherzo* é retomada sob forma retrógrada. Seu movimento em tercinas se transforma gradualmente nas colcheias da introdução da ária. O terceiro *Lied*, "Le vin du solitaire", é uma reprise fortemente variada e abreviada do primeiro. O tema principal é substituído por uma combinação entre a introdução — com a melodia do tema de conclusão (a partir do compasso 64) — e a figuração "parlando" em sua forma originária. O tema é concentrado em seis compassos, o grupo de transição é reduzido a dois compassos. Em compensação, o episódio do tango retorna em toda a sua extensão. O grupo temático conclusivo começa imediatamente com o acorde de nona (que, na exposição, tinha marcado somente o seu ponto culminante). No compasso 202, provocando um efeito de simplificação, inicia-se a coda — sobre um movimento de acordes repetidos em colcheias, provenientes do episódio do tango. Um poslúdio orquestral se estende para além da voz emudecida e, por fim, torna temática a série dodecafônica subjacente [Exemplo 36].[2] Conclusão sem diminuição.

// Exemplo 36

"Le regard singulier d'une femme galante/ Qui se glisse vers nous comme le rayon blanc/ Que la lune onduleuse envoie au lac tremblant": assim começa a última poesia, e a esse olhar singular, que traz lágrimas desenfreadas aos olhos de quem o encontra desarmado, Berg retribuiu absorvendo-o longamente. Todavia, tal como para Baudelaire, o olhar venal tornou-se, para ele, um olhar que evoca tempos remotos. A lua de lâmpada de arco da cidade grande parece-lhe pertencer à época hetérica. Assim como o lago, ele precisa da lua apenas como reflexo, e o banal se revela como aquilo que é passado; a mercadoria do século XIX revela o seu mítico tabu. Foi nesse espírito que Berg compôs a *Lulu*. Foi preciso apenas a faísca da inspiração para fazer resplandecer as camadas de matéria e significado que estavam misteriosamente unidas na ária *Der Wein*.

---

2 Esse exemplo musical — que, assim como todos os exemplos, foi colocado como anexo ao livro sobre Berg de 1937 — não está presente na monografia de Adorno de 1968. [Nota do editor alemão]

Índice onomástico

Adler, Guido, 39n.2

Altenberg, Peter, 65, 141, 270

Bach, Johann Sebastian, 67, 82

Balzac, Honoré de, 69

Bartók, Bela, 81, 142

Baudelaire, Charles, 12, 52, 227-34, 237-9, 271

Beer-Hofmann, Richard, 85

Beethoven, Ludwig van, 84, 98, 224-6, 254

Benjamin, Walter, 12, 57, 75, 77, 91, 163, 174

Berg, Armin, 47

Berg, Helene, 55, 86, 118

Berg, Smaragda, 81

Bizet, Georges, 49

Bloch, Ernst, 161

Böhm, Karl, 239

Boulez, Pierre, 44n.3, 148, 184, 251, 267n.32

Boult, *Sir* Adrian, 239

Brahms, Johannes, 120, 185

Brecht, Bertold, 256-7

Bruckner, Anton, 47, 82-4

Büchner, Georg, 41, 70, 77, 179, 180, 229, 270

Buschbeck, Erhard, 54

Byrns, Harold, 196n.12

Cerha, Friedrich, 44n.3, 267n.32

Cézanne, Paul, 55

Claudel, Paul, 227, 275

Claudius, Matthias, 77

Daumier, Honoré-Victorien, 257

Debussy, Achille-Claude, 39, 53, 101n.6, 160-1, 169, 176, 203, 237

Delacroix, Eugène, 230

Deutsch, Otto Erich, 48

Duparc, Henri, 237

Ernst, Max, 254 Freud, Sigmund, 64, 96, 163

Freud, Sigmund, 64, 96, 163

George, Stefan, 79, 81, 83, 91, 234, 271

Gide, André, 92
Gielen, Michael, 141
Göcking, 77
Guys, Constantin, 228, 230
Hába, Alois, 192n.
Harper, Heather, 141
Hartleben, Otto Erich, 269
Hauptmann, Carl, 269
Hauptmann, Gerhart, 78-9
Haydn, Joseph, 33-4
Hebbel, Christian Friedrich, 115, 269
Heine, Heinrich, 258
Hertzka, Emil, 87
Heym, Georg, 176
Hindemith, Paul, 73, 185
Hitler, Adolf, 66, 265
Hoffmann, Rudolf Stephan, 255n.29
Hofmannsthal, Hugo von, 67, 79, 180, 196n.13, 227, 259, 275
Hohenberg, Paul, 269
Horenstein, Jascha, 84
Jeritza, Maria, 53-4
Kemp, Barbara, 84-5
Kierkegaard, Søren Aabye, 92, 211
Kleiber, Erich, 91
Klein, F. H., 216
Klenau, Paul August von, 66
Kolisch, Rudolf, 61, 84, 147, 193, 211, 216
Korngold, Julius, 62-3
Krasner, Louis, 87

Kraus, Joseph Martin, 77
Kraus, Karl, 41, 43, 54, 68, 74, 77, 79-80, 263
Krenek, Ernst, 47, 60, 80, 99n.4, 141-2, 145, 216n.15, 241, 264-5, 274
Lafite, Elisabeth, 29
Lenau, Nikolaus, 269
Mahler, Alma, 78, 81, 84-5
Mahler, Gustav, 12, 14, 25, 41, 49, 52, 54-5, 57, 60-1, 71, 81, 101, 160-7, 176-8, 206, 212, 224, 241, 247
Mann, Thomas, 92
Metzger, Heinz-Klaus, 97
Mombert, Alfred, 71, 115, 153, 158, 269-70
Morgenstern, Soma, 78, 84
Offenbach, Jacques, 259
Pfitzner, Hans, 74, 81
Pfloderer, 84
Piccaver, Alfred, 53
Poe, Edgar Allan, 234, 279
Proust, Marcel, 52, 70, 143, 228-9
Raimund, Ferdinand, 36
Rathaus, Karol, 84
Ravel, Maurice, 53, 243
Redlich, Hans Ferdinand, 30-1, 198
Reger, Max, 36, 80, 128
Reich, Willi, 12, 30, 47-8, 61, 81, 267, 273-4
Reinhardt, Max, 275
Rennert, Günther, 255

Rilke, Rainer Maria, 120, 269
Ronsard, Pierre de, 74
Rottweiler, Hektor (pseudônimo de Adorno), 273-4
Satie, Erik, 163
Scheler, Max, 73
Schenker, Heinrich, 98
Scherchen, Hermann, 55, 263
Schlaf, Johannes, 269
Schönberg, Arnold, *passim*
Schopenhauer, Arthur, 24, 39
Schreker, Franz, 65, 145-6, 255
Schubert, Franz Peter, 36, 41, 47-8, 267
Schulhoff, Erwin, 159n.9
Schumann, Robert, 40-1, 69, 82, 95n.2, 120, 247, 258
Scriabin, Alexander, 116, 118
Sekles, Bernhard, 88
Solti, Georg, 274
Stein, Erwin, 80, 211-2, 216, 226
Stephan, Rudi, 116
Steuermann, Edward, 83, 190
Stifter, Adalbert, 76
Stokowski, Leopold, 53
Storm, Theodor, 216, 269, 271

Strauss, Richard, 180, 183, 192 n.10, 196n.13, 275
Stravinsky, Igor, 42, 81, 163, 185
Strindberg, Johan August, 50
Suk, Josef, 82
Trakl, Georg, 54, 176
Valéry, Paul, 229
Verdi, Giuseppe, 77
Voltaire, 262
Wagner, Richard, 12, 26, 37-40, 42, 44, 50, 74, 81, 92, 123, 148, 180, 185, 249-50
Webern, Anton, 24, 39, 45, 49, 64, 75, 77, 80-4, 89, 100, 104, 117, 127, 141, 144-5, 152-3, 156, 162, 197n.14, 199, 264-5
Wedekind, Benjamin Franklin, 41, 43, 70, 78-9, 229, 245, 248, 254-8, 271
Weill, Kurt, 256
Werfel, Franz, 54, 74-5
Wilde, Oscar, 51, 81
Wolf, Hugo, 47
Zemlinsky, Alexander von, 212, 223-4, 264-5

SOBRE O LIVRO

Formato: 14 x 21 cm
Mancha: 23 x 44 paicas
Tipologia: Venetian 301 12,5/16
Papel: Pólen Print 80 g/m² (miolo)
Cartão Supremo 120g/m² (capa)
1ª edição: 2010

EQUIPE DE REALIZAÇÃO

Capa
Andréa Yanaguita

Edição de texto
Magdalena Nowinska (Copidesque)
Thaís Totino Richter (Preparação de original)
Carmen S. Costa e Raul Costa S. Pereira (Revisão)

Editoração Eletrônica
Eduardo Seiji Seki (Diagramação)